e비즈니스의 이해

e 비즈니스의 이해

조준서 지음

HU:iNE

머리말

인터넷과 함께 ICT(Information Communication Technology)의 발전은 세상을 디지털화 하였고, 현재 모든 사회 분야는 e비즈니스 영역에 포함된다고 해도 과언이 아니다. 언제부터 우리는 인터넷 환경이 자연스럽고, 네트워크화 된 환경을 살고 있으며, 모바일 디바이스 등 다양한 기기 등을 이용하게 되었다. 이러한 변화는 e비즈니스라는 영역과 함께 사회 전반에 적용되고 있다.

현대사회는 디지털 경제 사회이며, 모든 기업활동은 ICT를 활용하고 있다. 급변하는 시장 환경의 변화에 따라 유연하게 대처하기 위하여 기존의 비즈니스 모델을 변화하거나 새로운 비즈니스 모델의 창출을 통해 고객의 가치를 극대화하기 위한 노력을 기울이고 있다. 이러한 기업들의 노력은 e비즈니스 환경 속에서 인터넷, 모바일 등을 기반으로 활용되고 있으며, 그 성장은 모바일 비즈니스, 소셜 비즈니스 등의 확대와 함께 앞으로도 지속되리라 예상한다.

이 책은 e비즈니스 환경을 처음 접하는 독자들의 이해를 돕고자 e비즈니스에 대한 기본적인 개요와 가이드라인을 제시하고자 한다. e비즈니스에 대한 기본적인 개요와 인터넷, 이동통신, 정보보안 등 e비즈니스에 필요한 관련 기술에 대한 내용을 소개한다. 또한 e비즈니스 확산과 함께 가장 큰 변화를 가져온 전자상거래, 이를 포함하는 다양한 e비즈니스 모델, ERP, eCRM, eSCM 등 시스템 및 서비스 활용 범위, 최근 급성장하고 있는 소셜 네트워크에 대한 논의도 함께 한다.

2016년 9월

저자 조준서

차 례

e비즈니스의 이해

1 e비즈니스의 개념 및 운용

1. e비즈니스의 개념 및 운용

1.1 디지털 경제의 시작

1990년대부터 진화하기 시작한 인터넷은 IT발전과 함께 경제활동의 중심이 되었다. 인터넷의 등장은 비즈니스의 시간적, 공간적 제약이 사라지고 업무 효율성 향상을 가져왔으며, 모든 정보가 디지털 형태로 존재하며, 이용자들 간에 공유 및 빠르게 전달되게 되었다. 현재 전 세계 인터넷 사용자 수는 30억명에 육박하고 있다.

전통적인 경제는 디지털 경제로 변화를 시작하였으며, 이러한 변화는 산업뿐만 아니라 사회전반에 영향을 미쳤고, e비즈니스가 나타나서 발전하여 왔으며 이제는 일상이 되어버린 엄연한 디지털 경제시대라고 할 수 있게 되었다.

디지털 경제는 인터넷의 확산과 정보전달 속도의 증대 등 언제 어디서나 인터넷에 접속할 수 있게 되었으며, 이를 기반으로 기업 간에도 전자상거래가 확대되어 구매 비용 감소, 재고 감소, 제품 생산 기간 단축, 고객에 대한 서비스의 효율성 증대, 판매 및 마케팅 비용 감소, 판매 기회의 확대 등의 효과를 가져오게 되었다. 또한, 제품과 서비스의 디지털 운송 증대되면서 인터넷을 통한 콘텐츠 운송 증대, 비행기 표 또는 금융증권 등의 인터넷 거래 확대, 인터넷·모바일 서비스 확대가 이루어졌다. 더불어 물리적 제품의 전자 소매 확산도 이루어졌는데 이는 인터넷을 통한 물리적 제품의 소매 거래를 증가시키고 온라인상의 거래를 활성화 시키고 온라인 서비스를 확대하게 되었다.

특히 디지털 경제하에서는 데이터와 정보가 가치를 가지게 되었으며, 디지털 경제가 나타내는 특징들은 다음과 같다.

[표 1.1] 디지털 경제의 특징

특징	내용
지식(Knowledge)	지식창출능력이 기업의 경쟁력의 원천
디지털화(Digitization)	모든 콘텐츠가 디지털 형태로 변환
가상화(Virtualization)	실제적 사물을 가상세계에서 체험
분자화(Molecularization)	조직의 구성원들이 팀으로 재구성
통합화(Integration)	네트워크에 의해 상호 연결, 통합
비중개화(Disintermediation)	중개자의 역할이 사라짐
융합화(Convergence)	디지털 기기들 및 서비스 융합화
혁신(Innovation)	지속적인 변화와 개선을 추구
고객중심생산(Prosumption)	소비자들이 생산과정에 참여
즉시성(Immediacy)	실시간의 신속한 대응
글로벌화(Globalization)	글로벌 고객들의 니즈 충족

1.2 인터넷과 e비즈니스

1.2.1 인터넷의 이해

이제는 일상생활처럼 사용하고 있는 인터넷이란 단어가 어떻게 만들어졌는지 알아보자. 인터넷(Internet)은 상호라는 의미를 지닌 영어의 '인터(Inter)'와 망이라는 의미의 '넷(Net)'이 합쳐진 말로 네트워크의 네트워크(Network of networks), 즉, 네트워크와 네트워크 간을 상호 접속한 것을 말한다. 예전에는 넓은 의미로서 네트워크끼리를 연결한 것이라는 의미로 사용하였으나, 최근에는 TCP/IP라는 통신 프로토콜을 기반으로 전 세계의 컴퓨터들을 접속하는 하나의 거대한 컴퓨터 망이라는 의미로 사용되고 있다. 이는 다양한 정보 요구를 통합하는 목적에서 전 세계에 분산되어 있는 별개의 네트워크들을 물리적인 연결 방식에 상관없이 하나의 거대한 가상적(Virtual) 네트워크에 접속될 수 있도록 하는 것이다.

(1) 인터넷의 시작

인터넷은 1990년대 초만 하더라도 그 용도가 주로 군사용이나 연구용으로 제한되었기 때문에 상업용으로 사용한다는 것은 상상할 수 없는 일이었다. 현재는 인터넷이 널리 확산되어 우리 생활의 한 부분으로 자리 잡게 되었지만, 이와 같이 일반인들에게까지 보편화되기 시작한 것은 20여 년 되었고, 또한 인터넷 탄생의 시작이 그보다 훨씬 오래인 지금으로부터 약 50년 전으로 거슬러 올라간다.

인터넷의 시작은 미국방성(Department of Defense)에서 군납업체와 관련 연구 기간에 정보공유를 위한 프로젝트로부터 시작된 1969년에 구현된 ARPANET(Advanced Research Projects Agency Network)이라 할 수 있다. ARPANET은 IP를 사용하여 전쟁 발발에도 정보의 손상이 없는 네트워크를 구축하는 것이었다. 1960년대에 미국 정부의 DARPA(Defense Advanced Research Projects Agency)는 컴퓨터기술과 관련된 프로젝트에 다양한 분야에서 연구비를 지원하고 있었다. 그런데 1960년대 후반에 이르러 DARPA는 컴퓨터 기술과 관련하여 증폭되어 가는 문제점을 조금씩 실감하게 되었는데, 문제는 위탁을 의뢰했던 대부분의 소프트웨어가 단일 컴퓨터에서만 작동되었기 때문이다.

당시에 어떤 사용자가 다른 장소에서 근무하는데 특정 소프트웨어가 필요한 경우, 그 컴퓨터가 있는 장소로 가거나 동떨어진 호스트에 접속하기 위해서는 처리속도도 느리고 전송에러도 많은 전화선을 사용하는 수밖에 없었다. 그래서 DARPA가 고안해낸 것이 연구비 수혜를 받은 주요 연구 센터들을 서로 연결해서 미국 전역에 걸쳐 컴퓨터 네트워크를 구축하는 것이었다. 이렇게 해서 동떨어진 장소에서도 사람들이 상호 간에 소프트웨어를 접속할 수 있게 되었는데 이를 ARPANET이라고 이름 붙였다.

ARPANET의 원리는 다음과 같다. 예컨대 사용자가 터미널을 통하여 호스트 컴퓨터에 로그인한 다음 그 호스트에 있는 Telnet이라고 부르는 프로그램을 구동하면 Telnet은 사용자가 원하는 다른 호스트로 접속시켜 준다. 결국, Telnet을 통해 사용자들은 다른 호스트를 직접 접속한 것처럼 느끼게 되므로, 사용자 스스로는 소속호스트가 작동하는지조차 알아차리지 못하게 되는 것이다.

ARPANET이 구축된 지 얼마 지나지 않아 Telnet 서비스를 위하여 e-mail을 네트워크에 추가하는 방안이 강구되자, 곧바로 e-mail은 ARPANET 상에서 주된 서비스로 등장하게 되었다. 초기의 호스트 메일시스템은 매우 조잡한 프로토콜을 사용하였는데 나중에 SMTP(Simple Mail Transfer Protocol)[1]로 업그레이드되었고, 이는 정교하지는 않았지만 사용하는데 크게 지장은 없었다. 그런데 한참 지나서 미국 국방부는 자체 네트워크의 필요성을 느끼게 되었다. DARPA는 자매 네트워크인 MILNET(Military Network)을 구축하게 되는데, 점차 ARPANET이나 MILNET 사용자들은 상호 정보를 교환하길 원하게 되었다. 따라서 DARPA는 모든 네트워크의 데이터를 송수신할 수 있는 프로토콜을 만들 것을 지시하게 되었고, 그 결과물이 바로 IP(Internet Protocol)이다. 1980년대에 미국 국방부가 모든 데이터통신에 대한 인터넷 아키텍처인 TCP/IP(Transmission Control Protocol/

1) SMTP는 전자우편을 보내고 받는데 사용되는 TCP/IP프로토콜이다.

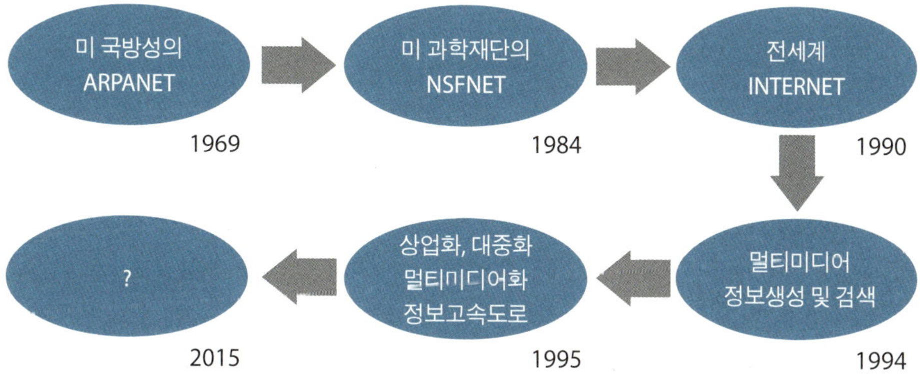

[그림 1.1] 인터넷의 발전 과정

IP) 상에서 표준화하기로 결정하자, 먼저 벤더들이 강하게 반발하였다. 하지만 TCP/IP에 대한 미국 국방부의 집념은 확고하였고, 결국 벤더들도 따라오게 되자 TCP/IP 관련 제품의 출시가 줄을 잇게 되었다.

결국, 이렇게 해서 다른 네트워크들도 ARPANET에 접속하길 원하게 되었다. 한편, 컴퓨터공학 분야에서는 CSNET(Computer Science Research Network)이 있었고, 상경계를 중심으로 일부 학계에서는 BITNET(Because It's Time NETwork)이 사용되고 있었다. 어떤 네트워크의 사용자는 종종 다른 네트워크상의 사용자와 자원을 교환할 필요성을 느끼게 되자, DARPA는 ARPANET에 다른 네트워크들도 연결하기 시작하였다. 국방부가 TCP/IP를 사용하기 때문에 ARPANET에 접속하는 데 필요한 소프트웨어는 필요하면 구할 수 있었고 비용도 저렴하였다. 시간이 흐름에 따라 네트워크의 연결은 가속도가 붙게 되었고 미국 이외의 다른 나라들로까지 확대되었다. 그 결과 새로운 실체인 인터넷을 탄생시키게 되었는데, 이는 개별적인 네트워크들로 구성되었다. 처음에는 DARPA가 대부분의 전송라인을 보유하고 있었지만, 점차 미국에서는 NSF(National Science Foundation)의 NSFNET이 주요 전송 백본[2]을 인수하게 되었다.

이후에 미국의 백본은 민영화되었고 IBM, Merit, MCI 등은 ANS(Advanced

2) 백본은 자신에게 연결되어 있는 소형 회선들로부터 데이터를 모아 빠르게 전송할 수 있는 대규모 전송회선을 말한다.

Network Service)라는 새로운 회사를 설립하게 된다. 그래서 NSF는 위 회사들과 미국의 백본을 ANSNET이라는 이름 하에 업그레이드 등과 관련한 유지보수 계약을 체결하게 된다.

이렇듯 인터넷 환경이 복잡해지고 이를 관리하는 것이 쉽지 않게 되자 DARPA는 인터넷연구회(Internet Society)라는 비영리조직을 만들게 되었는데, 인터넷엔지니어링 T/F(Internet Engineering Task Force)라는 하부조직을 통하여 인터넷과 관련된 표준화 작업에 착수한다. 그러나 인터넷연구회가 인터넷을 통제하는 것은 아니고 네트워크에 대해 기술적인 표준 등을 강요할 수 있는 위치에 있는 것도 아니었다. 다만 인터넷 연구회의 유일한 권한이라고 한다면 IP번호와 이름을 통제하는 것인데, 만약 그렇게 하지 않는다면 호스트의 IP번호 및 이름을 유일하게 보전할 수 없기 때문이다. 그러나 그것도 인터넷 연구회는 IP번호 묶음을 개별 조직에 할당할 뿐이고, 개별 조직이 다시 개별호스트에 IP번호를 할당하는 식이다. 현재 IP 이름을 전 세계적으로 등록하는 일은 InterNIC(The Internet's Network Information Center)이라는 기관이 맡고 있다.

(2) 인터넷의 대중화

인터넷이 대중화된 결정적인 계기는 '월드와이드웹(World Wide Web: WWW)' 또는 '웹'의 등장 때문이었다. 하이퍼텍스트와 그래픽 유저 인터페이스(Graphic User Interface: GUI)의 발명은 웹과 관련하여 기술자나 과학자가 아닌 일반인이라도 인터넷을 쉽게 사용할 수 있게 해준 두 가지 중요한 발명이다.

1945년에 미국 과학연구개발처에 근무하던 Vannevar Bush는 과학자들이 세계 제2차 세계대전에서 배운 기술을 향후에 평화적으로 활용하는 방안을 Atlantic Monthly에 기고하였다. 그는 정보기술을 활용하여 정보를 효율적으로 접근하는 비전을 제시하였다. 즉, 가지고 있는 서적, 레코드, 서신, 연구 결과물 등을 마이크로 필름에 넣게 해주는 Memex(Memory Extension)라는 도구가 개발될 것이라고 예견하였던 것이다.

1960년대에 Ted Nelson은 어떤 페이지에 있는 텍스트를 다른 페이지의 텍스트로 연결하는 시스템을 묘사하고, 이를 하이퍼텍스트라고 명명하였다. 마우스를 발명한 Duglas Englebart는 1960년대의 대형 컴퓨터에서 가동되는 실험용 하이퍼텍스트 시스템을 개발하였다. 1987년에 Nelson은 Library Machines라는 책을 발간하는데, 그 책에서 온라인 하이퍼텍스트 실거래를 위한 시스템인 Xanadu 프로젝트에 대하여 언급하였다.

1989년에 CERN(European Laboratory for Particle Physics)연구소에 근무하던 Tim Berners-Lee와 Robert Calliau는 연구 문서를 다루는 과정을 개선하려고 노력하였나. 그 당시 CERN은 인터넷에 연결된 지 2년이 되었지만, 전 세계적으로 연구 문서를 공유하는 더 좋은 방안에 대해 연구하게 된다. 그 결과 두 사람 각자 독자적으로 하이퍼텍스트 개발 프로젝트를 제안하게 된 것이다.

그 후 2년 동안 Berners-Lee는 하이퍼텍스트 서버 프로그램을 위한 코드를 개발하여 인터넷에 올려놓았다. 하이퍼텍스트 서버란 하이퍼텍스트 마크업 언어(Hypertext Markup Language: HTML)로 쓰여진 파일을 저장하는데 다른 컴퓨터도 거기에 연결할 수 있고 그러한 파일들을 읽을 수 있게 하였다. 오늘날 우리는 웹 상에서 사용되는 하이퍼텍스트 서버를 우리는 웹 서버라고 부른다.

HTML이란 텍스트에 부착된 일련의 코드 혹은 태그를 보유한 언어인데, 이러한 코드는 텍스트 요소들 간의 상관관계를 묘사한다. 예컨대 HTML은 어떤 텍스트가 헤더 요소의 부분인지, 문단 요소의 부분인지, 번호 매김된 리스트 요소인지 등을 표시하는 태그를 가지고 있다. 중요한 태그 유형은 하이퍼텍스트 링크(Link) 태그인데, 동일하거나 다른 HTML에서 다른 위치를 가리킨다. HTML를 읽는 다양한 소프트웨어로 주로 Internet Explorer나 Navigator를 사용한다. 웹 브라우저는 HTML문서를 사용자가 읽도록 해주고 각 파일에 하이퍼텍스트 링크 태그로 포맷된 텍스트를 통하여 한 문서에서 다른 문서로 이동할 수 있게 해주는 소프트웨어 인터페이스이다. HTML은 SGML(Standard Generalized Markup Language)이라는 언어에 기반을 두고 있다.

텍스트 요소가 나타나는 방식은 워드 문서와 HTML문서가 상이하다. 워드 문서의 경우 글씨 크기와 폰트를 지정하면, 그 문서를 불러오거나 출력하면 똑같은 세팅으로 나온다. 반면에 HTML문서는 단순히 헤딩 텍스트를 가진 헤딩 태그만을 가지고 있어서, 워드 종류가 다르면 헤딩태그를 똑같이 인식하되 상이하게 출력되거나 불러온다.

한편, 웹 브라우저는 GUI환경에서 읽기 쉬운 포맷으로 HTML문서를 보여주는데, GUI는 사용자에게 프로그램 통제 기능과 출력을 보여준다. 그러기 위하여 단순히 텍스트를 나타내기보다는 그림, 아이콘 등을 사용하는데 오늘날 모든 PC가 윈도우처럼 GUI를 장착하고 있다. Berners-Lee는 이렇게 하이퍼링크된 HTML문서 시스템을 World Wide Web(WWW)이라고 불렀다. 그러나, 이러한 웹은 연구 분야에서는 빨리 확산되었지만 일반 대중은 HTML문서를 읽을 수 있는 소프트웨어가 없었다. 그러던 중 1993년 일리노이대학의 Marc Andreessen이 지도하던 학생들은 Mosaic를 개발하게 된다. Mosaic는 HTML을 읽을 수 있고 인터넷에서 어디에 있는 컴퓨터라도 이동하며 페이지를 옮길 수 있는 HTML 하이퍼링크를 사용하는 최초의 프로그램이다. 인터넷을 전혀 몰라도 쉽게 인터넷을 활용할 수 있게 되었고 이것은 업계에 인터넷의 잠재력을 실감하게 하는 결정적인 계기가 되었다.

1994년에 Andreessen 그룹은 James Clark의 Silicon Graphics로 합류하여 Netscape Communications를 창업하게 된다. Mosaic에 기반한 Netscape Navigator 웹 브라우저를 출시하자 폭발적인 인기를 끌게 되었고, Microsoft도 Internet Explorer라는 웹 브라우저를 개발하여 웹 브라우저 시장에 합류하였다.

1.2.2. e비즈니스의 이해

e비즈니스는 일반적으로 인터넷 및 이와 관련된 정보기술을 활용하여 이루어지는 전자적인 기업 활동을 말한다. e비즈니스의 범위에는 기업 외부와의 전자적인 거래 활동뿐만 아니라 기업의 거래활동을 원활히 하기 위해 기업 내부활동에 정보기술을 적용하는 것도 포함한다. 일반적으로 e비즈니스 관계는 e비즈니스 수행 주체에 따라 B2C, B2B, G2B 등으로 구분하고 있으며, e비즈니스는 오프라인 비즈니스와 마찬가지로 유·무형의 상품 및 서비스 모두를 비즈니스 대상으로 하고 있다. ([그림 1.2])는 기업을 중심으로 한 e비즈니스 관계를 나타낸다.

e비즈니스는 21세기의 새로운 메가트렌드(Mega-trend)로서 전 세계 경제환경

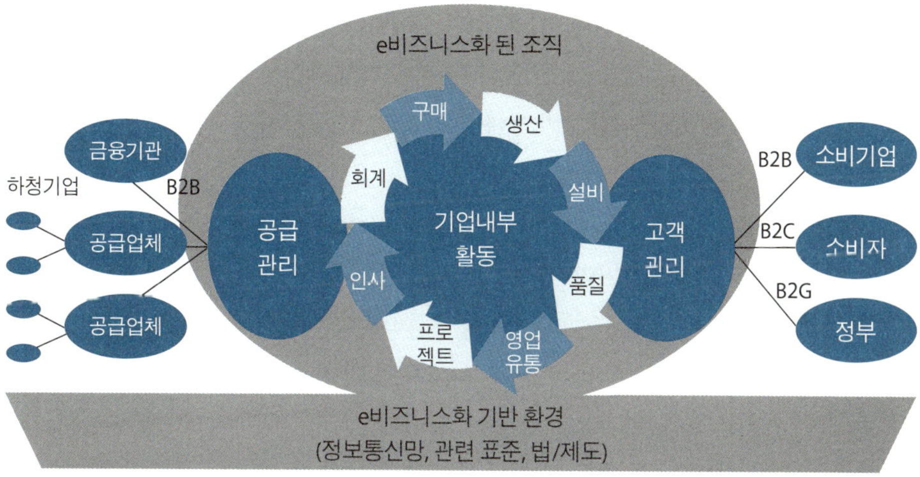

[그림 1.2] 기업을 중심으로 표현한 e비즈니스 관계도

에 엄청난 영향을 주고 있다. 그러나 e비즈니스는 명확하게 통일된 개념이 없으며, 여러 학자마다 다양한 정의를 내리고 있다. 이는 e비즈니스의 막대한 영향에 비해 상대적으로 짧은 역사로 인해, 충분한 연구가 제대로 이루어지지 못했기 때문이라고 볼 수 있다. 흔히 e비즈니스에 대해 논할 때 전자상거래(E-commerce)와 인터넷 비즈니스(Internet Business)를 e비즈니스와 혼동하여 세 가지 모두 동일한 개념으로 사용하는 경우가 있다. 이러한 오류는 e비즈니스에 대한 이해의 부족에서 그 원인을 찾아볼 수 있으며, 또 다른 이유로 e비즈니스와 전자상거래 및 인터넷 비즈니스의 상호관계를 잘 파악하지 못하는 데 원인이 있다고 하겠다.

(1) e비즈니스의 개념

e비즈니스는 전자상거래와 인터넷 비즈니스를 포괄하는 개념이다. 여기서 인터넷 비즈니스는 인터넷혁명에 의해 급속도로 발전된 네트워크 기술을 비즈니스에 활용함으로써 업무의 효율과 효과를 증폭시킨 비즈니스를 총칭하는 개념으로 볼 수 있다. 반면, 전자상거래는 기존의 아날로그 방식과 물리적인 방법을 이용하여 이루어지던 모든 상거래 가운데, 디지털혁명과 인터넷혁명을 통해

서 디지털-네트워크 시스템을 이용하여 이루어지는 상거래 방식으로 기존 방식에 비해 상대적으로 고도의 효율과 효과를 창출하는 모든 상거래를 가리킨다. 보다 명확한 이해를 위해 e비즈니스를 중심으로 전자상거래와 인터넷 비즈니스의 상호관계를 살펴보기로 한다.

e비즈니스라는 말은 '전자적'이라는 의미의 'electronic'과 '사업'이라는 의미를 가진 'business'의 합성어다. 따라서, 단어 자체의 본원적인 의미에서 봤을 때 e비즈니스는 전자적으로 수행되는 사업을 의미한다. 즉, 아날로그 방식으로 수행하던 기존의 제조사업 방식을 전자화된 사업 방식으로 혁신하여 제조업을 수행한다면, 이것은 e비즈니스의 일종인 것이다. 최근 각광 받고 있는 전자경매(E-auction)는 사업 방식을 전자화된 방식으로 혁신하여 비즈니스를 수행하는 대표적인 e비즈니스의 예라고 할 수 있다. 전자경매에서는 누구나 자신이 원하는 시간에 디지털화된 사이버 공간에서 경매에 직접 참가할 수 있으며, 경매의 거의 모든 과정이 전자화되어 있기 때문에 고도의 효율적인 방법으로 경매에 참여할 수 있다. 결론적으로 e비즈니스는 이와 같이 전자적으로 수행되는 제조업과 금융업 그리고 기타의 모든 사업을 의미하는 것이며, 상거래가 전자적으로 수행되는 전자상거래는 이러한 e비즈니스의 중요한 범주 가운데 하나인 것이다.

인터넷 비즈니스(Internet Business)라는 용어를 단어 자체의 본원적 의미를 통해 분석해보면, 인터넷을 통하여 수행되는 사업을 의미한다. 즉, 전자적으로 수행되는 사업 가운데 특히 인터넷이라고 하는 네트워크(Network)를 활용하는 사업이 곧 인터넷 비즈니스다. 인터넷 비즈니스의 대표적인 사례를 들자면 최근 급속히 성장한 인터넷 뱅킹(Internet Banking)을 꼽을 수 있다. 1980년대 중반까지만 해도 금융 업무를 보기 위해서는 거래 은행에 직접 가야만 했다. 그리고 창구 앞에서 일일이 입출금 신청서를 작성하고, 담당 행원의 확인 도장을 받아야만 했다. 또한, 타 은행의 다른 사람 계좌에 자금을 이체하는 것은 상상 속에서만 가능한 일이었다. 그러나 현재 우리는 인터넷혁명의 후광 아래 인터넷에 접속된 PC 또는 휴대 단말기만 있으면 전 세계 어디에서나 은행 업무나 신용카드 업무는 물론 대출 업무까지 가능하게 되었다. 인터넷이라는 강력한 네트워크가 활용되면서 비즈니스의 효율과 효과는 증폭된 것이다. 이러한 비즈니스가 바로 인터넷 비즈니스인 것이다.

그러나, e비즈니스를 전자적으로 수행되는 또는 인터넷을 활용하는 비즈니스라고 이해하는 것은 e비즈니스의 개념을 이해하는데 있어서 충분하다고 볼 수 없다. 앞에서 e비즈니스의 개념을 이해하기 위하여 접근한 방법은 전자적(Electronic) 또는 인터넷(Internet)의 이용으로 대변되는 e비즈니스의 가장 큰 특징인 IT(Information Technology)의 활용 측면에 초점을 맞추어 e비즈니스를 이해한 것이다. 따라서, 엄밀히 말하면 이것은 e비즈니스의 개념을 50% 정도 밖에 이해하지 못한 것이다. e비즈니스의 개념을 100% 이해하기 위해서는 e비즈니스도 일종의 사업이라는 점을 이해하는 접근 방법이 필요하다. 결국, e비즈니스를 포함한 모든 비즈니스의 성공을 위한 핵심은 훌륭한 경영이다. 여기서 경영이란 계획(Plan)-실행(Do)-평가(See)의 세 가지 기본 활동으로 이루어지며, 훌륭한 경영활동이란 이러한 세 가지 기본 경영활동이 각 비즈니스의 특성과 환경에 맞게 상호 조화를 이룸으로써 비즈니스의 성공 확률을 높이는 경영활동을 말한다. 따라서, e비즈니스의 핵심 개념을 이해하기 위해서는 것은 바로 e비즈니스의 특성과 환경에 맞는 훌륭한 경영활동이 무엇인지를 이해해야 한다.

e비즈니스의 대표적인 특성은 고도의 IT를 전략적으로 활용하여 기존 비즈니스 모델을 재정의(Redefine) 하거나, 새로운 비즈니스 모델의 창출을 통해 고객의 가치를 극대화하는 것이다. 최근의 비즈니스 환경은 치열한 초 경쟁(Hyper Competition) 구도로 치닫고 있으며, 변화 속도 또한 어느 때보다 빠르다. 따라서, 세 가지 기본적인 경영활동(계획, 실행, 평가) 가운데 변화의 시대에 절실히 필요한 훌륭한 계획 즉, 전략의 중요성을 증폭시키고 있으며, 결과적으로 e비즈니스를 전략 지향적인 비즈니스로 이끌어 가고 있다. 이상의 논의를 바탕으로 e비즈니스의 개념을 정의하면 다음과 같다.

e비즈니스란 디지털 기술과 네트워크 기술을 기반으로 한 고도의 IT를 전략적으로 활용함으로써, 기존의 비즈니스 모델을 재정의(Redefine)하거나 새로운 비즈니스 모델의 창출을 통해 고객의 가치를 극대화하는 비즈니스를 총칭하는 개념으로서, 이는 고객의 가치 창출을 위하여 첨단 기술의 전략적 활용뿐 아니라 기업의 조직 및 경영 방식이 급변하는 시장 환경의 변화에 따라 유연하게 전략적으로 변화해야 되는 전략 지향적(Strategy-Oriented) 비즈니스를 의미한다.

(2) e비즈니스의 이점

기업이 추구하고 있는 공통적인 e비즈니스의 목적은 크게 시장 확대, 고객 유지, 효율성 향상 3가지로 볼 수 있다. 그런데 e비즈니스 시스템 도입이 기업 이익증대 및 비용절감 효과를 성취할 수 있는지에 대해 확신하는 것은 쉽지 않다. 그렇지만 e비즈니스는 기업의 모든 부분에 영향을 미쳐 기업 이익을 향상시킬 수 있는 가능성이 있음을 부인할 수는 없다. e비즈니스를 통해 기업이 얻을 수 있는 효과는 다음과 같다.

① 고객 서비스의 향상

우선, e비즈니스로 각각의 고객에게 우수한 서비스를 제공할 수 있다. 고객은 웹 상의 셀프서비스 애플리케이션을 사용하여 손쉽게 1년 365일, 하루 24시간 언제나 기업과 상호 교류할 수 있다. 고객은 기업의 웹 사이트를 방문할 때마다 개인화된 제품 및 서비스를 제공받게 된다. 보유하고 있는 모든 시스템이 통합되기 때문에, 기업은 고객 요구 및 질의에 신속하게 응답하기 위해 필수적인 정확하고 시의적절한 정보를 항상 갖추고 있어야 한다.

② 고객 만족도 증가

e비즈니스로 향상된 고객 서비스를 제공할 수 있고 그로 인해 고객 만족도도 증가하게 될 것이다. 기업은 고객이 누구인지, 그들이 원하는 것이 무엇인지, 어떻게 대응해야 하는지를 파악하고 그들의 요구를 예측할 수도 있다. 그리고 이전보다 훨씬 신속하고 저렴하게 제품 및 서비스를 제공할 수 있다. 고객 만족도 증가와 e비즈니스는 서로 불가분의 관계라고 할 수 있다.

③ 고객 유지도 증대

고객 서비스를 개선해 고객 만족도를 증가시키기 위해서는 이전과는 다른 방식으로 고객을 확보 및 유지해야 하는데 e비즈니스는 고객의 높은 기대치를 충족시키고 고객이 요구할 때마다 서비스를 제공할 수 있도록 해줄 것이다.

④ 운영비용 절감

e비즈니스로 더욱 효율적으로 업무를 수행할 수 있을 뿐 아니라 엄청난 수준의 운영비용 절감을 실현하게 될 것이다. 고객, 직원, 비즈니스 협력업체 등을 위한 셀프서비스를 활성화시키는 등 인터넷을 적극 활용함으로써 정보관리(IT), 고객 서비스, 인적 자원, 비즈니스 관리, 회계 관리, 조달, B2B 교류, 영업, 마케팅 등 비즈니스의 모든 영역에서 상당한 비용을 절감하게 될 것이다.

⑤ 제품·서비스 품질 개선

e비즈니스로 운영비용을 낮출 수 있을 뿐만 아니라, 제품 및 서비스 품질을 크게 향상 시킬 수 있게 된다. 고객 인텔리전스를 향상시킴으로써 고객이 원하는 바를 파악할 수 있게 됐을 뿐 아니라 입찰을 원하는 전 세계 공급업체들에게 액세스 할 수 있게 된다. 이에 따라 품질, 가격, 운송 일자 등을 기준으로 적합한 공급업체를 선정할 수 있게 된다. 그리고 가치사슬(Value Chain)이 완벽하게 연결되기 때문에(고객이 공급업체로, 공급업체가 고객으로), 서비스의 품질이 개선된다. 즉, 정확하게 필요로 하는 제품을 필요로 하는 시간 내에 제공할 수 있게 되는 것이다. 공급업체와 온라인으로 협력함으로써 공급업체 재고관리를 효율화 시키고 이전보다 훨씬 신속하고 저렴하게 제품 및 서비스를 공급할 수 있게 된다.

⑥ 비즈니스 효율성 제고

e비즈니스로 전체 조직은 보다 효율적으로 업무를 수행할 수 있다. 시스템들이 통합되고 업무 프로세스가 간편해지며, 모든 사람이 정확하고 신속하게 동일한 정보를 공유할 수 있다. 또한 인터넷 기술구현을 통해 보유하고 있는 모든 시스템을 통합해 포괄적으로 연결된 단일 가치사슬 구축, 데이터 및 데이터 센터의 통합, 셀프서비스 애플리케이션을 사용한 관리 프로세스 합리화를 통해 비즈니스 효율성을 향상시킬 수 있게 된다.

⑦ 경쟁력 강화

글로벌 경제 체제하에서 e비즈니스는 고객이 원하는 것을 신속하게 제공하고 있으며, 개인화된 제품 및 서비스를 저렴한 가격으로 제공하고 있다. e비즈니스는 스스로에 대한 다각도의 시각과 고객에 대한 포괄적인 시각을 가지고 있다. e비즈니스는 비즈니스 인텔리전스를 보유하고 있기 때문에 정확하고 신속한 의사결정을 내릴 수 있으며 그 영향을 전사적으로 모니터링 할 수 있다. e비즈니스의 구성원들은 관계 구축, 서비스 향상, 기업 이익 창출 등에 주력할 수 있다. 따라서 e비즈니스로 이전보다 훨씬 강력한 경쟁력을 확보하게 되는 것이다.

⑧ e비즈니스 인텔리전스 개선

e비즈니스로 공급사슬, 운영, 대 고객 시스템 등은 전자적으로 연결되어 있어 인터넷 지원 통합 어플리케이션을 지원한다. e비즈니스로 이들 시스템에서 생성된 정보를 사용해 보다 효율적으로 조직을 운영하고, 보다 효과적으로 고객을 확보 및 유지한다. 조직 전반에 대한 통찰력을 제공하고, 신속하게 기회를 발견하며, 비즈니스 위험 요소를 보다 완벽하게 파악할 뿐 아니라 기업 목표를 중심으로 각 사업부가 더욱 긴밀히 연계되도록 해준다.

⑨ 시장 범위 확대

인터넷상에 홈페이지가 존재하고 있다면 기업은 글로벌 고객을 확보하고 있는 것과 마찬가지라고 볼 수 있다. 본사가 어디에 있는지 관계없이 고객은 전 세계를 걸쳐 검색할 수 있게 되는 것이다.

⑩ 관리상의 실수 감소

e비즈니스로 직원, 고객, 공급업체 모두는 웹 기반 셀프서비스 애플리케이션을 사용해 자체적으로 트랜잭션을 수행한다. 셀프서비스는 중간 단계와 실시 지연을 제거하기 때문에 관리상의 실수를 크게 줄일 수 있다. 더 이상 데이터 입력 담당 직원을 필요로 하지 않으며 서류 유실에 관한 문제도 발생하지 않을 것이다. 또한 각종 거래는 더욱 신속하면서도 저렴한 비용으로 매우 정확하게 처리된다.

1.3 e비즈니스 모델

1.3.1 e비즈니스 모델의 개념

(1) e비즈니스 시대의 경영환경의 변화

1960년부터 비약적으로 발전한 정보기술과 네트워크 기술이 기업경영에 도입됨으로 인해 새로운 정보를 습득하고 보급, 활용이 용이해짐에 따라 기업의 경영환경에도 많은 변화가 생겼다. 그 중에서도 두드러지는 변화는 기업의 마켓플레이스가 오프라인에서 온라인으로 변화해 가고 있다는 것이다. 이로 인해 기존의 기업에서는 크게 부각되지 않았던 새로운 비즈니스 모델의 개념이 부각되게 되었다.

특히, 디지털 시대의 도래로 인하여 전통 기업은 경영환경적인 위협을 받게 되었다. 디지털 시대는 전통 기업의 경쟁환경에 지각변동을 초래하며 산업 지도의 재편을 일으키고 있으며, 신생 디지털 기업은 저비용으로 기존 산업을 공략하고 새로운 산업을 일으켜 전통 기업의 입지를 위협하고 있다. 디지털 기술의 활용으로 국제화, 시장개방, 규제완화 등이 더욱 신속 · 용이해지면서 국가간 · 산업간 경계를 넘어서는 경쟁이 심화되고 있어 전통기업 역시 기존 제품 및 서비스의 판매에만 치중할 경우 경쟁력 약화는 물론이고, 결국엔 기업 수익원의 고갈을 초래하므로 신규 수익 원천을 발굴하기 위한 비즈니스 모델이 필요하게 되었다.

전통적 기업에서 e비즈니스로의 경영환경변화는 크게 5가지로 나누어서 살펴볼 수 있다.

① 고객중심(Customer Centric)

모든 정보와 거래가 투명해지고 개개인이 네트워크로 연결되어 고객의 파워가 증대하고 있으며, 거래의 중심이 생산자에서 고객으로 이동함에 따라 전통기업의 패러다임과 비전의 변화가 필요하게 되었다. 고객 · 기업 간 직거래 확대는 전통기업에게 기회와 위협요인을 동시에 제공하고 있는데 기존의 강점이었던 전통기업의 판매망, 대리점 등이 오히려 위협요소로 작용하고 있지만 인터넷 상거래의 성장과 함께 고성장 중인 물류산업에는 전통기업의 자본력과 기존 인프라가 유리하게 작용한다.

② 산업구도의 변화(Industry Transformation)

고객에게 총체적 서비스를 제공하기 위한 디지털 융합(Digital Convergence)이 일반화되었다. 디지털 환경에서는 정보공유와 서비스 거래를 저비용으로 처리할 수 있어 산업 내는 물론 산업간 제품·서비스를 융합하여 고객에게 원스톱 토털 솔루션(One-stop Total Solution)을 제공하는 것이 용이해졌다. 산업간 장벽의 붕괴로 타산 업의 전통기업이 새로운 경쟁자로 등장하거나 디지털 기술과 고객기반을 무기로 한 인터넷 신생 기업이 전통기업을 위협하고 있다. 전통기업과 디지털 기업의 강점을 융합할 경우 시너지 효과의 발휘가 가능하게 되었다. 따라서 전통기업은 기존 사업영역의 전면적 재검토가 필요해졌다.

③ 가치사슬(Value Chain)의 역류

고객의 파워 증가로 수익의 원천이 고객 접점으로 이동하였으며, 토털 솔루션 제공에 필요한 상품과 서비스의 구성력, 고부가가치를 창출할 수 있는 지식과 콘텐츠의 중요성이 증대되었다. 규모의 경제를 바탕으로 한 대량생산 중심의 수익구조 탈피가 관건이 되었다. 기존의 기술력, 브랜드파워, 인적자원의 전문성 등을 바탕으로 비즈니스 모델의 재구축이 시급하다.

④ e-Sourcing의 확대

기업 간 거래의 핵인 e마켓플레이스의 성장세가 지속되고 있고, 내부적으로 구매 효율화를 달성하고 외부적으로 새로운 수익원천을 찾기 위한 B2B 시장이 활성화되고 있다. 전통 주력기업이 e마켓플레이스의 강자로 등장할 전망이 보인다. 주력기업 외 전통기업들은 일개 부품 역할을 하는「Vendor」로 전락할 가능성이 상존한다. 단순한 중개서비스에 의존하는 디지털 기업보다 기존의 거래 회원사를 확보하고 있는 전통기업이 유리하다.

⑤ 네트워크(Network)화

고객에 대한 토털 솔루션 제공과 기회선점을 위한 합종연횡이 활발하다. 핵심부문을 유지한 채 기타 부문은 아웃소싱(Outsourcing)하거나 전략적 제휴, M&A 등을 통해 위험을 분산시키고 시장진입에 소요되는 기간을 최소화하는 전략이 효과적인 환경이 되었다. 전통기업의 자력주의형 전략과 경영모델은 디지털 환경에 부적합하다. 모든 것을 자체 해결하는 방식으로는 디지털 기업의 스피드와 비용구조를 따라잡는 것이 불가능하다.

소비자의 입장에서 본 환경의 변화는 인터넷을 활용하여 여러 제품·서비스를 한곳에 집결시켜 소비자의 욕구를 통합적으로 해결하는 것이 하이퍼링크로 용이해졌다는 것이다. 또한, 인터넷 상에서는 고객이 자신의 취향에 맞는 제품·서비스의 선택이 수월해지는 패키지 맞춤형(Customization)이 가능하고, 인터넷의 활용으로 인해 소비자들은 관심 있는 모든 기업의 제품과 서비스 등에 대한 방대한 양의 정보를 직접 신속하게, 그리고 무료로 습득, 교환함으로써 최고의 품질을 제공하는 기업을 선택할 수 있게 되었다. 결국, 이러한 사실은 인터넷의 등장으로 인해 기업 운영 방식을 포함한 지금까지의 사업 모델이 근본적으로 변하게 됨을 의미한다.

(2) e비즈니스 모델이란?

비즈니스 모델이란 사업을 하는 방식 또는 사업 아이디어를 말하는 것이다. 다시 말해서 이윤추구를 목적으로 상품이나 서비스를 누구에게 판매할 것인가를 결정하는 것을 의미한다.

인터넷 시대의 개막과 함께 새로운 e비즈니스 모델들이 속속 등장하고 있다. e비즈니스 모델이란 인터넷을 기반으로 하는 사업유형을 말한다. 비즈니스 모델이란 기업이 이윤을 목적으로 하는 사업을 말하는데 쉽게 생각하면 사업을 하기 위한 방법이다. 따라서 e비즈니스 모델이란 e비즈니스라는 사업을 통해서 돈을 벌기 위한 방법이라고 볼 수 있다. 또, 직접적으로 돈을 벌지는 못하지만, 돈을 버는 사업을 간접적으로 지원해 주는 경우도 e비즈니스 모델로 볼 수 있다. 즉, e비즈니스는 새로운 인터넷 환경 속에서 진행되는 다양한 가치 창출 활동으로서 인터넷을 가지고 이루어지는 모든 사업 활동을 의미한다.

e비즈니스 모델은 기존 오프라인의 전통적인 거래 방식에서 새로운 거래방식으로의 전환이라 말할 수 있다. 기존 거래방식에서는 유통채널, 거래대상 지역, 거래시간, 고객정보, 마케팅 활동, 고객대응 등 여러 가지 제약이 있었던 것이 문제시되어 왔다. 유통채널의 경우 기업, 도매상, 소매상, 소비자까지의 복잡하고 다단계식 유통 채널을 가지고 있으며 거래대상 지역도 오프라인이다 보니 일부 지역에 대해서만 유통할 수 있고 글로벌 마케팅에 대한 제약 사항이 많았다. 또한, 최근에 주요 이슈로 등장한 고객정보 및 고객 대응에 대해 많은 시간과 투자가 필요하며 고객의 요구사항 포착이 어렵고 대응이 지연되는 문제점들이 있다. 이러한 문제점들을 e비즈니스 모델을 통하여 정보의 수시 획득, 고객 요구에 신속히 대응하며 기업의 이미지 제고, 비용절감, 수요, 공급자 간에 인터넷을 활용한 시장의 전자화와 투명성을 증대할 것으로 예상된다.

e비즈니스 모델은 기업 간, 기업-소비자 간, 기업-정부 간, 소비자-소비자 간 경쟁과 협력 촉진을 통하여 기업의 경영 합리화와 기업간 분산화 및 전문화를 촉진 할 것으로 예상되지만 법제도, 인터넷 통신기술, 전자화폐 등에 대한 새로운 여러 가지 문제점들이 나타나고 있다. 특허법, 전자상거래법, 이체법 등의 각국 법제도 적용의 문제와 특허권 실시상의 문제점들과 인터넷 통신기술의 복잡 다양화 및 표준화 미흡 문제점이 발생하고 있으며 전자 지불결제의 인증 및 보안기술의 인터페이스 방법과 장치 등에 대한 문제점도 발생하고 있다. 이러한 문제점들은 계속적인 개선 및 보안이 진행될 것이고 새로운 또 비즈니스, 기술, 시장 등을 창출하게 될 것이다.

1.3.2 e비즈니스 모델의 분류

e비즈니스의 핵심은 가치 창출, 즉, 수익을 만들 수 있는가에 초점이 맞추어져 있다. 다시 말해, 가치를 창출하기 위해서 무엇(What)을 어떻게(How)제공할 것인가가 e비즈니스 모델의 근간이라고 하겠다.

e비즈니스 모델을 구분하는 데는 일반적으로 비즈니스 참여자의 구분에 따

라 기업과 소비자 간의 B2C 전자상거래, 기업 간 전자상거래인 B2B 전자상거래, 그리고 소비자간 상거래인 C2C 전자상거래로 구분되고, 사업모델의 주 수익원에 따라 광고형, 수수료형, 이용료형, 멤버십형으로 구분되며, 거래에 참여하는 당사자들의 상호작용 형태에 따라 1 대 1(1 to 1), 1 대 다수(1 to N), 다수 대 다수(N to M)로 구분할 수 있다. 비즈니스 방식에 따라 소매형, 경매형, 역경매형, 포탈형, 카탈로그 판매형, 주문 판매형 등으로 구분할 수 있고, 디지털 방식의 순수성에 따라 순수한 인터넷에서만 가능한 새로운 비즈니스 모델과 전통의 사업모델이 인터넷에 결합한 모델로 구분할 수 있다. (그림 1. 3)

여기서는 e비즈니스의 핵심적 분류기준을 비즈니스 참여자, 목적, 수익 원천, 고객에 대한 제공가치로 정하고 각각의 모델에 대해 설명하도록 하겠다. 그런데 e비즈니스 모델에 대한 유형화를 통하여 e비즈니스 모델을 분류한다고 하더라도 모든 e비즈니스 모델에 대한 유형화는 불가능하다. e비즈니스 모델은 매우 다양할 뿐만 아니라 계속 변화하기 때문이다. 사람들의 니즈(Needs)가 다양해지면서 계속해서 새로운 비즈니스 모델이 만들어지며, 기존의 비즈니스 모델도

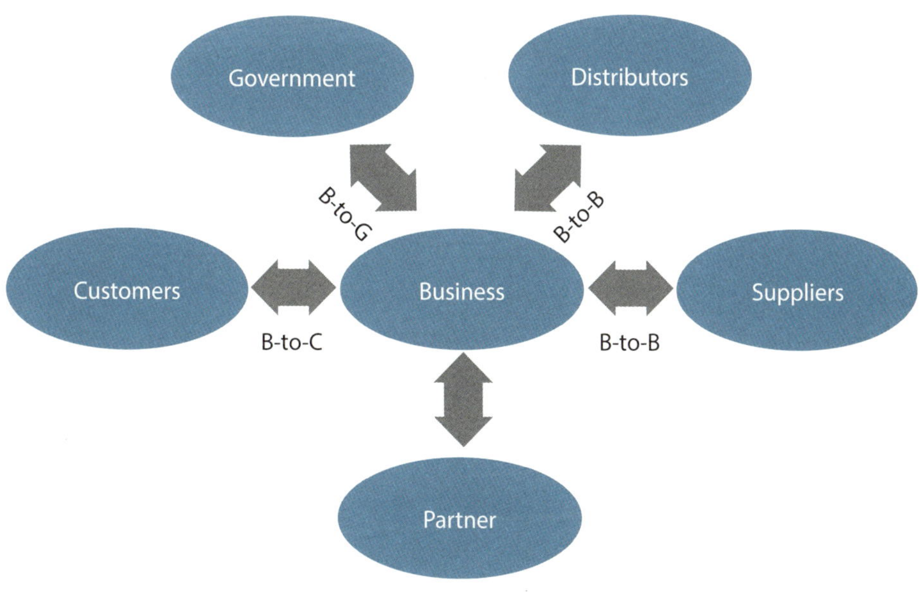

[그림 1.3] e비즈니스 모델 분류

변화하게 된다. 또한, e비즈니스 모델에 관해 설명하기 전에 분명히 해야 할 것은 하나의 사이트가 같은 분류기준 내에서 복수의 모델에 해당되는 경우가 많다는 점이다. 예를 들어 고객에 대한 제공 가치를 기준으로 정보 제공 모델, 커뮤니티 모델 등으로 구분할 수 있다. 이때 신문사의 인터넷 사이트는 대표적인 정보 제공 모델이지만, 동시에 커뮤니티 모델의 기능이 포함되어 있는 경우도 있다. 또 상거래 모델이면서 동시에 서비스 모델의 기능을 가지고 있는 경우도 많다. 이처럼 하나의 e비즈니스 기업이 복수의 모델에 해당하는 것은 e비즈니스 모델 기업들이 경쟁력을 높이기 위하여 자사의 인터넷 사이트가 다양한 역할을 수행할 수 있도록 확장시키고 있기 때문이다.

(1) 참여자에 의한 e비즈니스 모델의 분류

e비즈니스를 분류하는 가장 일반적인 기준 중 하나가 참여자이다. B2B, B2C와 같이 불리는 e비즈니스 모델이 바로 참여자에 의한 분류이다. e비즈니스 초기에는 B2B와 B2C만이 논의되었으나 최근에는 E2C(Education to Consumer), M2M(Market to Market),P2P(Peer to Peer) 등 다양한 파생 개념들이 나오고 있다.

① B2B 모델

B2B는 Business to Business의 약자로 기업 간의 거래를 중개하는 등 사업의 주체와 객체가 모두 기업이 되는 e비즈니스 모델이다. 기업과 기업 사이에 일어날 수 있는 다양한 거래들, 예를 들면 부품의 상호 조달, 운송망 공유 등을 인터넷을 통하여 처리하는 것을 말한다.

B2B는 기업의 사설망이나 부가가치통신망(VAN) 등의 네트워크 상에서 주로 EDI[3], CALS[4]를 사용하여 기업 간에 주문을 하거나 송장, 문서 등의 자료를 처

---

3) EDI는 기업 간의 거래 데이터를 교환하기 위한 표준 포맷이다. EDI 메시지에는 데이터 요소들의 문자열이 포함되는데, 그 각각은 가격이나 제품 모델번호 등과 같이 개별적 사실들을 표현하며, 구획문자에 의해 분리되어 있다.

4) CALS는 군사 관련 문서들과 정보들을 전자적으로 관리하고 보관하려는 시도에서 시작되었다. CALS는 처음 미 국방부의 담당자가 창고에 쌓여있는 방대한 서류더미의 처리를 위

리하는 시스템으로 무역, 제조 등의 분야에서 활용이 시작되었다. 인터넷의 도입 이후 인터넷 상에서의 B2B로 확대되고 있으며 타업종으로의 확산이 강화되고 있다. 스테이플즈(Staples.com)와 같은 MRO(Maintenance Repair and Operation: 소모성 자재) e비즈니스나 알리바바(Alibaba.com)와 같은 장터 모델의 e비즈니스가 대표적인 B2B 모델이다. B2B 모델은 상거래 모델이 주류를 이루지만, ASP와 같이 서비스 모델인 경우도 많으며 B2B 커뮤니티도 있다. 기업과 기업이 전략적으로 제휴하여 거대한 인터넷 쇼핑몰을 만든 후 소비자들에게 재화를 공급하는 경우는 B2B 또는 B2C로 표현할 수 있다. 최종소비자를 대상으로 하는 B2C시장 보다 기업을 대상으로 하는 B2B 시장의 규모는 훨씬 크다.

현재 기업 간 전자상거래가 급속히 확대되고 있는 것은 기업 간 전자상거래로 얻을 수 있는 효과가 지금까지 기업 내부의 활동 개선보다 훨씬 큰 효과를 얻을 수 있기 때문이다. 기업 간 전자상거래의 효과로는 구매절감, 적정 재고 관리, 사이클 타임 단축, 고객 서비스 개선, 판매 및 마케팅 비용의 감소, 신규판매의 기회증대 등을 들 수 있다.

기업이 재화나 서비스를 구매하기 위해서는 매우 복잡한 다단계 과정을 거친다. 공급자 선정, 공급자 평가, 제품정보 교환, 제품 견본 승인, 주문서 발송, 주문 확인, 송장전달, 대금지불 등의 복잡한 절차를 거치는데 이러한 절차는 많은 비용을 발생시킨다. 그런데 기업들이 인터넷을 활용하게 되면 정용 통신망을 이용하는 경우보다 전송비용을 절감할 수 있으며 새로운 업체와도 거래를 할 수 있다. 또, 기업 간 전자상거래는 주문-선적-결제 처리기간을 단축시킨다. 전

해 시작된다. 미국이 연간 조달하는 병기나 후방지원시스템은 방대한 양에 달하는데, 이에 첨부되는 매뉴얼들은 기술이 고도화될수록 두께와 양이 점점 늘어나고 있다. 예를 들어, F16 전투기의 매뉴얼은 책 3,500권에 달하며, 항공모함의 경우에는 관련문서의 무게가 23톤에 이른다고 한다. 당시 미 국방부는 동서 냉전의 종식에 따라 군사예산 삭감을 강요 받고 있었는데, 이런 이유로 후방지원을 효율화하는 것이 국방부의 큰 테마로 부각되었다. 그래서 미 국방부는 문서를 전자화하여 공간절약과 정보검색의 신속화를 지향하였는데, 이것이 페이퍼리스(Paperless) 운동의 시작이다. CALS는 이러한 미 국방부의 후방지원효율화에서 시작되어 점차 장대한 CALS 프로젝트로 발전하게 되었다. CALS의 궁극적인 목표는 정보시스템을 활용하여 기업 내 또는 기업간의 업무 프로세스를 철저히 합리화하고, 부가가치를 높이는데 있다.

자적으로 연결되어 있는 업체와 팩스, 메일 등으로 전송된 정보는 즉시 처리되고, 회사는 문서를 제대로 받았는지 추적할 수 있기 때문에 관리기능을 향상시킬 수 있다. 또한, 재고 변화를 쉽게 파악할 수 있으므로 재고처리, 보관, 관리 비용을 절감할 수 있다.

인터넷을 활용하여 전자적 방식으로 연결된 기업 간 네트워크는 지역적으로 멀리 떨어진 서로 다른 작업팀들이 협력해서 프로젝트를 진행할 수 있게 해준다. 따라서 전체 사이클 타임의 단축을 유도할 수 있다. 그리고 제품정보, 제품사양, 제품특징, 제품 주문처리 현황 정보 등의 인터넷 게시를 통하여 정보전달 비용을 감소시킬 수 있어 고객만족도 향상에도 기여할 수 있고, 카탈로그 판매 및 광고의 효율을 높일 수 있고 주문의 전자적 처리를 통하여 영업사원들이 시간 소모를 줄일 수 있다. 기업 간 e비즈니스 거래를 위한 B2B는 판매자·구매자 간의 중재를 통한 시장창출 방식에 따라 다음과 같이 구분할 수 있다.

• 카탈로그형

카탈로그형은 판매자가 그들의 상품의 가격, 특징 등의 정보를 웹상에 올려놓고 이를 본 구매자가 웹상에서 바로 구매하는 방식이다. 이 유형은 상품의 종류가 매우 다양하고 판매자와 구매자가 많아서 종이 카탈로그로는 원하는 상품을 발견하기가 힘든 경우, 그리고 소규모 거래로 인해 각각의 거래를 협상하기에 많은 비용이 발행하고 제품가격이 비교적 안정적인 경우에 가능하다.

• 경매형

경매형은 경매라는 메커니즘을 통한 최적의 매칭을 통해 상거래를 이루는 유형이다. 이것은 기업이 판매하고자 하는 물품을 공고하면 다수의 구매자가 가격을 입찰하고, 최적의 가격을 제시한 구매자에게 이를 판매하는 방식이다. 이러한 유형은 기업이 보유하고 있는 잉여재고의 처리, 중고품, 희소품에 적합하다.

• 역경매형

역경매형은 경매형의 상반된 개념으로 구매자가 자신이 사고자 하는 물품에 대한 명세와 거래 조건 등을 제시한 후, 다수의 공급자 중 최적의 가격과 거래조건을 제시한 공급자로부터 이를 구매하는 방식이다. 이 유형은 강력한 구매력을 가진 소수의 구매자와 복수의 공급자가 존재하는 시장에서, 구매자가 저렴한 가격에 대량으로 구매할 경우에 적합하다.

• 익스체인지형

익스체인지형은 제3의 중개자에 의해 매우 중립적인 시장의 형태로 이루어진다. 이 경우는 상품의 수급관계와 가격이 매우 유동적인 시장에서 상품의 명세가 정해진 원부자재나, 범용성이 높고 표준화된 상품의 거래에 적합하다. 구매자의 입장에서는 필요한 부품, 상품 등을 신속히 조달할 수 있고, 판매자는 최적의 시장가격으로 상품을 구매할 수 있다는 장점이 있다.

② B2C 모델

B2C는 Business to Consumer의 약자로, 기업이 일반 소비자를 대상으로 사업을 하는 e비즈니스 모델이다. 가장 흔히 접하게 되는 인터넷 쇼핑몰, 검색사이트 등이 여기에 속한다.

Business to Consumer란 기업과 소비자 간의 모든 상호작용을 포괄한다. 여기에는 제품주문, 제품정보 획득, 전시공간 제공, 고객정보의 정의, 제품의 공동개발, 대 고객 서비스 등이 포함된다. 개인 소비자들은 매우 다양한 구매동기와 욕구를 가지고 접속하기 때문에 대상고객을 정확하게 규명하는 데 신경을 써야 하며, 기업 구매자에 비해서 일반소비자는 충동구매를 하기 때문에, 다양한 상품을 보여주고 상품에 대한 설명 등 세밀한 부분까지 준비해야 한다.

③ B2G 모델

B2G는 Business to Government의 약자로, 기업이 정부를 상대로 거래하는 e비즈니스 모델이다. B2G 모델에는 정부 주도의 직접 구매형 모델이 많지만, 기업과 정부를 연결시켜 주는 구매 중개형 모델도 있다. 현재까지의 움직임은 별로 나타나지 않고 있는 실정이나 우리나라의 경우 정부가 강력히 추진하고 있는 Digital Government Policy와 국가 조달업무의 전자상거래 구도는 B2G의

좋은 모델이 되고 있다. 전자정부 구현이 확산되면서 정보제공, 세금징수, 면허 교부, 규제 관리, 보조금 혜택의 제공, 통계자료, 물품과 서비스의 조달 등 각종 정보 및 서비스 분야가 포함되어야 한다.

④ C2C 모델

C2C는 Consumer to Consumer의 약자로 소비자 대 소비자 간의 인터넷 비즈니스를 지칭하는 말로 이러한 경우 소비자는 상품을 구매하는 주체이면서 동시에 공급의 주체가 되기도 한다. 인터넷이 소비자들을 직접 연결시켜주는 시장의 역할을 하게 됨으로써 발생한 거래형태로 현재는 경매나 벼룩시장처럼 중고품을 중심으로 거래가 이루어지고 있다. 소비자간에 직접 거래하는 전자상거래를 말한다.

(2) 목적에 의한 e비즈니스 모델의 분류

e비즈니스를 전개하는 데에는 여러 가지 목적이 있을 수 있는데 먼저 직접적으로 돈을 벌어들이는 것이 목적이 될 수도 있고, 또 기존의 오프라인 사업을 강화하기 위한 정보 제공이나 고객 로열티 확보, 브랜드 이미지 제고 등의 목적도 있을 수 있다. e비즈니스 모델을 목적에 따라 수익 모델과 지원모델로 나누어 본다.

① 수익 모델

순수 인터넷 e비즈니스 기업들의 경우 대부분 인터넷 사업을 통해서 직접적으로 돈을 버는 것을 목적으로 한다. 또 오프라인 기업들도 기존의 지원모델 이외에 수익창출을 위한 e비즈니스를 추가적으로 전개하려는 움직임을 보이고 있다. 수익 모델은 세부적으로 상거래 모델, 이용료 모델, 제휴 수수료 모델, 광고 모델, 멤버십모델, 가격 지향 모델, 편의·신속성 지향형 모델, 맞춤 상품·서비스 지향형 모델로 나눌 수 있다.

② 지원 모델

기존 오프라인 기업들의 경우 처음에는 인터넷을 오프라인 사업을 지원하기 위해 고객과 효과적으로 접촉할 수 있는 수단으로 생각해 왔다. 예를 들어 자사 상품을 소개하는 Sony사의 사이트, GE사의 사이트가 이러한 경우이다. 지원 모델은 다시 홍보 모델(상품이나 서비스를 소개), 정보지원 모델(자사 제품을 다운 받거나 사용법을 읽을 수 있음), 서비스 모델(고객 불만 등을 접수), 커뮤니디 모델(자사의 고객들을 조직화하여 Loyalty를 확보)로 나눈다

(3) 수익원천에 의한 e비즈니스 모델의 분류

e비즈니스 모델의 핵심이라고 할 수 있는 수익 모델은 수익의 원천에 따라 분류할 수 있다. 수익의 원천은 크게 2가지로 나누어 생각해 볼 수 있다.

첫째, e비즈니스 기업이 '직접적으로' 수익을 창출할 수 있다. 여기에는 상거래 모델과 이용료 모델, 회비 모델이 포함된다.

둘째, 제3자의 사업이 잘되도록 '도와줌으로써' 수수료를 받을 수 있다. 여기에는 제휴수수료 모델과 광고모델이 포함된다.

① 상거래 모델(Commerce Model)

인터넷을 이용해서 상품 또는 서비스를 유통시키고 이를 바탕으로 수익을 얻는 모델이다. 상거래 모델에는 인터넷 기업이 판매 또는 구매라는 상행위를 직접하는 경우와 중개(Brokerage)하는 경우가 포함된다. 수익의 원천이 가장 단순/명확하나, 아직까지는 마케팅 비용이 과다하여 이익을 내는 데 어려움이 있다.

상거래 모델은 e비즈니스의 주종을 이루고 있고, 상대적으로 수익 창출 메커니즘이 명료하다고 할 수 있다. 상거래 모델은 가치사슬에 따라 가치 창출과정의 어느 단계에서 상거래가 이루어지느냐에 따라서 판매모델[5], 구매모델[6], 장

5) 현실시장의 점포를 그대로 인터넷 상에 올려놓거나 무형의 상품을 판매하는 형태로 상거래 모델의 주종을 이루고 있다. (바이닷컴(Buy.com), 홀리데이이인(Holiday-inn.com) 등

6) 인터넷을 통해 구매를 효율화하기 위한 것으로 B2B를 주종으로 하나 B2C형태도 있다.(프

터모델[7], 정보중개 모델[8] 등으로 나누어 볼 수 있다.

② 이용료 모델(Usage Fee Model)

유용한 정보(Contents)를 제공하는 인터넷 사이트를 운영하면서 이용자들의 이용료로 비용을 충당하고 이익을 내는 모델이다. 이용료는 회비와 순수 정보 이용료로 나누어진다. 신문사와 같이 오프라인 사업의 부산물로 디지털 콘텐츠를 저렴한 비용에 확보할 수 있는 오프라인과 e비즈니스의 혼합형(Click & Mortar) 기업은 무료 또는 저가의 콘텐츠 제공에 있어 순수 e비즈니스 기업보다 유리한 위치에 설 수 있다.

③ 멤버십 모델(Membership Fee Model)

커뮤너티 사이트 등을 유료 회원제로 운영하는 비즈니스 모델이다. 다시 말해 멤버십 모델은 인터넷 사이트에 접속할 수 있는 권한을 제공하는 대가로 회비를 받는 e비즈니스 모델이다. 현재 대부분의 커뮤너티 사이트들은 무료로 서비스되고 있거나, 무료에 경품까지 제공하는 실정이므로 회비 수입으로 많은 이익을 남기는 것을 기대하는 것은 어렵다. 유료화의 시도가 있었으나 실패로 끝난 사례가 있다.

④ 제휴 수수료 모델(Affiliation Fee Model)

많은 인터넷 이용자의 방문을 유도한 다음, 이들을 제3의 인터넷 상거래 업체로 연결해서 그 수수료를 얻는 모델이다. 예를 들어 Yahoo는 자사 사이트를 통해 검색하는 이용자들을 Amazon.com으로 연결시키고 제휴 수수료를 받았다. 그러나 아마존 같은 소수의 사례를 제외하면, 아직까지 제휴 수수료 모델의 효율성은 검증되지 않았다고 보는 것이 옳다. 특히 사업 초기의 상거래 사이트는 인지도가 높은 포털 사이트 등과의 제휴를 통해 자사 사이트로의 고객 방문을

라이스라인닷컴 등)

7) 다수의 판매자와 구매자가 자유롭게 모여서 많은 거래를 형성해 가는 유형의 비즈니스 모델

8) 보유한 고객정보를 바탕으로 제3자의 마케팅 활동을 대행해주고 수익을 얻는 e비즈니스 모델

유도하지만, 실상 별 효과가 없거나 제휴수수료가 상당히 부담스러운 경우도 많아 제휴 간계가 기대만큼의 효과가 없다는 의견이 지배적이 될 경우, 제휴 수수료를 바탕으로 하는 e비즈니스 모델은 더 이상 존재하기 어려울 수도 있다.

⑤ 광고 모델(Advertisement Model)

이용모델과 마찬가지로 유용한 정보를 제공하되, 그 비용과 이익을 광고료에서 충당하는 모델이다. 현재 수익성을 놓고 가장 논란이 많은 인터넷 비즈니스 모델이다.

인터넷 광고는 TV, 라디오, 신문 등 기존 매체의 광고와 비교해 볼 때 광고효과 측면에서 긍정적인 측면과 부정적인 측면을 동시에 가진다.

먼저 인터넷광고의 긍정적인 측면은 즉각적인 양방향(Interactive) 커뮤니케이션이 가능하다는 것이다. 인터넷 광고를 본 잠재 고객이 관심을 갖게 되면, 클릭해서 보다 더 자세한 정보를 볼 수 있고, 인터넷 쇼핑몰과 바로 연결되어 구매로 이어질 수도 있다.

그러나, 인터넷 광고가 고객에게 적질히 선날되지 않았을 때 문제가 된다. 인터넷 환경 속에서 고객은 선택적으로 광고로부터 눈을 돌릴 수 있기 때문에 많은 경우 인터넷 광고는 고객에게 지각되지 않는다. 하나의 페이지에 다수의 광고가 있거나, 하나의 위치에 다수의 배너 광고가 돌아가면서 나오는 경우 광고의 노출도는 더욱 낮아진다. 노출도를 높이기 위해 지나치게 광고창을 띄우거나 화면 전환 시 별도의 광고를 보게 하는 등의 방법이 구사되기도 하지만 이런 것들은 이용자의 불편과 짜증을 유발할 수 있다.

(4) 티머스의 e비즈니스 분류

e비즈니스의 모델은 티머스가 제시한 EC(Electronic Commerce)의 기준으로 11가지 모델로 분류할 수도 있다. 티머스는 가치사슬(Value Chain)의 분해(와 재결합을 통

해 체계적인 접근을 시도하였다.[9] 대부분 e비즈니스의 경우 맨 처음 시작된 것이 상점형(E-Shop) 모델이다. 상점형 모델은 기능이 단순하며 변화의 정도도 낮다.

[표 1.2] 터머스의 e비즈니스 11계층 모형

e비즈니스 일반유형	B2C	B2B
전자상점 (e-shop)	○	
전자구매 (e-procurement)		○
전자경매 (e-auction)	○	○
전자쇼핑몰 (e-mall)	○	
전자제3장터 (3rd Marketplace)		○
가상공동체 (Virtual community)	○	○
가치사슬 통합 (Value-chain integrator)		○
가치사슬 부가서비스 (VC, Service Provider)		○
협력플랫폼 (Collaboration Platform)		○
정보중개 (Information Broker)	○	○
신용 (Trust)		○

전자상점(e-Shop)형 모델, 전자구매(e-Procurement)형 모델, 전자쇼핑몰(e-Mall)형 모델이 기업-소비자 간(B2C)의 e비즈니스 모델에 속하며 이는 전자점포, 전자결제를 통해 개인 소비자 거래이다. 전자상점형 모델은 웹사이트를 이용한 마케팅 모델로 1 대 1 마케팅을 통한 편익을 제공하고 있으며, DB마케팅이나 CRM(Customer Relationship Management)이 가능한 모델이다. 전자구매(e-Procurement)는 EDI의 연장선상에 있는 것으로 인터넷을 이용해 입찰공고와 협상을 통해

9) 가치사슬분해란 포터(Porter, 1985)가 언급했듯이 본원적 활동과 지원활동에 속하는 가치사슬상의 요소를 밝혀내고, 1대 1, 1대 다수, 다수 대 다수 등의 상호활동패턴을 밝히는 것을 의미한다. 가치사슬재결합이란 가치사슬상의 여러 가지 단계를 따라 이루어지는 정보처리 과정을 통합하는 것으로서 이를 통해 가치사슬요소의 조합이 이루어진다.

재화나 용역을 구매하는 모델이다. 전자쇼핑몰은 e-shop을 한곳에 모은 곳으로 산업재를 다룰 경우에는 장터(Market Place)의 형태를 띄게 되며 eSteel Industry. Net 과 같은 형태의 B2B 전자상거래 허브의 역할을 할 수 있는 모델이다.

- 기업-소비자 간(B2C)의 e비즈니스 모델에서 더 발전하여 정보의 변화가 복잡하고 다양하며 통합된 기능이 많은 것이 기업-기업 간(B2B) e비즈니스 모델이며 많은 기업이 세계 시장 및 고객 서비스를 위하여 앞다투어 B2B에 비용을 투자하고 있다.

- 기업-기업 간(B2B) e비즈니스 모델은 불특정 다수의 기업이 거래에 참여할 수 있는 불특정 기업 간의 EC와 기업 간 네트워크에서 특정 기업 간의 정보 공유를 통해 산업 전 과정에서 정보를 공유하여 신업의 활성화 및 효율화를 촉진하는 특정 기업간의 EC로 분류된다.

- 전자경매(e-Auction)형 모델, 가치사슬통합(Value Chain Integrator)모델, 가치사슬 서비스 제공(Value Chain Service Provider)모델, 협업플랫폼(Collaboration Platform) 모델, 제3장터(Third Party Marketplace)모델, 등은 불특정 기업 간의 e비즈니스 모델이라 할 수 있다. 경매형 모델은 경매입찰기능뿐만 아니라 계약, 대금결제, 배달기능까지를 첨가할 수 있는 사업모델로 인터넷의 특성을 가장 많이 활용할 수 있는 모델이다. 전자 제3장터는 오프라인 기업들이 웹 마케팅을 외주하는 경향이 증가함에 따라 활성화되고 있는 모델이지만 매우 다양한 형태로 존재한다. 부가서비스 제공은 산업별 가치사슬상에 나타나는 특정한 기능에 특화하여 인터넷상으로 서비스를 제공하는 모델인데, 실제의 구현내용은 생산관리·물류·재고관리 등 다양하다. 협력플랫폼은 기업 간에 공동으로 작업(공동디자인, 공동마케팅 등)할 수 있도록 필요한 도구, 소프트웨어나 동일한 인터페이스를 기업에 제공하는 서비스이고, 신용서비스는 공증서비스, 인증서비스를 제공하는 모델이다.

이와 같은 e비즈니스 모델은 기능적으로 통합의 정도가 높으며 변화의 정도도 높아 기술성과 정보의 효율성 및 복잡성, 안정성 등 여러 가지 문제점들이 많이 발생하며 이에 따른 e비즈니스 모델별 전략이 필요하다. 각 기업들의 향후 e비즈니스 모델 전략들을 보면 기업-소비자 간(B2C), 기업-기업 간(B2B), 소비자-소비자 간(C2C), 기업-정부 간(B2G) 등이 전체적으로 통합된 e비즈니스로 방향을 모색하고 있다.

1.3.3 성공적인 e비즈니스 모델

비즈니스 모델이 성공적으로 수익을 창출하기 위해서는 매력적이고 고객 지향적인 Contents, 이를 바탕으로 한 양질의 회원 확보, 신속성 등이 뒷받침되어야 한다.

① 콘텐츠의 매력도

멀티미디어가 가능한 동영상 사이트와 같이 창의적인 아이디어가 반영된 콘텐츠를 개발해야 하며, 그 한 가지 방법으로 AOL(American Online Inc.)의 Time Warner 인수와 같이 제휴나 인수를 통한 Contents 개발을 고려해볼 수 있다. 이와 함께 거래 방식과 품목을 다양화하여 제품과 서비스 정보의 폭과 깊이를 확보해야 한다.

구매자 지향적인 기업활동 또한 중요하다. 인터넷 기업의 경쟁은 유사 제품이 아닌 유사 고객 간의 경쟁 성격이 강하다. 따라서 고객이 찾고 만족하는 사이트를 구축하고, 이들에게 핵심 가치를 제공하는 것이 무엇보다 중요하다. 예컨대, Dell은 제품 사양 결정 도구인 Configurator를 활용, 컴퓨터 구매를 원하는 고객과 많은 인터페이스를 추구하고 있으며, 우량 기업 고객을 위한 1,500여 개의 개별 홈페이지도 운영하고 있다. Whirlpool 또한 고객의 가족 구성, 세탁 빈도, 주거 공간 등을 파악하여 최적의 사양을 지닌 제품을 고객에게 제시하고 있다.

② 회원의 양과 질

회원의 양과 질에 대한 관심은 e비즈니스의 성공을 위해 필수적이다. 비즈니스 모델의 참여자 중 특히 회원과 관련해서는 구매율과 재구매율이 높은 양질의 고객을 확보하는 것이 중요하다. 이를 위해서는 고객 세분화를 통해 목표 고객을 선정하고 이들을 유인할 수 있는 마케팅 활동을 전개하여 구매력 있는 고객 커뮤니티를 형성해야 한다. 사용자 및 전문가 평가 의견을 제시하는 등 고객 커뮤니티 형성을 위해서 여러 수단을 구사하고 있는 Amazon의 경우 재구매율이 75%에 달한다고 한다.

③ 신속성

e비즈니스는 수확체증의 법칙과 네트워크 효과 등이 작용하는 사업이기 때문에 선점할 경우 고객 수의 폭발적 증가가 가능하며, 따라서 완벽한 모델보다는 남보다 빠른 모델로 승부하는 것이 필요하다. 예컨대, 야후는 무료 웹 검색(Contents) 및 포털 사업을 선점하여 세계 최고의 인터넷 포털로 자리 잡았으며, Amazon도 온라인 서점을 오픈한 전자상거래의 선구자로서 막강한 브랜드 인지도를 보유하고 있다. 그러나 무엇보다 중요한 것은 제품력(Product Leadership)과 같은 핵심 역량이 뒷받침되어야 한다는 점이며, 이는 기존 업체의 경우 특히 그러하다. 디지털 기술의 발달로 정보의 도달성과 충실성의 동시 추구가 가능해짐에 따라 제품·서비스에 대한 고객의 비교평가가 용이해져, 특히 Commodity 제품의 경우에는 마진 창출이 불가능하다. 따라서 기존 기업은 자사의 제품·서비스가 상품화되지 않도록 차별성을 부각시키는 등 Product Leadership 확보에 각별히 노력해야 한다.

(1) e비즈니스 모델의 도입방법

e비즈니스 모델의 도입 방안은 크게 세 가지 차원에서 검토할 수 있다.

① 기존 비즈니스 모델의 보완 또는 강화 차원

인터넷을 기존 비즈니스 모델을 위한 하나의 채널로써 간주하고, 기존 비즈니스 모델을 보완 또는 대체하는 방식이다. 기존에 보유하고 있는 브랜드나 독특한 운영체계, 축적된 정보, 고객과의 네트워크 등을 충분히 활용하고 고객 확보에 드는 비용의 절감방법이나 신시장 개척 등에 있어 상대적으로 부족한 부분을 인터넷을 통해 찾아내기 위해 노력하는 것이다. 예로 인터넷 판촉 수단으로 활용하는 것이다. 인터넷은 텔레마케팅(Tele-Marketing)이나 DM(Direct Mail : 광고·선전 등을 위하여 예상 구매자에게 직접 우송하는 인쇄물) 등과 같은 다른 판촉 수단에 비해 비용이 저렴하다는 장점이 있다. 고객이 판촉 행사에 참가를 원하는 경우에만 홈페이지에 등록을 함으로써 참가가 이루어지기 때문에 고객이 자발적으로 참여한다는 점에서 판촉의 효과 또한 크다. 인터넷을 기존사업과 연계할 경우 인터넷은 기업 리엔지니어링(Reengineering)의 도구로써 비용절감과 생산을 제고할 수도 있다.

② 새로운 사업으로서 비즈니스 모델을 도입

인터넷을 새로운 비즈니스로 규정하고 경영활동 전반에 걸쳐 활용하는 것이다. 인터넷 상에서 새로운 제품이나 서비스를 개발하기 위해서는 인터넷이 시작하려는 사업에 제공하는 다양한 가치를 체계적으로 분석하여 이를 적절하게 활용하는 것이 필요하다. 인터넷이 사업분야에 미치는 영향, 사업에의 활용 가능성, 사업분야의 강화 가능성, 새로운 사업기회의 제고 여부 등을 분석하여야 한다.

③ 전략적 제휴 또는 M&A

인터넷 비즈니스 모델을 찾아 전략적인 제휴를 하거나 해당 기업을 M&A 함으로써 인터넷 비즈니스에 참여하는 방안이다. 출발단계에 있는 유망 벤처기업에 출자하여 교두보를 마련하고, 가능성이 있으면 M&A나 제휴를 추진함으로써 불확실성이 큰 초기 단계의 인터넷 비즈니스의 리스크(Risk)를 타 기업과 공유함과 아울러 인터넷 비즈니스의 성공 기회를 얻는 것이다.

(2) e비즈니스 모델 성공 사례

① 구매모델 - 시스코(Cisco)

네트워크 장비의 선두주자로서 기존 사업 전반을 e비즈니스화한 시스코는 고객의 복잡한 구매 결정 과정을 지원하는 홈페이지를 구축함으로써 큰 성과를 내고 있다. 시스코 웹사이트의 특징은 제품 사양 결정의 편리성, 고객사의 구매 정보 시스템과의 연동, 온라인 상의 고객 커뮤니티 활성화로 요약될 수 있다. 구매자가 원하는 제품이나 서비스를 사전적으로 설계된 웹 상의 프로세스를 통해 손쉽게 결정, 주문하도록 유도하고, 제품 가격, 납기, 선적 형태 등을 확인 가능하도록 함으로써 제품 사양 결정의 편리성을 강화하고 있다. 또 온라인상의 고객 커뮤니티를 활성화함으로써 고객이 게시한 문제점에 대해 시스코 기술자와 다른 고객들이 함께 문제 해결을 모색하도록 유도한다. 시스코의 비즈니스 모델은 e비즈니스 시스템인 CCO(Cisco Connection Online)로 대표되는데, CCO는 최초에는 고객에 대한 기술 지원을 목표로 구축되었으나, 현재는 온라인 판매, 협력업체와의 정보 공유 등 그 활용 범위가 매우 포괄적이다. 시스코는 제품상의 우위에 더하여 인터넷 기반의 End-to-End Process 통합(eSCM, eCRM 등 활용)을 통해 대부분의 생산을 아웃소싱하고 있다. 고객이 시스코의 홈페이지 접속 후 주문 사항을 입력하면 그 내용이 즉시 부품 메이커에 리얼타임으로 전송됨과 동시에 부품의 보충 여부를 자동적으로 확인할 수 있다.

완성된 제품이 시스코를 거쳐 고객에게 인도되는 비율은 약 50% 정도이며, 나머지 50%는 협력업체에서 바로 고객에게 전달된다. 시스코의 인터넷 상거래 비중은 도입 후 급격히 증가하고 있으며, 매출 증대, 비용 절감, 고객 만족이라는 일석삼조의 효과를 거두고 있다. 인터넷을 통한 주문액이 하루 평균 2,280만 달러에 이르고 있으며 연평균 주문액은 83억 달러에 이른다. 또한, A/S 의뢰 건수의 81% 이상이 온라인 상에서 처리되고 있다. 그 결과, A/S 인원에 있어서의 절감액 7,500만 달러, 소프트웨어 다운로드에 의한 비용 절감액 2억 5,000만 달러, 서류 감소에 따른 절감액 4,000만 달러 등 총 3억 6,500만 달러의 비용 절감 효과를 거두었다.

시스코의 e비즈니스 성공 요인은 고객의 편의성 제고, 고객 커뮤니티 활성화, 협력업체와의 관계 증진으로 요약될 수 있다. 시스코는 표준 원가를 제공하고, 간단한 구매 사양 결정을 지원하며, 조달 기간 등을 제시하여 주문의 편리성을 제고하였고, 주문 처리 상황을 제시함으로써 주 평균 고객 전화 문의 건수가 7,000건에서 2,100건으로 감소되었다. 고객의 조달 시스템을 시스코의 주문 관리 및 회계 시스템과 직접 연동시킴으로써 대형 고객을 효과적으로 지원할 수 있었고, S/W, H/W, 매뉴얼 등을 업그레이드하거나 최신 정보를 업데이트하여 고객의 편리성을 제고하였다. 또한, 시스코에서 일정한 교육 훈련을 이수하고 자격을 인정 받은 고객들을 활용하여 이들이 서로 문제 해결 방안을 모색하고 제시하도록 함으로써 고객 커뮤니티를 활성화시켰으며, eSCM을 구축하여 대리점, 부품 생산자, 조립업자 등과 함께 재고 확인, 주문 확인, 정보 검색 등의 업무를 처리하였다.

② 판매모델 - 델(Dell)

델 컴퓨터는 고객 중심의 인터넷 사이트를 운영하여, 총 매출의 50% 이상을 인터넷을 통해 실현하고 있다. 델 컴퓨터 홈페이지의 가장 큰 특징은 고객별로 세분화된 창구를 운영하고 있다는 것인데, 고객을 개인 고객과 기업 고객으로 분류하여 관리하고 있으며 기업 고객은 다시 중소기업, 대기업, 정부 기관, 교육 기관 등으로 분류하고 있다. 대형 고객을 위한 Premier Page도 운영하고 있는데 이것은 제품과 서비스에 관한 고객 맞춤형 정보를 제공하는 일종의 엑스트라 넷이라 할 수 있다.

고객의 특성에 맞게 구성된 개별 사이트(총 200여 개)에서 고객들은 자신들에 적합한 옵션을 선택하고, 가격을 조정하며, 주문을 낼 수 있다. 고객사의 구매 비용 절감 및 재고 관리를 지원하고 있는데, Support.Dell.com에서는 고객들이 스스로 문제를 해결할 수 있도록 쌍방향 대화형 정보를 제공한다. 델의 인터넷 비즈니스 모델은 고객과의 네트워크 구축을 통한 직접 판매 모델이라 할 수 있다. 고객이 주문하면 이 주문 정보는 공급업체에 즉시 온라인으로 전송 처리되며, 델은 공급업체에서 조달된 부품을 조립한 후 중간 유통 단계 없이 고객에게 직접 배송한다. 델의 비즈니스 프로세스상의 가장 큰 특징은 중간 유통 단계가 생략된 직접 판매, JIT에 의한 무재고 시스템이라 할 수 있다.

델 컴퓨터는 전화, 팩스에서 인터넷으로 그 무게 중심을 이동한 결과 시장점유율의 급속한 증가를 이룩함. 특히 1999년에는 미국 시장에서의 PC 시장점유율 1위를 차지했다. 또한, 다양한 분야에서 엄청난 비용 절감 효과를 거두었는데 예를 들면 Service & Support 기능의 경우 A/S 요원이 직접 방문하여 고객 문제를 해결하는 대신에, 고객이 직접 인터넷에서 문제 해결 프로그램을 입수(주당 30,000파일을 다운로드)하도록 함으로써 주당 15만 달러의 비용을 절감하였다. 또 주당 20,000명의 고객이 콜센터를 통해서 주문 사항을 확인하는 대신 온라인으로 조회함으로써 조회 단위 건당 3달러에서 5달러의 비용을 절감하였고, 3만 명에서 4만 명의 고객이 기술 지원 부서와 전화 통화를 하는 대신에 온라인 서비스를 이용함으로써 통화 건수당 15달러의 비용을 절감할 수 있었다. 30%의 인터넷 고객이 델 광고를 보지 않고도 구매 의사결정을 내림으로써, 결과적으로 홍보 비용의 대폭적 절감 효과를 거두었다. 델의 성공 요인으로는 주문 생산과 무재고 경영을 통한 직접 판매 방식, 고객 중심의 경영, 생산 프로세스의 효율화 등을 들 수 있다. 고객의 주문에 의한 생산(Build-to-Order), 고객 스스로에 의한 제품 사양 구성, 고객 요구에 대한 신속한 대응, 무재고 경영 등을 통하여 직접 판매 방식의 사업 모델을 실현한 것이다. 특히 무재고 경영으로 인해 물류 창고나 대리점이 필요 없고, 부품 가격 인하 시 바로 PC 가격에 반영할 수 있으며, 재고 비용 절감으로 가격 경쟁력을 유지할 수 있었다.

고객이 선택한 컴퓨터의 가격, 제품 설명, 배달 가능 시간, 주문 처리 상황 등을 즉시 제시하고 고객의 문제점을 해결하기 위한 커뮤니케이션 기능을 강화하였고, 고객을 관계 고객군(Relationship Customers)과 거래 고객군(Transaction Customers)으로 구분하여 관리하였는데, 관계 고객군은 포춘(Fortune)[10] 200에 포함된 대기업들, 정부, 교육 기관들로서 반복적인 구매의 특징을 지닌 고객군을 포함하며, 거래 고객군은 중소기업, 영세 창업 회사들로서 가격 대비 성능을 중

10) 미국 경제지(經濟誌). 1930년 타임사가 창간하였다. 경제관계 뉴스를 넓은 시각으로 분석, 객관적이고 온건·보수적인 경향을 관철하고 있다. 또 경제·경영관계뿐만 아니라 세계정세·정치문제·신제품·새로운 사업 등에 대한 기사가 많아 학생·비즈니스맨·경영자들이 많이 읽는다. 1978년 월간에서 격주간으로 바뀌었고 판매부수는 약 75만 부이다. 특히 이 잡지가 매년 발표하는 세계대기업순위표는 유명하다.

요시하는 고객군을 가리킨다. 대형 고객을 위해서는 따로 Premier Page를 마련하여 고객사의 인트라넷과 네트워크로 연결하여 관리하였다.

이처럼 Dell은 Flexible Manufacturing System, JIT, 수주에서 판매에 이르기까지 인터넷을 통한 일괄 생산, 유통 체계 등을 확립하고, 부품업체 및 개발업체와 정보시스템을 통합함으로써 생산 프로세스를 효율화하였다.

③ 정보중개 모델 - AOL(America Online, Inc.)

1985년 컴퓨터 통신업체로 출발한 AOL은 현재 다수의 고정 가입자와 풍부한 콘텐츠를 무기로 세계 최대의 포털, 콘텐츠 서비스를 제공하는 기업으로 성장했다. AOL이 제공하는 서비스는 인터넷 접속, 통신·포털·콘텐츠, 전자상거래, 기술 지원 및 컨설팅 등 크게 4가지로 파악할 수 있다. 인터넷 접속 서비스는 AOL 온라인, CompuServe에 의해서 제공되며, 1개월 단위로 수수료를 받는다. 포털 및 콘텐츠 서비스는 AOL.com, CompuServe.com, Netcenter.com(이상 종합 포털), Digitalcity.com(지역 포털), ICQ.com(커뮤니케이션 전문 사이트), MovieFone.com(영화 정보 및 예매 전문 사이트), Spinner.com(음악 전문 사이트) 등에 의해 제공된다. 한편, 이러한 포털 사이트들은 인터넷 검색 서비스 외에 뉴스, 금융, 레저, 스포츠 등 거의 전 분야의 정보를 제공하고 있으며, 해당 정보는 전문업체로부터 아웃소싱 하여 제공한다.

전자상거래는 소비자를 대상으로 의류, 자동차, 도서 등 총 17개 상품 분야별로 홈쇼핑 업체를 소개하는 방식으로 수행하며, 위에서 언급한 대부분의 포털 및 콘텐츠 사이트에서 제공됨. AOL은 이러한 전자상거래 기능을 강화해 가고 있는 추세이다. 인터넷 접속, 전자상거래 등의 솔루션 제공 및 관련 컨설팅 사업을 수행하며, 선 마이크로시스템(Sun Microsystems)과의 협력 관계를 바탕으로 서비스 영역을 확대하고 있다.

AOL은 기본적으로 인터넷 서비스를 제공하고 가입자로부터 수수료를 받는 ISP의 사업 모델을 가지고 있지만, 거대한 AOL 커뮤니티를 바탕으로 광고료 수입과 함께 쇼핑몰 업체에 대한 고객 소개 수수료 및 기술 지원에 대한 수입도 함께 얻고 있다. 거대한 커뮤니티 형성이 수입의 근본적 원천이 되고 있다. AOL은 수많은 회원사(Affiliate)로부터 고객을 소개받고 있으며, 콘텐츠를 제공하는 전문업체 및 전자상거래를 위한 쇼핑업체와 네트워크를 형성하고 있다.

AOL의 주요 성공 요인으로는 우선 차별화된 서비스를 들 수 있다. 초보자도 손쉽게 사용할 수 있는 온라인 서비스를 제공한다는 것이다. 또한, 1995년 업계 최초로 PC통신 접속 프로그램과 인터넷 브라우저를 통합 제공하여 당시 선두 업체인 CompuServe를 추월할 수 있었다. 포털 서비스 및 뉴스, 금융, 레저, 스포츠, 상품 정보 등 고객이 원하는 모든 정보를 제공하고, 전문업체를 통한 아웃소싱을 활용하여 수준 높은 컨텐츠를 확보하였다. 특히 타임워너와의 합병으로 컨텐츠 분야에서의 위상을 더욱 제고하였는데 이러한 M&A를 통해 강력한 브랜드 구축할 수 있었다. 인터넷 서비스는 브랜드가 좌우한다는 판단 아래 M&A(CompuServe, NetScape, ICQ 인수 및 타임워너와의 합병 등)를 통한 강력한 브랜드 구축 전략을 사용했다.

공격적인 마케팅 전략을 사용한 것도 성공 요인으로 들 수 있다. TV 및 인쇄물을 통한 적극적인 매스 마케팅 전략을 사용하였고, 2억 5천만 장의 AOL 디스켓을 무료 배포하였으며, 인터넷 서비스에 정액제를 최초로 도입하였다.

1.4 e마케팅

1.4.1 e마케팅 개요

e마케팅이란 e비즈니스를 위한 마케팅으로서, 기업 등 비즈니스 주체가 자신의 e비즈니스를 성공적으로 이끌기 위해 수행하는 모든 마케팅 활동이다. 좀 더 구체적으로 정의하면 e마케팅이란, 고객의 필요, 욕구, 꿈을 찾아내어, 그것들을 채워줄 수 있는 가치 상품이나 서비스를, 경쟁자보다 더 효과적 및 효율적으로 전달하되, 전체 또는 부분적으로 인터넷을 중심으로 하는 전자적 수단을 사용하는 것을 말한다. 새로운 환경변화가 펼칠 현재 및 미래 기회를 파악하여, 핵심역량 및 협력 네트워크를 구축하면서 준비해 가는 것이 소위 미래형 e마케팅인 것이다. 그러므로 고객이란 현재의 고객은 물론 미래의 잠재고객을 포함한다.

e비즈니스 시대라고 요약되는 세계화, 정보통신기술의 혁신, 개성의 중시 등의 경영환경의 변화 속에 기업이 생존하기 위해서는 고객가치지향, 개인가치지향, 공생가치지향, 학습가치지향으로 기업의 경영 패러다임이 변화해야 한다. 이러한 시대에 고객가치 지향적 사고는 새로운 마케팅활동을 수용하고 있다.

개별 고객의 다양한 욕구를 충족시키기 위한 노력이 정보기술, 데이터베이스, 공정기술의 발달로 상당히 가능하게 되었으며 일회성 거래를 탈피하여 고객과의 관계를 중시하는 관계마케팅이 중시되고 있다. 기업의 사회적 책임 및 환경에 관한 사회적 요구를 수용하여 마케팅에 반영하는 사회적 마케팅, 마케팅 자원을 공동으로 이용하여 관계 기업의 공동의 이익 극대화를 추구하는 협업 마케팅 등도 새로운 패러다임에 근거한 것이다. 인터넷을 이용하여 마케팅 활동을 펼치는 인터넷 마케팅도 개개 고객의 다양한 욕구를 충족시키는 강력한 수단으로 행해지고 있다.

(1) 개별 고객 욕구의 충족

마케팅지향의 기본은 고객의 욕구를 충족시켜주는 것이다. 고객의 필요와 욕구는 상이하기 때문에 개개 고객의 요구에 맞추어 마케팅활동을 수행해야 한다. 그렇지만 이렇게 하기 위해서는 많은 비용이 수반된다. 따라서 고객을 특성에 따라 몇 개의 시장으로 세분화하여 각 세분 시장의 특성에 맞는 마케팅활동을 하게 된다. 이러한 방식을 세분화 마케팅이라고 한다. 세분화를 많이 할수록 고객 만족은 커지나 비용이 많이 들게 되고 적게 하면 비용은 적게 드나 고객 만족의 정도가 낮아지게 된다. 이러한 딜레마가 공정기술, 정보통신기술의 발달로 상당 부분 해결되고 있다.

공정기술의 발달, 공장설비 변경의 신속화 등으로 주문한 제품이 대량생산되는 경우와 대등한 수준의 낮은 원가로 생산되는 것이 가능해졌다. 개개 고객의 요구에 맞는 제품을 만들어 판매하는 방식을 맞춤 마케팅(Customized Marketing) 혹은 일대일 마케팅(One-to-one Marketing)이라고 한다.

맞춤마케팅이 가장 활발히 이루어지고 있는 기업 중의 하나는 PC 제조 회사인 DELL이다. 인터넷을 통해 고객이 원하는 사양을 주문 받고 주문은 즉시 공장에 전달되고 바로 생산이 시작된다. 고객이 주문할 수 있는 사양은 수천 가지에 이르며 주문한 지 일주일이면 배달이 된다고 한다. 개별 고객의 욕구를 제품에 반영하는 것에는 아직 많은 비용이 수반되어 맞춤마케팅이 적용되기 어려운 산업이 많지만 목표로 하는 세분시장들의 규모가 작아지고 있다는 것은 분명하다.

(2) 관계마케팅

많은 기업이 제품을 사고 파는 것을 거래라는 개념으로 파악하고 있다. 거래(Transaction)란 교환이 한 번 일어나고 끝나버린다는 뜻을 내포하고 있는 용어이다.

이러한 개념으로 고객을 파악하면 고객이 자사의 제품을 구매하기까지 최선을 다하지만 일단 구매하게 되면 그것으로 끝나버린다. 구매 후 고객을 관리할 필요도 할 수도 없다. 이러한 문제를 해결하기 위해서는 기업과 소비자 간의 교환을 관계(Relationship)라는 개념으로 파악해야 한다. 한 번 구매한 고객은 영원한 고객으로 유지되도록 장기적인 관계를 맺는다는 생각을 가지고 관리해 나가야 한다. 고객을 유지하는 데에는 고객을 획득하는 데 드는 비용의 몇 분의 일이면 가능하기 때문에 장기적인 이익을 최대로 할 수 있다.

관계마케팅에서 중시하는 개념은 고객의 평생가치(Lifetime Value)이다. 고객이 한번 제품을 구매하여 고객으로서 계속 유지된다면 기업은 그 고객으로부터 계속적으로 이익을 얻게 된다. 어떤 고객으로부터 얻게 되는 이익의 흐름의 현재가치를 평생가치라고 한다. 고객의 생애가치는 고객에 따라 다르다. 흔히 이야기하는 80대 20의 법칙이 적용되는 경우가 많은데 평생가치의 상위 20%에 드는 고객이 전체 이익의 80%를 창출하게 된다. 따라서 생애 가치가 높은 고객을 획득·유지하는데 최선을 다해야 한다.

관계마케팅활동을 수행하기 위해서는 데이터베이스의 구축이 필수적이다. 데이터베이스에 있는 고객의 신상정보, 구매 경험에 관한 정보 등을 활용하여 개별 고객의 욕구를 파악하고 적절한 마케팅활동을 위한 계획을 세우게 된다. 데이터베이스를 활용하여 마케팅활동을 펼치는 것을 별도로 데이터베이스 마케팅이라고 부르기도 한다. 최근에는 DB마케팅보다 한 단계 발전한 CRM(Customer Relationship Management)이 개발되어 관계마케팅의 구축에 활용되고 있다.

(3) 인터넷 마케팅

인터넷의 등장으로 기업과 기업 사이뿐 아니라 기업과 소비자, 소비자와 소비자 간 정보의 전달과 공유가 가능해지게 되었다. 정보의 전달과 공유는 기업의 경영, 특히 마케팅부문에 엄청난 변화를 가져왔다. 인터넷상거래의 발전을 아무리 부정적인 눈으로 바라본다고 하더라도 인터넷이 기업경영에 미친 영향은 가히 혁명적인 것이라는 것을 부정하기 어려울 것이다. 인터넷을 이용하여 사이버공간에서 일어나는 마케팅활동을 인터넷 마케팅이라고 한다.

매체로서의 인터넷의 특징을 두 가지로 요약하면, 쌍방향성과 개인화된 상호작용이라고 할 수 있다. 인터넷은 마케팅이 대중마케팅에서 세분화 마케팅, 세분화 마케팅이 다시 일대일 마케팅으로 발전하는데 반드시 필요한 매체의 특징을 고스란히 가지고 있다. 이렇게 볼 때 인터넷 마케팅은 일대일 마케팅을 구현하는 이상적인 수단이 된다고 할 수 있다.

인터넷 마케팅은 비용이 절감되고 시간이 절약되며 새로운 사업기회를 제공해주는 등 여러 가지 이점이 있으나 가장 중요한 것은 소비자의 참여를 높여주는 것이다. 전통적으로 기업이 생산 및 마케팅 활동을 하고 소비자는 구매 이외에는 아무런 역할을 하지 못했다. 인터넷은 고객이 마케팅 활동에 깊이 관여하는 것이 가능하게 하였고 나아가 제품의 디자인에 개별 고객의 욕구가 반영되어 부분적으로 생산활동까지 참여하는 것을 가능하게 하였다. 생산에 참여한다는 의미로 소비자를 지칭하는 단어로 'Consumer' 대신 'Prosumer'라는 용어를 사용하기도 한다.

소비자의 마케팅에의 참여는 전통적인 거래인 기업의 소비자와의 거래(Business to Customer)를 벗어나 경매(Auction)와 같은 소비자 간 거래(Customer to Customer), 공동구매와 같은 소비자와 기업 간 거래(Customer to Business)를 통하여 이루어지고 있다. 인터넷마케팅의 활성화는 마케팅변수에도 많은 영향을 미치고 있다. 가격이 하락하고 새로운 형태의 광고가 등장하고 디지털 제품이라는 새로운 형태의 제품이 탄생하고 기존의 유통망을 심각하게 위협하며 새로운 형태의 마케팅이 필요하게 되었다.

1.4.2 e마케팅과 4P

기존의 전통적 마케팅 방식과 인터넷마케팅의 주요한 차이점은 인터넷마케팅이 IT의 기술적 발전에 종속적이라는 것이다. 한국은 세계 최고수준의 인터넷 망과 이동통신 기술, 광 메모리 저장기술 등의 기술력을 바탕으로 경쟁력을 강화하고 있다. 여기에 이동 통신기기, 인터넷 기기 등의 가전제품 융합현상으로 정보 가전(Intelligent Appliances)이 등장하고 있어 생활 속의 인터넷화 한 것도 마케팅의 새로운 변수가 되고 있다.

우선 인터넷 비즈니스에서 목표시장(Target Market)은 주로 인터넷 사용자가 대상이 된다. 실제로 회사에서 개인적으로 인터넷을 이용하기는 어렵고 주로 가정에서 인터넷에 접속하고 있다는 점을 고려해야 한다. 인터넷 소비자 인구를 통계학적으로 보면 제품확산이론에서의 혁신자나 조기 채택자에 가까운 계층으로서 평균적인 교육과 수입을 가진 사람들로 비교적 젊은 층으로 나타난다. 이들은 정보탐색자 그룹군과 쇼핑을 하는 그룹군 등으로 나누어질 수 있다. 따라서 이에 맞는 목표시장(Target Market)의 선정이 필요하다. 인터넷 고객형태(Type)는 최초 구매자(Initiator), 타인에게 영향을 미치는 구매자(Influencer), 일반적 구매 결정자(Decider), 구매자(Buyer), 사용자(User) 등으로 나눠질 수 있다. 그러면 인터넷마케팅에서 4P는 어떠한 형태로 나타나는지 알아보도록 하자.

① 제품(Product)

소비자 상품은 전문상품, 쇼핑상품, 편의상품(적은 노력으로 빈번히 구매) 등으로 나누어진다. 인터넷 상에서 구매력이 높은 품목의 특징들을 살펴보면 인지도가 높은 브랜드(Brand) 제품, 책, 음악, 비디오(Video)처럼 디지털화가 가능한 제품, 신뢰도가 높고 유명업체가 보안을 보증하는 제품, 가격이 저렴하고 반복 구매가 가능한 소비재, 표준사양의 생필품 등이다. 인터넷 거래 동향을 살펴보면. 현재는 크기가 작으면서 전송이 용이한 것이 주로 인터넷에서 거래되고 있지만, 점차 크기가 커지면서 VOD(Video On Demand) 형태로 발전하고 있다. 더불어 기존의 마케팅 이론에서 제시되어 온 핵심제품, 유형제품, 확장제품 등의 기존 제품의 유형이 보다 통합되고, 온라인·오프라인의 연계가 더욱 강화될 뿐만 아니라, 브랜드(Brand) 네임과 도메인(Domain) 네임에 의해 보다 강렬하고 탄력 있게 통합될 것이다.

② 가격(Price)

인터넷비즈니스의 가장 큰 특징 중의 하나는 저가화 또는 무료화 현상이다. 하지만 수익 모델의 어려움으로 인해 유료화되어 가는 경향이 많으며, 유료화 전략이 성공하기 위해서는 제품과 서비스가 차별화되어야 하며, 고부가가치화와 고급화 전략을 추구할 필요가 있고, 사회적 수요는 많지만 접근이 힘든 분야를 선택하여 차별화를 하여야 하고, 상품의 메타화를 지향하고, 강력한 지원 커뮤니티를 구성하는 것이 필요하다. 인터넷상에서는 웹사이트를 유지하는 간접비가 적어서 판매가격을 저렴하게 할 수 있다. 또한 고객들은 비교적 용이하게 가격비교를 할 수 있고 고객군에 따라 가격에 매우 민감하다. 인터넷업체들은 대부분 소매점과 온라인을 동시에 유지하고 있다.

③ 유통(Place)

인터넷마케팅의 유통전략은 인터넷의 특성에 따라 가장 많은 영향을 받는다. 즉 내용적인 측면에서 디지털제품은 공급자와 소비자의 직거래가 가능하며, 기능적으로는 중간상이 소멸되는 동시에 새로운 정보중개상이 등장함에 따라 공급경로가 소멸 또는 단축되는 경향을 보이고, 기술적으로는 CRM, SCM 등과의 연계 문제가 복합적으로 존재하기 때문에 이들을 떠나서 논의할 수 없다. 인터넷비즈니스의 확장은 중간상의 소멸(Dis-Intermediation)에 의한 유통경로의 간소화 및 조정작업이 가능해지고 있으며 장기적으로는 SCM이나 CRM을 기반으로 하는 새로운 형태의 변화를 가져오고 있다. 따라서 인터넷비즈니스 마케팅 믹스에서 유통전략은 자사의 제품과 관계된 타사의 익스트라넷과의 효율적인 연계전략을 실현하는 것이 중요하다. 예를 들어서 인터넷쇼핑의 경우는 기존의 쇼핑몰과는 달리 교통이나 주차문제 없이 24시간 영업이 가능하므로 매우 유리한 측면이 있으나 상품의 구매 결정과 배달 사이에는 시간적인 간격이 존재한다. 유통경로의 측면에서도 중간상의 존재가 필요 없으므로 유리하다.

④ 촉진(Promotion)

전통적인 마케팅에서의 촉진 방법은 크게 광고, 홍보, 판촉, 대인판매 등이 있으나 인터넷마케팅에 있어서는 그 실행 방법에서 차이가 있을 것으로 전망된다. 즉 인터넷에서는 대인판매가 거의 소멸될 것으로 보이고, 광고나 홍보방식이 인터넷을 중심으로 전개되기 때문이다. 가장 중요한 차이는 전통적인 마케팅에서는 기획력이 중요한 성공 요인이었다면 인터넷마케팅에서는 기술요인이 기획요인만큼 중요한 변수로 등장했다는 점이다. 인터넷의 장점은 예상 고객에게 적절한 정보를 제공함으로써 소비 욕구를 자극한다는 점이다. 촉진활동의 내용(광고, 인적판매, 판매촉진, 홍보) 그 자체는 기존의 마케팅 행위와 별로 다르진 않지만 기술적인 문제에서 많은 차이가 있다. 즉 인터넷상에서 고객은 검색엔진 또는 디렉터리(Directory)를 통해 접근하려 하기 때문에 웹사이트(Web Site)

들이 가능한 많은 검색 엔진(Search Engine)에 등록하는 것이 중요하다. 그리고 웹사이트의 디자인(Website Design)은 독창성(예술적인 면)과 효용성(Usability), 편의성(Convenience)의 요소들을 갖추어야 한다. 또한, 인터넷마케팅에서는 광고효과의 측정 가능성(Measurability)이 높다. 전통적 마케팅에서는 표본 추출 방식을 활용하여 마케팅 효과를 파악하는 데 비해, 인터넷은 매우 정확하게 다양한 접속 및 구매 상황 등을 빠르게 파악할 수 있으며 심지어 개별적인 소비자들의 광고 접촉 현황까지도 다양한 프로그램을 통해 추출하고 분석할 수 있다.

1.4.3 e마케팅과 6C

e마케팅 전략 요소는 기존의 4P를 넘어서 6C(Contents, Community, Connection, Commerce, Customizing, Communication)라는 개념을 주요 분석대상으로 하고 있다. 이 6C는 포털의 기본적 구성요소인 4C(Contents, Community, Connection, Commerce)에 커스터마이징(맞춤 고객화: Customizing)과 커뮤니케이션(Communication)을 추가하여 6C라고 한다.

인터넷비즈니스를 효율적으로 하려면 기업 내부적으로는 원투원 마케팅현상이 강화되면서 고객들의 맞춤 고객화(Customization)가 필요해지고 다른 한편에서는 인터넷비즈니스의 진행 과정에서 SCM, CRM 등의 인프라 구축과 더불어 타 기업과의 연계(Connection)가 중요해지는 것이다. 이제 그 구체적 내용을 Contents, Communication, Community, Commerce, Customization, Connection의 순서로 살펴보기로 한다.

① 콘텐츠(Contents) 전략

e마케팅에서 콘텐츠 전략은 사실상 4P 가운데 제품부분에 포함될 수 있는 부분이다. 콘텐츠는 내용적인 측면(Contents)과 기술적 측면(Technology)으로 나누어진다. 그런데 인터넷에서는 홈페이지로 승부를 하므로 웹사이트의 디자인(Design)이 중요한 변수가 된다. 그런데 엄밀한 의미에서 이 디자인도 내용과 기술이 혼합된 상태로 존재한다. 콘텐츠의 영역은 크게 정보, 교육, 오락, 비즈니

스 등으로 나뉠 수 있는데, 콘텐츠는 영역 구분보다는 영역의 조합(mix)을 통해 새로운 비즈니스 기회를 창출할 수 있다. 예를 들어, '교육(Education)+오락(Entertainment)'을 접목하면 에듀테인먼트(Edutainment), '정보(Information)+오락(Entertainment)'을 접목하면 인포테인먼트(Infortainment) 등의 콘텐츠를 구성할 수 있다. 콘텐츠의 중요성은 아무리 강조해도 지나치지 않다. 왜냐하면 콘텐츠가 없는 인프라스트럭처는 무의미한 것이기 때문이다.

② 커뮤니케이션(Communication) 전략

특정한 분야에서 홈페이지의 콘텐츠(Contents)가 구축이 되면 게시판을 중심으로 이 사이트에 관심을 가진 사람들이 모이게 되고 정보교환(Communication)이 이루어진다. 커뮤니케이션의 목적은 정보의 전달 및 상대방의 태도나 행동에 영향을 주거나, 즐거움을 주거나, 광고의 목적 등으로 사용될 수 있다. 그러나 인터넷마케팅 전략으로서의 커뮤니케이션은 보다 즐거움을 주는 오락적 기능이 중요시될 것이다. 커뮤니케이션의 기능은 보도적 기능, 지도적 기능, 오락적 기능, 광고적 기능 등으로 나눠진다. 인터넷마케팅에서 사용되는 커뮤니케이션은 그 매개로 인터넷을 사용한다는 측면에서 매우 다른 특징을 보이게 된다. 왜냐하면, 인티넷이라는 매체는 기존의 공중파 매체나 언론매체에 비하여 가격이 극히 저렴하고 기술적인 특성이나 인프라의 구조를 정확히 알면 매우 쉽게 그리고 효과적으로 원래의 목적을 달성할 수 있기 때문이다. 인터넷마케팅에서 커뮤니케이션 기법은 매우 다양하여 그동안 관념적으로만 존재하던 여러 가지의 비즈니스 커뮤니케이션이 가능해졌다. 즉 기존의 마케팅에서 사용되던 매개체들이 불특정 다수를 대상으로 1:N의 모형으로 접근하였기 때문에 비용이 많이 들었을 뿐만 아니라 광고효과의 측정도 곤란한 경우가 많았지만, 인터넷마케팅의 경우에는 1:N, 1:1, N:N의 커뮤니케이션이 모두 가능하게 되었기 때문에 마케팅 방식의 혁명적인 변화와 순수한 의미에서 맞춤고객의 대중화가 가능해진 것이다. 즉 과거의 경우에는 타깃마케팅과 매스마케팅이 서로 상반되는 구조를 가지고 있었지만, 인터넷마케팅에서는 커뮤니케이션 방식의 변화로 말미암아 매스마케팅·타깃마케팅·원투원마케팅이 동시에 가능한 현상이 나타나게 된 것이다. 따라서 인터넷비즈니스에서의 커뮤니케이션 전략도 이 같은 특성에 맞추어 진행하여야 한다.

③ 커뮤니티(Community)전략

커뮤니티란 종교, 스포츠, 오락, 주식 등 다양한 관심 분야에 대해 토론하고 공유하는 순수하고 비상업적인 공통체를 말한다. 이 같은 커뮤니티의 구성은 인터넷 시대만의 특성이 아니다. 그러나 인터넷마케팅에서 커뮤니티란 가상공동체(Virtual Community 또는 Cyber Community)의 특성을 가지고 있다는 점이 이전의 커뮤니티와는 매우 다른 특성을 가지게 된다. 가상공동체의 특성은 기술압박성(기술적 영향을 가장 많이 받는 공동체), 확장무제한성(사회적인 인프라의 구축에 따라 시·공간적 한계를 극복할 수 있는 공동체), 강한 익명성의 모순(익명성이 강한 공동체로서 비대면성의 요소를 지니고 있지만, 오히려 보다 사회 심리적인 요소가 강해지므로 그 결합 강도는 매우 큰 양면성을 가지고 있음). 아메바적 적응성(고도로 유연성을 가진 공동체로 다양한 형태로 분화·통합될 수 있고 그 발전이나 진화의 방향이 다차원으로 열려 있음) 등으로 요약할 수 있다. 인터넷마케팅 시대에서는 네트워크의 가치가 매우 중요하므로 네트워크의 가치를 단기간에 키우기 위해서 가상공동체를 구성하는 것이 가장 좋은 방법이다. 예를 들면, 동창회를 구성하여 다양한 동창회 멤버들을 바탕으로 비즈니스를 목적으로 하는 가상공동체의 구성은 용이할 것이다. 이와 같이 경우에 따라 가상공동체가 상업적인 형태로 변질되는 경우가 있는데 이것이 비즈니스 가상공동체(혹은 사이버 비즈니스 커뮤니티)이다. 물론 공동체가 비즈니스 공동체로 바뀌는 것은 인터넷 시대만의 특징이라고 볼 수는 없다. 비즈니스 가상공동체의 운영 목적은 신규로 생성된 비즈니스 가상공동체와 기존의 비즈니스 가상공동체(즉, 생성 초기부터 상업적 목적으로 구성된 가상공동체)에 따라 다르다. 신규로 생성된 비즈니스 가상공동체는 상업적인 목적의 달성, 시장침투 효과 및 제품 다양화의 효과, 효과적인 촉진 전략 등이 운영 목적인 데 반하여 기존의 비즈니스 가상공동체의 경우에는 상업적인 목적의 달성, 효율적인 고객관리 및 충성도 제고(Royalty Enhancing), CRM 기반사업, 기존시장의 유지 및 시장개척 효과, 서비스의 증진 효과 및 광고 홍보의 효율화 등의 목적을 달성할 수 있다.

④ 상거래(Commerce) 전략

인터넷을 통한 수익 자원의 유형은 광고 수입, 콘텐츠 유료화, 직접적 상품 판매, 제휴(Affiliate)프로그램 상품을 직접 판매하지 않고 쇼핑사이트들과 제휴관계를 맺어 상품 판매액에 대한 커미션(Commission)을 가지는 방식을 말한다. 예를 들면, 야후(Yahoo)는 야후의 방문자가 아마존을 통해 책을 구매하게 되면 야후는 일정한 비율의 커미션을 받게 된다. DB 응용 웹 사이트를 운영하는 사업자는 타기업의 의뢰를 통해 자사의 회원들을 대상으로 온라인 리서치를 수행함으로써 부가적인 수익을 기대할 수 있다. 오프라인(Off line) 오프라인이 인터넷비즈니스에 진출하는 경우나 일반 투자가들의 인터넷비즈니스에 대한 투자는 반드시 현실적인 수익에 의해 이루어지는 것은 아니다.

⑤ 맞춤화(Customization) 전략

인터넷의 등장으로 고객관리에 획기적인 변화가 일어나고 있는데 그 가운데서도 가장 특징적인 변화가 원투원 마케팅을 바탕으로 한 맞춤 고객화 현상이다. 맞춤화는 기존 고객들의 가족관계, 수요성향이나 흥미, 구체적인 구매동향을 분석하여 이에 적절한 광고·홍보 메시지나 제품에 대한 소개를 함으로써 매출증대에 기여할 수 있는 기법을 말한다. 맞춤서비스라고 부를 수 있는 원투원 마케팅은 1990년대 중반 이후 인터넷의 광범위한 보급으로 활성화됐다. 인터넷으로 전보다 적은 비용으로 더 빨리 고객의 요구사항을 알 수 있게 되었기 때문이다. 상품을 생산하기 전에 디자인 하는 것이 아니라, 디자인과 상품생산이 동시에 이루어진다. 여기에는 기존 고객의 충성도(Loyalty)를 최대한 확보한다는 것도 포함하고 있다. 왜냐하면, 회사의 입장에서 보면 기존의 고객에 대한 소비나 구매 행태의 자료를 확보하기가 쉽고, 그들의 구매 행태를 분석함으로써 현재 매출액을 최대화할 수 있기 때문이다. 맞춤화(Customization)를 통하여 기업은 자사의 경영목표를 달성할 수 있고 고객의 입장에서는 자신의 평생 가치(LTV: Life-Time Value)를 극대화할 수 있기 때문이다.

⑥ 커넥션(Connection) 전략

커넥션전략이란 공동전선을 구축하거나 연계를 통한 기업 협력을 증진시키는 것인데, 인터넷마케팅에서는 공동마케팅이나 제휴 전략을 의미한다. 인터넷마케팅에서 공동 마케팅을 적극적으로 추진하는 것은 매우 중요하다. 왜냐하면, 정보 장벽이 붕괴된 상태에서는 어떤 경로를 통해서 소비자들이 접근할 것인지 미지수일 뿐만 아니라 포털의 존재를 고려하지 않고서는 마케팅을 성공할 수가 없기 때문이다. 구체적으로 기업의 입장에서 공동 마케팅을 추진하려는 이유는 시장 확대 및 공동 이익 추구 이러한 공동마케팅은 단순한 집합의 형태가 아니라 프로세스(Process)적인 성격을 지녀야 한다. 프로세스적인 접근을 위해서는 각 기업이 상호 간의 영역을 침범하지 않으면서 자발적으로 결집이 되는 연방제의 형태와 하나의 구심점 역할을 하는 기업을 중심으로 한 중앙 집중제 형태 등 두 가지의 대표적인 공동마케팅모델을 상정해 볼 수 있다. 자사의 부족한 역량을 강화, 노력 및 비용 절감으로 고객 확대, 공동 전선 구축으로 진입장벽 강화, 신규시장 진입의 리스크 감소, 표준화 가능 등을 지적할 수 있다.

1.5 e비즈니스 적용 전략

e비즈니스는 향후 기업 경영 환경 및 경쟁력 확보에 가장 중대한 영향을 미칠 핵심 요소이다. 하지만 e비즈니스 수행이 모든 기업들에 당장 경쟁력을 확보하고 기업의 성과를 향상시키는 최고의 방안이라 생각해서는 안 된다. 정확한 전략적 목표 없이, 단순히 시류에 휩싸여 이를 추진하면 기업 성과에 오히려 마이너스로 작용할 가능성이 높다. 다시 말해, e비즈니스 수행 자체가 목적이 될 수는 없다. 기업이 추구하는 전략 목표를 명확히 하고, e비즈니스를 통해 이러한 목표를 효율적으로 달성할 수 있는가를 고려하는 것이 중요하다.

과거 정보전달 차원에서 이제는 정보전달뿐만 아니라, 거래처리와 업무 활용 등의 기업 전 반에 걸친 경영활동에 인터넷을 적용해 나갈 수 있다. 정보전달만이 아니라 거래처리와 업무 활용 각 방면에 인터넷을 이용하여 적용시킬 수 있는 분야는 마케팅에서 ERP에 이르기까지 다양하다.

[표 1.3] 기업의 인터넷에의 업무 적용 사항들

구분	정보전달	거래처리	업무활동
주요 응용 분야	마케팅, 광고, PR, 정보제공, 고객제안, 영업보고서, 뉴스레터(내부), 주주(투자자)정보, 기업정책, 고객조사, 채용공고, 제안요청	주문, 판매, EDI, 온라인서비스, 대금결제, 고객 서비스, 보증서등록, 가격 및 재고정보	프로젝트/미팅 일정조정, 가상출판, 협력업체 지원, 뉴스그룹, BBS, 워크플로우 관리, 제품개발, 원격회의, 내부의사전달, 운영정보, 전사적자원관리(ERP)
주사용자	고객, 일반대중	고객, 판매담당직원	종업원, 직원
검토 사항	홍보효과(사이트방문), 콘텐츠와 포맷, 갱신주기, 유효성 측정치, 저작권과 상표권	거래처리, 인증, 보안, 데이터베이스 통합, 전자 지불결제	팀워크 지원, 조정 및 협력, 지역적 분권화

1.5.1 e-Strategy

e비즈니스를 위한 전략인 e-Strategy 프로세스를 개발하기 위해 전략적 의사결정과 관련한 모형들을 분석하고, 이러한 분석을 바탕으로 외부환경, 인터넷 환경, 내부환경에 대한 분석에 따라 e-Strategy 프로세스를 개발할 필요가 있다.

(1) 전략적 의사결정

기업이나 공공부문 등 조직이 e비즈니스를 수행하기 위한 전략을 수립하는 것이 e-Strategy인데, 그 프로세스는 전략적인 의사결정 프로세스와 동일하다. 고전적인 의사결정 과정에 관한 Simon의 모형을 근간으로 Rubinstein과 Haberstroh의 의사결정 모형을 합한 모형을 바탕으로 e-Strategy를 차별화하여 개발한다. Simon은 탐색(Intelligence) 디자인(Design), 선택(Choice)등 세 단계로 의사결정 프로세스를 설명하였다. Rubinstein과 Haberstroh의 모형은 사이몬의 의사결정 프로세스를 발전시켜, 실행과 의사결정의 결과에 대한 피드백과 같은 두 단계를 추가하였다. 이 두 모형을 결합하면, 의사결정 프로세스는 문제 상황 또는 의사결정의 필요성에 대한 인식, 대체안들에 대한 분석과 설명, 이상 대체안들 중에서 선택, 의사결정의 교환 및 실행, 의사결정 결과에 대한 피드백 등 다섯 단계로 설명될 수 있다.

전략적 의사결정은 환경분석을 중시한다. 첫 단계인 탐색에서 Davis와 Olson은 사회적 환경, 경쟁적 환경, 내부 환경 등 세 가지 환경을 고려할 필요가 있다고 하였다. 마지막 내부 환경을 조직의 내부환경이라고 한다면 사회적 환경과 경쟁적 환경은 외부환경에 해당되므로, 탐색은 외부환경에 대한 탐색과 외부환경에 대한 분석으로 양분할 수 있다. 중요한 것은 내부환경을 분석하는 목적은 조직이 외부환경에 잘 적응할 수 있도록 내부구조를 변경하고자 하는 것이므로, 외부환경에 대한 탐색이 이루어진 연후에 내부환경에 대한 분석이 이루어져야 한다.

이상을 종합하면 의사결정 과정을 6단계로 세분할 수 있다. 즉, 외부환경 탐색, 내부환경 조사, 디자인, 선택, 실행, 피드백이 그것이다. 피드백은 마지막 단계에서만 이루어지는 것은 아니고 각 단계에서 앞의 어떠한 단계로든 필요에 따라 이루어진다. 이상과 같은 전략적 의사결정 프로세스에 인터넷 환경을 적용하면 e-Strategy 프로세스가 된다.

(2) e-Strategy

인터넷을 활용한 전략에서 먼저 본원적 전략을 설정하고, 인터넷 비즈니스 사업단계 즉 진입단계, 운영단계, 성장단계 각각에 대한 e-Strategy를 개발한다. 그런데 이러한 e-Strategy도 비즈니스 특성, 상품 특성에 따라 영향을 받으므로 이러한 상황 변수들도 고려해야 한다.

① 본원적 전략

Porter에 의하면, 어떤 산업에서든 경쟁우위를 획득하기 위해서는 저원가우위, 제품차별화, 시장집중화와 같은 세 가지 본원적 전략을 활용할 수 있다. 디지털 경제시대에는 이러한 본원적 전략들을 성공적으로 수행하기 위하여 인터넷을 활용할 수 있는데, 우선 저원가우위는 추가비용을 야기시키지 않고도 원가를 절감하거나 생산성을 제고시키는 능력을 일컫는다. 제품차별화는 제품의 이미지, 품질, 서비스 등을 개선하기 위하여 인터넷을 활용하여 독특한 가치나 특성을 가미하는 경우이다. 마지막으로 시장집중화는 특정 시장이나 제품에 조직의 인터넷 역량을 집중시킴으로써 달성할 수 있다. 제조회사는 인터넷을 통하여 특정 시장에 대한 수익성을 파악하여, 특정 시장의 고객 니즈를 충족시킬 수 있는 제품이나 서비스를 디자인하고 물류업체는 이러한 제품이나 서비스를 판매할 수 있도록 지원하는 것이다.

② 단계별 성공전략

인터넷을 활용하여 비즈니스를 수행할 때 진입 선점, 독특한 비즈니스 모델, 홍보 등 다양한 전략을 구사할 수 있다. 그런데 비즈니스의 단계에 따라 차이를 보일 수 있으므로 단계별로 e-Strategy를 개발해야 한다.

먼저 인터넷 비즈니스에 처음으로 진입하는 단계에서는 독창적인 아이디어,

조직특성, 진입방법, 고객 확보, 물류/유통 효율화, 타 업체와의 협력관계 구축 등과 같은 전략이 중요하다. 진입방법에는 최초로 진입하는 First Mover 전략이 있는가 하면, 선발주자의 성공과 실패에 대한 간접경험을 바탕으로 성공할 확률을 극대화하는 Follower 전략 즉, 비즈니스 진입 시 평판 활용 전략도 있다. 고객 확보 전략으로는 다양한 홍보 매체 활용, 무료·저가 공략, 이벤트 및 특혜, 다양한 콘텐츠 제공, 알기 쉬운 도메인 확보 등을 생각해 볼 수 있다. 물류·유통 효율화 방안으로는 유통업체와의 전략적 제휴, 자체 물류망 구축, 유통업체와의 전략적 제휴 및 자체 구축, 공급사슬의 통합적 관리 등과 같은 전략을 생각해 볼 수 있다. 타 업체와의 협력관계 구축 전략으로는 인수하는 전략적 M&A와 전략적 제휴 등이 있다.

운영단계에서는 조직특성, 고객확보 및 유지, 물류/유통 효율화 항목은 진입단계에서와 유사하고 신뢰성 확보만 차이를 보이고 있다. 고객으로부터 신뢰성을 확보하기 위해서는 안전한 지불체계 구축, 신속 정확한 배송체제 구축, 고객정보의 보안유지 등과 같은 전략이 필요하다.

성장단계에서는 사업전개방향, 타 업체와의 협력관계 구축, 주식상장, 비즈니스 모델의 특허취득과 같은 항목들이 있다. 사업전개방향으로는 전문몰과 같이 상품의 전문성을 추구하는 전략이 있는가 하면, 종합몰처럼 상품의 다양성을 추구하는 전략도 있다.

1.5.2 성공적인 e비즈니스 전략

(1) e비즈니스 실현을 위한 5단계

인터넷과 네트워크의 발전은 기존의 경제 질서를 창조적으로 파괴하고, 새로운 시장을 창출함으로써 넷(Net)경제의 기반을 마련하였다. e비즈니스 기업들의 비즈니스 모델은 전통기업의 비즈니스 모델과는 상당히 다르지만, 전통기업 이상으로 높은 부가가치를 창출하고 있다. 지금은 e비즈니스 기업이나 전통기업 모두에게 중요한 시기로서 디지털 경제에 대응하지 못하는 기업은 생존까지 위

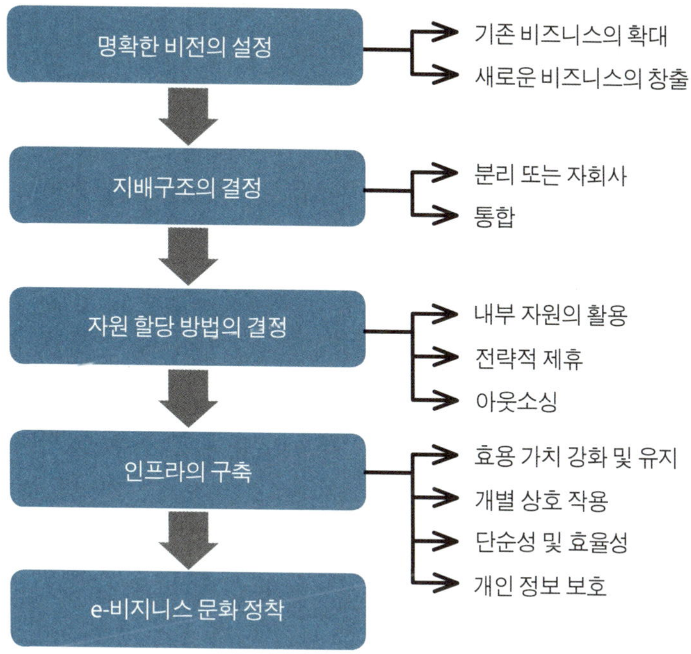

[그림 1.4] e비즈니스화의 실현을 위한 5단계

협 받고 있는 실정이다. 따라서 전통기업이 e비즈니스화를 추진할 때 고려해야 할 부분들을 살펴보고 이를 전략적으로 활용할 필요가 있다.

① 명확한 비전의 설정

e비즈니스화의 출발점은 기존사업과 e비즈니스 간의 조화를 위한 명확한 비전 설정이라 할 수 있다. 비전을 설정하기 위해 가장 먼저 고려해야 할 사항은 e비즈니스의 기반을 어디에 둘 것인가를 결정하는 것이다. 즉, 기존의 비즈니스 모델을 보다 확대하여 시작할 것인지 아니면 새로운 비즈니스 모델을 창출할 것인지를 결정해야 한다. 두 가지 방법 중 어떤 것을 선택하든 중요한 것은 기존 사업과 e비즈니스가 상호 연관성을 갖도록 하는 것이다. 기존의 비즈니스 모델을 바탕으로 e비즈니스로 진출하는 이유는 비용절감과 대 고객 서비스 강화라는 두 가지 장점이 있기 때문이다. 델 컴퓨터는 주문 생산 방식을 넷에 도입함으로써 컴팩, NEC, 소니, 도시바 등의 경쟁사에 비해 비용 측면에서 경쟁우위를

확보하였고, Fedex는 네트워크를 통해 고객의 제품이 어떤 상황에 있는지 상세하게 보여줌으로써 대 고객 서비스를 강화하였다.

그러나, 새로운 비즈니스 모델 창출은 고객에게 더욱 나은 가치를 지속해서 제공해 줄 수 있어야 하며, 기존 사업의 수익을 잠식할 수 있다는 것도 고려해야 한다.

② 지배구조(Governance)의 결정

지배구조의 결정이란 기존 사업 및 e비즈니스의 운영적(Operational) 요소와 재무적(Financial) 요소 간의 관계를 어떻게 가져갈 것인가를 결정하는 단계이다. 즉, 생산, 조달, 물류, 마케팅, 인적자원 등 사업의 운영과 관련된 요소와 투자, 자금조달, 성과 등 재무와 관련된 요소를 분리할 것인지 통합할 것인지를 결정해야 한다.

e비즈니스를 분리하는 것이 유리한 상황은 다음과 같다. 우선 기존의 경직된 운영에서 탈피하여 기꺼이 새로운 비즈니스를 모색할 의지가 있는 경우를 들 수 있고, 기존 사업의 기술에 의해 제약 받지 않고 자회사 또는 분할이 가능할 경우, 또 자회사에 제휴, 증자, 인력채용 등의 권한을 위임하는 경우이다. 반면, e비즈니스를 기존사업과 통합하는 경우는 디지털과 물리적 구분에 대해 고객이 인정하지 않은 경우나 최고 경영자가 경쟁자의 움직임에 능동적으로 대처하고 네트워크의 가치를 기회와 도전으로 인식하는 경우, 조직 전체가 e비즈니스의 세계로 이동이 가능할 경우이다.

③ 자원의 할당 방법 결정

인적 자원, 재무적 자원, 기술 등의 핵심 자원을 어떻게 할당할 것인가를 결정해야 한다. 내부 자원을 e비즈니스에 할당하거나 전략적 제휴와 파트너십(Partnership) 구축을 통해 상호 취약 부분을 보완할 수 있다. 또는 e비즈니스의 운영과 유지를 아웃소싱하는 방법이 있다.

④ 기본 인프라의 구출

고객의 가치를 높이는 데 필요한 기본적인 인프라를 구축해야 한다. 이것은 제품 및 서비스의 효용가치를 강화, 유지할 수 있어야 하고, 고객과 개별적인 상호작용을 가능하게 하여야 한다. 또한, 거래의 단순성과 효율성을 보장하고 고객의 개인정보를 보호할 수 있어야 한다.

⑤ e비즈니스 문화의 정착

성공적인 e비즈니스의 마지막 단계는 e비즈니스 문화를 정착시키는 것이다. e비즈니스화로의 진출은 일시적으로 프로젝트를 수행하는 것이 아니라 기업의 미래를 결정하는 전략적 선택을 의미한다. 따라서 최고경영진은 e비즈니스화에 대한 분명한 비전을 제시해주고, e비즈니스 문화가 정착될 수 있도록 혁신적인 사고를 가져야 한다.

(2) e비즈니스 전환 전략

PWC(PriceWaterhouseCoopers) 컨설팅은 기업이 현재와 미래의 위치를 파악하여 전략을 수립하는 데 도움을 주는 새로운 모델을 제시하고 있다. PWC의 기업 인터넷 파노라마 즉, 성장 과정은 채널향상(Channel Enhancement), 가치사슬 통합(Value Chain Integration), 산업전환(Industry Transformation), 융합(Convergence)의 4단계로 발전한다.

채널향상과 가치사슬통합 단계에서는 프로세스 변화가 매우 중요하다. 그러나 프로세스 변화는 목표가 아닌 수단에 불과하므로 산업전환단계에서는 내부 프로세스의 변화를 넘어 기업이 속한 산업의 가치사슬의 요소를 재정의 하여야 한다. 마지막 단계에서는 기업이 속한 산업의 경계를 넘어서는 융합의 단계로 이동한다. 채널향상 단계에서는 주로 전술적 움직임을 고려하게 되는데 점진적으로 기존의 구조에 효율성과 가치를 향상시키게 된다. 가치사슬통합단계에서는 기업의 수익구조에 변화를 주는 중요한 결정을 하게 된다. 산업 전환 및 융합의 단계에서는 기업의 전환과 새로운 전략을 시도하므로 그 영향도 매우 크다.

인터넷 비즈니스 파노라마 모델에서는 각 단계가 직렬형이 아니다. 즉, 상호 독립적이거나 정적인 것이 아니라 중첩되어 있을 수 있다는 것이다. 인터넷 비즈니스 파노라마 모델에서 한 단계에서의 활동, 운영 방법, 전략이 다음 단계에서도 계속되는 것이어서 각 단계 사이에 분명한 경계가 있는 것이 아니다. 어떤 기업은 파노라마의 한 단계에서 다음 단계로 이동하여 마지막 단계에 이를 것이고 다른 기업은 그렇지 않고 어떤 단계는 건너뛰거나 두 단계를 동시에 실행할 수도 있다. 그것은 기업 및 산업의 조건, 경쟁, 고객 요구 등에 의해 결정될 것이다. 종국적으로 소수의 신뢰하는 관계를 바라는 고객의 요구에 따라 모든 산업이 융합의 단계에 이를 것으로 보인다.

① 채널 향상(Channel Enhancement)

이 단계에서는 기업은 기존 프로세스를 수정하는 데 정보기술을 활용한다. 어떤 기업은 기업의 실적을 향상할 목적으로 새로운 프로세스를 만들기 위해 정보기술을 활용한다. 즉 기업은 정보공유 및 전자상거래 즉 인터넷을 통한 제품과 서비스의 마케팅, 판매, 구매를 위해 정보기술을 활용한다. 인터넷은 시장으로의 새로운 채널 확장을 가능하게 한다.

② 가치사슬 통합(Value Chain Integration)

인터넷 능력과 자신감이 향상됨에 따라 기업은 새로운 인터넷 비즈니스 전환의 단계를 찾게 된다. 많은 기업은 기업 내의 관계와 사업 파트너와의 관계를 파악하고 분석한다. 특히 기업은 가치사슬 통합을 위한 인터넷 비즈니스 전환에 초점을 맞춘다. 기업은 기업의 가치사슬 및 정보시스템과 공급자, 물류업체, 분배망, 소매업자의 가치사슬을 통합하여 효율성을 높이고 원가를 절감하는 방법을 모색하게 된다. 가치사슬 통합단계에서는 비용절감과 매출 증대의 기회를 가질 수 있으며 파트너와 윈-윈(Win-Win)관계를 형성할 수 있다. 가치사슬 통합은 기업으로 하여금 전사적 자원관리(ERP) 시스템 간에 계획, 원가 및 생산 데이터를 실시간으로 공유하게 한다. 온라인 상에서 원활한 의사소통이 가능해지고 중요한 정보를 교환함으로써 새로운 가치를 창출하고 경쟁우위를 확보하게 된다. 또 기업은 구매, 생산, 물류 등 공급자로부터 소비자까지의 공급사슬을 통합관리하는 SCM(Supply Chain Management)을 활용한다.

③ 산업전환(Industry Transformation)

이 단계는 본격적인 인터넷 비즈니스로의 전환이다. 즉, 이 단계에서는 기업은 속해있는 산업을 전환함으로써 주주의 가치를 극대화하는 방법을 찾게 된다. 경영진들은 네트워크를 바탕으로 기업의 핵심역량과 비 핵심역량을 구별하게 된다. 이에 따라 가치사슬의 변화가 생기고 시장 참여자들은 전사적인 방법을 사용해 고객 및 공급자와 만나게 된다.

시장 신출의 의미가 더 이상 어떤 기업이 어느 시장에 진입하는 방법을 뜻하지 않게 된다. 이제 시장진출이란 연관된 기업들이 시장을 가치공급자의 네트워크로 전환시키기 위해 연결된 가치를 창출하는 방법을 말한다. 지식경영에 의한 핵심역량을 지닌 기업은 이 단계에서 성공하게 된다. 이 기업은 오프라인에서 최고의 프로세스를 가진 파트너와 속해 있는 산업의 경제적 기반 및 운영방법을 전환시키는 최고의 가치 네트워크를 사용하는 기업들을 활용할 것이다.

④ 융합(Convergence)

마지막 단계에서 기업들은 제품과 서비스를 고객에게 제공하기 위하여 이종산업에 속하는 기업과 결합하게 된다. 이것은 산업 규제와 글로벌화에 따른 인터넷 비즈니스 모델이다. 고객 중심으로 네트워크화된 조직과 시장이 형성되며 산업 간의 벽이 무너지게 된다. 인터넷이 고객에게 모든 제품과 서비스를 원스톱 점포를 제공할 수 있도록 함으로써 기업의 융합을 촉진하고 있다. 금융서비스를 제공하는 슈퍼마켓이 융합의 예이다. AOL(America Online)과 타임 워너(Time Warner)의 합병이 또 다른 예이다. AOL은 인터넷 서비스에 대한 업계 최고의 지식, 소프트웨어, 콘텐츠 및 개별적 고객 채널을 가지고 타임워너는 책, 영화 및 음악을 포함한 엄청난 콘텐츠와 케이블 텔레비전 고객을 가지고 있다. 따라서 두 회사는 차세대 개인정보 서비스를 통하여 서비스의 완전한 통합을 고객에게 제공함으로써 두 회사의 수백만 충성스런 고객을 확보하여 이익을 얻게 된다. 또 다른 예로 듀퐁과 인텔, 마이크로 소프트, CNN 등이 합작해 만든 WebMD는 환자와 의사, 병원, 보험회사 등을 서로 연결해주고 각자에게 필요한 정보와 서비스를 제공해 주고 있다.

(3) e비즈니스를 위한 고려사항

성공적인 비즈니스를 위한 고려사항은 어떤 것이 있는지 살펴봄으로써 디지털 시대의 비즈니스 전략의 방향을 전망해 보자.

① 고객정보를 자산으로 활용

정보기술의 출현으로 고객 정보를 저렴하게 수집하고 데이터를 손쉽게 마이닝(Mining) 할 수 있게 됨에 따라, 고객의 정보를 어떻게 기업가치로 연결시킬 것인지가 경쟁우위 확보의 핵심 요소로 주목 받고 있다. 즉, 정보 차원이 아닌 기업의 자산 차원에서 바라보는 시각이 일고 있는 것이다. 고객 정보를 기업의 자산으로 인식하고 가치창출의 요소로 활용하기 위해서는 무엇보다도 목표 고객이 누구인지, 그리고 어떤 정보를 확보할 것인지가 필요하다. 최근 들어 웹사이트에 고객 커뮤니티 공간을 만들어 고객들의 의견을 수렴하고, 그것을 경영에 직접 반영하는 사례가 늘고 있는데 커뮤니티를 통해 자유롭게 의견교환, 자사 제품에 대한 사용 경험의 공유, 발생한 문제점 및 해결방향, 그리고 사용 경험을 토대로 제품 개선을 위한 제안이 이루어지도록 유도하고 있다.

기업의 역량을 가치사슬의 한 부분에 집중하고 필요한 기능은 전략적 제휴나 아웃소싱 등을 활용하여 자원을 소싱하고 있는 것이다. 인터넷의 확산에 의한 거래비용의 감소와 커뮤니케이션의 원활화로 기업은 가치사슬상의 모든 것을 기업 내부에서 보유할 이유가 없어졌다. 기존의 가치사슬을 분해하여 가장 잘 할 수 있는 특정 부문에 역량과 경영자원을 집중하는 것이 기업의 지속적인 성장과 경쟁력 확보의 최적 대안으로 평가 받고 있기 때문이다. 가치사슬이 네트워크의 특성을 가진 조직으로 변화함에 따라 기업이 경쟁우위를 갖기 위해서는 우선 자사의 핵심역량이 무엇인지를 제대로 파악해야 할 것이다. 그리고 기업의 가치창출 수준이 개별적인 기업 수준을 넘어 서비스 제공자 및 파트너 모두에게까지 이르는 네트워크 수준에서 창출될 수 있도록 협력 관계를 강화하는 것이 필요하다.

② 선점이 중요

e비즈니스의 세계에서 성공하기 위해서는 우선 새로운 시장을 개척하고 선도자가 되는 것이 최선이다. e비즈니스의 특성상 최초로 사업을 시작한 업체 외에는 고객들에게 잘 기억되지 않는 경우가 많다. 초기의 수익과 비용의 분기점을 넘어서는 순간에는 폭발적인 수익을 발생시킬 수도 있는 것이 e비즈니스고, e비즈니스가 갖는 잠재력이다.

③ 비즈니스의 목적에서 접근

e비즈니스의 실현이 기업이 원하는 바를 충족시키지 못하는 것은 e비즈니스가 전사 차원의 비즈니스 목적에서 접근되지 못하고 IT(Information Technology) 조직 위주로 진행되고 있다는 것에 기인한다. e비즈니스는 단순히 인터넷 기반의 정보시스템 구축을 뜻하는 것이 아니다. 인터넷을 기반으로 경영 전반에 걸쳐 혁신을 추구하자는 의미가 내포되어 있다. 따라서 e비즈니스가 성공하기 위해서는 특정 부서 단위가 아니라 조직 전체의 경영 혁신 차원에서 전략과 그 실행 방안이 수립되어야 한다.

④ CEO의 역할

모든 비즈니스가 그렇듯 CEO의 비전과 결단에 따라 기업의 성패가 좌우된다. 인터넷 시대에 CEO에게 요구되는 가장 중요한 책무는 창조적 파괴를 단행할 수 있어야 한다는 것이다. 최고경영자가 기존 관행과 룰을 얼마나 빠르고 철저하게 개혁하는가에 따라 인터넷 비즈니스의 성패가 결정될 것이기 때문이다. CEO는 자사가 글로벌 기업으로서 살아 남도록 하는 핵심 역량을 확보하고 있는지 냉철하게 판단하여야 하며, 자신 있는 분야에 집중 투자하되, 새롭게 부각되는 사업 영역에는 자원 투입을 신속하게 결정하여야 한다.

⑤ 글로벌 마인드

인터넷을 통해 전 세계 고객을 대상으로 24시간 활동이 가능해졌다. e비즈니스를 전개할 경우 사업 초기부터 전 세계 고객을 염두에 두고 사업 활동 및 전략을 전개해 나가야 한다.

⑥ 오프라인과 연동

e비즈니스에서 해결되지 못한 부문을 오프라인이라는 전통적인 기업의 사업 방식으로의 효율적인 지원이 중요하다. 예를 들어 전자상거래에서의 물류지원 문제는 오프라인에서 기업의 물류 지원이 필요하다. 이러한 문제점들은 e비즈니스의 성공을 가르는 중요한 요인으로 요즈음 관심거리가 되고 있는 이슈 중의 하나이다.

(4) e비즈니스 성공요인

살펴본 바와 같이 성공적인 e비즈니스가 되기 위해서는 제품 및 서비스 자체의 경쟁력과 양질의 정보 및 서비스 제공을 통해 고객 기반을 구축하고 이를 수익화할 수 있는 우수한 비즈니스 모델, 이를 남보다 빨리 사업화 및 시장진입을 할 수 있는 신속성, 그리고 고객·공급자·파트너와의 긴밀한 관계 형성) 등의 요인을 갖추고 있어야 한다.

인터넷 기업의 비즈니스 모델 성공은 차별화된 콘텐츠, 지속적인 수익 창출력, 고객 관점. 기회 선점, 특허 전략에 달려 있다. 콘텐츠 차별화는 창의적 아이디어에서 시작되며 이것은 전통기업의 제품 차별화 전략에 해당한다고 할 수 있다. 독자적으로 차별화된 콘텐츠 개발이 어려울 경우에는 제휴나 인수·합병으로 보완할 수 있다.

참신한 콘텐츠로 인한 사용자 커뮤니티의 저변 확대는 인터넷 비즈니스의 성공을 위한 필요조건이지 충분조건은 아니므로 상거래 방식과 품목을 다양화하는 등 끊임없는 변신을 시도해야 한다. 어떤 비즈니스 모델을 채택하는 것이 중요한 것이 아니라 어떻게 운영하여 지속적인 수익을 창출하는 것이 더 중요하다. 이것은 제품 중심의 사고를 하는 전통기업과 달리 인터넷 비즈니스는 고객 중심의 사고에서 출발하여 고객 요구 만족을 최대의 목표로 삼아야 한다. 콘텐츠의 양이나 질에서 앞서는 것은 물론 인터페이스 방식이 고객 만족의 핵심이다.

인터넷 비즈니스는 고객 차별화와 선점을 최우선 가치로 삼아야 한다. 완벽한 비즈니스 모델보다는 경쟁자보다 빠른 비즈니스 모델로 시장을 선점한 후

고착화시키고 바로 확장 단계로 이동하여야 한다. 또 인터넷 비즈니스는 특허권, 저작권 등의 지적재산권과 관련되므로 비즈니스 모델의 특허로 경쟁우위를 창조해야 한다. 특허 등으로 지식과 정보를 독점한 인터넷 비즈니스는 큰 이익을 실현할 수 있다. 인터넷 사업에는 정형화된 비즈니스 모델이 존재하지 않으며, 아이디어만 차별화되면 성공의 길은 무제한적이라는 것이다. 아이디어 차별화와 마찬가지로 제품의 차별화와 콘텐츠의 차별화도 동일한 차원으로 해석된다. E-mail을 제공하여 회원을 확보하고 이들 통해 수익을 창출하는 다음 커뮤니케이션이 대표적인 예이다. 다음 커뮤니케이션은 미국의 Hotmail의 모델을 한국에 적용시킨 경우이지만, 다음 커뮤니케이션이 이 모델을 소개했을 때 국내에서는 확고한 차별성을 가지고 있었다. 외국의 사례로는 주문형 컴퓨터의 델(Dell) 컴퓨터, 개인화 서비스의 대표적인 사례인 아마존(Amazon), 광고를 클릭하면 수익을 올릴 수 있다는 아이디어로 성공한 골드뱅크(GoldBank) 등이 대표적이라고 할 수 있다. 기존 오프라인 기업이 디지털 경제에서 더 많은 가치를 창출하기 위해서는 기업에게 가장 적합한 유형의 비즈니스 모델을 선택해야 한다. 먼저 기업의 구매 및 판매 프로세스를 분석하여 어떤 부분에서 어느 정도의 비용절감 등 효율성이 기대되는지를 파악해야 한다. 그 다음으로 기업은 자사의 제품이나 서비스와 관련된 전자 상거래 시장의 발전속도를 고려해야 한다. 이것은 발전 속도가 빠른 분야일수록 수확체증의 법칙에 의하여 시장 선점 효과가 커지기 때문이다. 어떤 비즈니스 모델이 적합한가는 기업의 입장과 여건 즉, 해당 기업이 판매자인가 또는 구매자인가, 그리고 경쟁력이 어느 정도인가에 따라 달라진다. 판매자인 경우 거래 모델을 선택하기 위해서는 제품 차별성과 브랜드 명성을 고려해야 한다. 제품의 차별성과 브랜드 인지도가 높은 경우에는 웹사이트를 통해 판매하고 반대로 시장 포지션이 약한 경우에는 접촉할 수 있는 범위를 넓히기 위해 여러 시장에 참여하는 것이 유리하다.

2 e비즈니스 기술과 플랫폼

2. e비즈니스 기술과 플랫폼

2.1 네트워크와 인터넷

2.1.1 정보와 네트워크

통신이란 일정한 의미를 갖는 신호(정보)를 전달하는 것을 의미한다. 의사소통이나 정보교환을 의미한다. 송·수신자 간의 전송매체를 통하여 전기적인 신호를 주고받음으로써 정보의 흐름이 형성된다. 정보의 흐름은 내용상의 변화를 수반하지 않아야 하고, 장소 상의 변화만이 수반되어야 한다. 이러한 흐름을 정보통신이라 할 수 있다. 정보통신은 전화선이나 네트워크, 전용선과 같은 통신매체를 이용하여 단말기와 단말기 간의 데이터, 정보, 음성, 동영상 등을 전송하거나 송·수신하는 것을 말한다. 이러한 정보들은 정보생산자로부터 그 정보를 필요로 하는 수요자로의 이동, 즉 정보의 통신이 있을 때 비로소 가치 있는 것이다.

(1) 정보통신

정보통신이란 정보가 정보의 생산자(공급자)로부터 정보의 소비자로 이동하는 현상을 말한다. 정보개념의 최소단위인 데이터는 정보로, 정보는 지식으로 진화되는 단계를 거친다. 정보로 구성되는 기본적인 요소가 데이터이다. 데이터는 사람, 사물, 아이디어, 사건에 대한 사실을 포함한다. 이들을 숫자, 문자, 기호 등을 이용하여 형식화한 것을 말한다. 정보는 가치가 평가된 데이터로서 문제 해결에 유용한 것으로 볼 수 있다. 이러한 정보의 표현은 문자로 이루어지는 경우가 일반적이다. 정보를 컴퓨터에서 사용할 수 있도록 기계적인 처리를 위하여 디지털 형태인 O과 1인 2진수로 조합한 부호로서 나타낸다. 데이터를 수집하여 분석하고 가치가 있도록 가공을 하면 정보가 된다. 이러한 정보를 부호화하고 부호의 Sequence에 의미를 부여하여 정보로서 의사소통하는 것이다.

(2) 네트워크

네트워크란 정보공유를 위해서 케이블이나 다른 미디어를 통해 서로 연결된 컴퓨터나 각종 장비들을 일컫는다. 이러한 컴퓨터 네트워크는 생활 전반에 중요한 영향을 미친다. 네트워크 이용에 있어서 업무상의 효율성 및 비용의 절감, 통신의 지연 방지 등은 생산성과 직결되는 중요한 요소로서 컴퓨터의 연결을 통한 네트워크는 현대 사회에서 매우 필요하다. 보편적으로 네트워크는 논리적 구성과 물리적 구성으로 나누는데 네트워크를 논리적 구성으로 나누면 Node(교환기), Link(전송로, 일반적으로 통신회선), Station(Terminal)으로 나뉘며, 물리적 구성으로 나누면 크게 단말시스템, 교환시스템, 전송시스템으로 나눌 수 있다.

컴퓨터 네트워크란 여러 대의 컴퓨터와 터미널이 하나 이상의 전송로에 의해 상호 연결된 것을 의미한다. 정보통신 네트워크를 통해 얻는 장점으로는 데이터를 교환할 수 있고, 자원을 공유할 수 있을 뿐만 아니라, 고장 발생 시 이에 대한 대체 수단으로서의 역할을 할 수 있고, 유연성을 가질 수 있는 것 등이다. 컴퓨터 네트워크를 설계할 때는 신뢰성, 최소 비용 경로, 최적 응답시간과 최고 단위시간당 처리량 등을 고려하여야 한다.

네트워크의 방식은 P2P(Peer To Peer 또는 Point To Point)와 C/S(Client-Server) 방식으로 나뉜다. P2P는 동등하게 작용하는 점 대 점 방식인데, 한 대의 PC로 클라이언트와 서버의 기능을 동시에 구현할 수 있기 때문에 설치도 간단하고 비용이 적게 들며 자원의 활용도가 매우 높은 특성을 가지고 있다. C/S 방식은 클라이언트-서버 작업을 공유하고 데이터와 기능을 분산하여 처리하는 방식으로 분산처리방식의 대표적인 구조이다. 컴퓨터의 네트워크에서 서버란 프로그램 및 데이터를 저장하고 있으며, 다른 컴퓨터에 이러한 자원을 공유하게 하는 컴퓨터를 말하며 서버에 연결되어 서버의 자원을 사용하고 서버의 관리를 받는 컴퓨터를 클라이언트라고 한다. 여러 면에서 안정적이지만 설치가 복잡하고 최소한 한 사람 이상의 관리자가 필요하기 때문에 비용문제가 발생할 수 있다. 서버는 네트워크를 통해 Web, E-mail, FTP, Telnet과 같은 각종 서비스를 다른 컴퓨터에 제공하며 클라이언트는 서버에게 서비스를 요청한다.

(3) 네트워크의 종류

① LAN(Local Area Network)

하드웨어, 소프트웨어, 자료를 공유하기 위하여 직접 연결한 초고속 케이블을 사용한다. LAN은 연결 거리가 짧으므로 통신 회사의 회선을 사용하지 않는다. 전형적으로 LAN은 한 부서, 한 빌딩 또는 인접한 여러 빌딩에 있는 컴퓨터들을 연결한다.

자원을 공유하는 능력은 LAN의 주요 장점이다. LAN에 있는 컴퓨터들은 하드웨어를 공유하기 때문에 여러 사람이 같은 네트워크 프린터를 공유할 수 있다. LAN에 있는 컴퓨터들이 소프트웨어를 공유하기 때문에 네트워크 상에 사용할 수 있는 소프트웨어 패키지는 하나의 원본만 있으면 사용할 수 있다. 데이터를 공유한다는 것은 모든 LAN 사용자들이 하나의 데이터베이스를 사용하며 가장 최신의 데이터를 얻을 수 있다는 것을 말한다. LAN에서 여러 컴퓨터가 프린터를 공유할 수 있고 다른 컴퓨터의 파일을 접근할 수 있다. 또 LAN의 확장으로 한 도시 내의 여러 LAN을 묶어 MAN(Metropolitan Area Network)를 구성한다.

② WAN(Wide Area Network)

수 km 이상 또는 지구 건너편에 있는 컴퓨터를 직접 연결하는 컴퓨터 네트워크로 여러 개의 LAN과 MAN들을 묶어 구성된다. WAN은 원거리에 존재하는 컴퓨터들을 연결하기 위하여 특별한 네트워크 장비를 필요로 한다.

③ VAN(Value Added Network)

VAN은 부가가치 통신망으로 정보를 축적하고 제공하는 네트워크이다. 통신 속도와 형식을 변환시키거나, 통신 경로의 선택 등 여러 종류의 정보서비스가 부가된 통신망을 뜻한다.

④ ISDN(Integrated Services Digital Network)

종합정보통신망. 전화, 팩스, 데이터 통신, 비디오텍스 등 통신 관련 서비스를 종합하여 다루는 통신서비스를 제공하는 디지털 통신망으로 디지털 전송방식과 광섬유 케이블을 사용한다.

초기의 전화 회사들은 PSTN(Public Switched Telephone Network)이라 불리는 공중 교환전화망을 이용하여 일반 사용자들에게 음성 정보를 제공하였다. 여기서 공중(Public)이란 임의의 일반 사용자가 이용할 수 있다는 의미이며, 교환(Switched)이란 송신 측과 수신 측 사이의 선이 전용선이 아니고 연결을 설정할 때 각 교환기에서 선이 연결된다는 의미이다. 따라서 PSTN 상에서는 임의의 사용자가 필요한 경우 연결을 설정하여 음성 정보를 주고받을 수 있다.

한편, 원거리에 있는 여러 개의 지사를 갖는 기업에서는 각 지사와 본사의 전화 또는 컴퓨터들을 연결할 필요성이 증대되었다. 이에 따라서 각 기업에서는 공공 망 서비스를 제공하는 사업자로부터 전용선을 입대하여 각 지사를 연결하는 기업 사설망(Enterprisewide Private Network)을 구성하게 되었다.

그런데, 이런 기업 사설망은 기업의 본사와 지사들 사이에 정보 전송이 빈번하여 전용선을 임대하는 비용이 공중망을 이용하는 비용을 상쇄할 수 있을 경우에만 유용한 수단이 될 수 있다. 만약 그렇지 못한 경우, 사용자는 기존의 공공 망을 이용하여야 한다.

컴퓨터의 사용이 증가함에 따라서 원거리에 있는 컴퓨터들 간에 데이터 전송의 필요성은 있으나 전용선을 연결할 정도의 정보량을 갖지 못하는 사용자들이 점차로 증가하기 시작하였다. 공중망 서비스를 지원하는 회사에서는 이러한 사용자들을 위해 PSDN(Public Switched Data Network)이라 불리는 공중 교환 데이터망 서비스를 시작하였다. PSDN은 전화와 비슷한 개념으로 사용할 수 있는 데이터 전용망이다.

그 결과 음성 망과 다양한 종류의 데이터망 등이 서로 공존하게 되었다. 망들의 종류가 다양해지게 되면서, 사용자는 각 망에 따라서 각기 다른 종단 연결 장치를 갖고 자신에 필요한 망에 접근하게 되었다. 즉 사용자가 음성 정보를 전송할 경우에는 PSTN에 접근하기 위한 인터페이스를 통하여 정보를 전송하게 되었으며, 데이터 전송이 필요한 경우에는 이에 적절한 인터페이스를 이용하여 해당 망에 접근하게 되었다. 따라서 사용자에게 전체 망은 아주 복삽하게 생각되었으며, 실제의 망도 복잡하게 구성되어 망 관리나 망과 망 간의 데이터 전송 등에 있어서 많은 문제가 발생하게 되었다. 이러한 문제점을 극복할 수 있는 방안으로 제시된 것이 ISDN(Integrated Services Digital Network)이다.

ISDN은 사용자 관점에서 망을 통합하는 기능을 제공한다. 따라서 ISDN 사용자는 음성이나 데이터 전송에 무관하게 단일한 인터페이스를 갖고 망에 접근하여 정보를 전송할 수 있는 기능을 제공받는다.

이후 디지털 전송 기술의 급속한 발전과 함께 멀티미디어 데이터를 전송하고자 하는 사용자의 요구가 증대됨에 따라 이러한 데이터의 전송 능력을 향상시킨 B-ISDN이 도입되었다.

⑤ ADSL(Asymmetric Digital Subscriber Line)

인터넷의 폭발적인 보급으로 초고속 광대역 통신망 구축과 서비스의 실현이 현실화되면서 이를 수용할 수 있는 광대역 통신망 액세스 기술의 필요성이 대두되었다. 광케이블을 이용한 초고속 통신망이 그 요구에 부합된 서비스의 하나일 것이다. 그러나 광케이블이 일반 가정까지 보급되기까지는 막대한 시간과 설치비용이 들게 된다. 이에 따라 디지털 변복조 이론(CAP, DMT), 디지털 신호처리 기술(DSP), 고집적 반도체(VLSI) 발전은 동선선로에서 고속 디지털 신호 전송을 방해하는 감쇄, 분산, 누화, 간섭 등 제반 전송장애 요인을 극복하고 수 Mbps의 전송을 경제적으로 가능케 함으로써 소위 Digital Subscriber Line(DSL)라 불리는 새로운 가입자망 방식이 대두되고 있다. 이는 광케이블을 설치할 경우 초래되는 고비용 등의 문제를 해결할 수 있어 가능하면 기존 전화선을 통해 고속통신을 실현할 수 있는 DSL 기술로 자연스럽게 발전하고 있다.

동선을 이용한 DSL은 다양한 기술발전을 거듭하여 xDSL(x=H,A,S,V 등)로 명

명되기에 이르렀다. 우선 ISDN이란 불리는 디지털 가입자 회선(DSL)을 들 수 있다. 이는 양방향 통신을 제공하며 각 192Kbps의 속도를 제공한다. 다음으로 HDSL(High data rate DSL)로 복수 회선의 가입자 회선을 이용, 1.544Mbps에서 2.048Mbps의 속도로 양방향 통신서비스를 제공한다. 여기까지가 양방향 즉, 하향과 상향 전송속도가 같게 서비스되는 반면 ADSL(Asymmetric DSL)은 비대칭적으로 설계되었다. 이는 전송 거리에 있어 더 원거리를 지원할 뿐 아니라, 상향전송보다는 하향전송의 속도를 빠르게(상향 1.5~9Mbps, 하향 16~640Kbps) 지원함으로써 상향보다는 하향전송에 더 많은 대역폭을 요구하는 인터넷 접속과 같은 곳에 적합하도록 설계되었다. 그 외에 HDSL과 비슷하게 1.544Mbps의 상·하향전송을 하지만 한 쌍의 전화선을 사용한다는 점과 전송 거리가 3Km로 제한되는 SDSL, 비록 ADSL에 비해 전송거리는 짧지만(약 0.3 ~ 1.4km) 전송 속도에 있어서 하향전송 13~53Mbps, 상향전송 1.5~2.3Mbps의 고대역폭을 제공하는 VDSL이 있다.

위와 같은 각종 xDSL중에서도 근래 많이 사용되는 것이 비대칭형 디지털 가입자회선인 ADSL이다. 무엇보다도 ADSL의 가장 큰 장점은 기보유한 가입자의 동선선로를 그대로 사용한다는 것. 그렇기 때문에 데이터 회선 구성 시 추가 케이블을 시공한다거나 새롭게 시설을 구축할 필요가 없다는 점이 ADSL의 장점으로 꼽힌다. 그러나 ADSL이 매우 높은 주파수 영역까지 이용함에 따라 신호의 손실이 너무 커 최대 전송속도가 사용자와 전화국과의 거리에 크게 의존하게 되어 모든 가입자에 대해 전송속도를 보증할 수 없는 기술적인 문제와 ISDL 회선에 의한 ADSL 회선에의 간섭이 문제점으로 제기되고 있다.

2.1.2 통신 프로토콜(Communication Protocol)

프로토콜은 원래 외교상의 언어로서 국가와 국가 간의 교류를 원활하게 하기 위한 외교에 관한 의례나 국가 간에 약속을 정한 의정서이다. 이것을 통신에 적용한 것이 통신 프로토콜(Communication Protocol)이다. 보다 일반적인 의미의 프로토콜에 대해 예를 들면 한국사람들이 대화를 할 때는 한국어를 사용한다. 이때

대화의 내용은 '데이터'이며 대화의 수단이 되는 한국말이 바로 '프로토콜'이라 할 수 있다. 즉, 통신 프로토콜은 어떤 시스템이 다른 시스템과 통신을 원활하게 수용하도록 해주는 통신 규약이라고 말할 수 있다.

프로토콜은 물리적 측면의 프로토콜과 논리적 측면의 프로토콜로 구성된다. 물리적 측면의 프로토콜은 데이터 전송에 사용되는 전송 매체, 접속용 커넥터 및 전송 신호 등 물리적 요소에 관한 규약이며, RS-232C[1], V.21 등이 있다. 논리적 측면의 프로토콜은 데이터의 표현 형식 단위인 프레임(Frame)의 구성, 프레임 내의 각 항목의 의미와 기능, 데이터 전송의 절차 등을 말한다. 논리적 측면의 프로토콜로는 자사의 장치 간에 통신을 위한 독자적인 프로토콜과 범용성이 있는 프로토콜이 있는데, 전자의 예로는 IBM의 SNA, SDLC 등이 있고, 후자의 경우는 TCP/IP가 대표적인 프로토콜이다

(1) 프로토콜 개발의 배경

프로토콜이 본격적으로 의식되기 시작한 것은 컴퓨터를 사용한 온라인 시스템이 등장할 때부터이며 보다 구체화된 것은 컴퓨터 네트워크가 등장한 1970년대이다. 이와 같은 계기로 만든 것은 미국 국방성이 개발한 ARRPA(Advanced Research Project Agency) 네트워크이다. 이 네트워크는 미국의 대학 및 연구소의 컴퓨터들이 연결되어있는 대규모 컴퓨터 네트워크로서, 패킷 교환 방식[2]을 처음으로 실용화하고 분산 처리를 위한 각종 프로토콜이 개발되었다. 이때부터 미국의 학회에서는 프로토콜이 대대적으로 거론되기 시작하였다. 그 후 ARRPA 네트워크의 성과를 토대로 각종 프로토콜이 실용화되었는데, CCITT(Consultative Committee on International Telephone and Telegraphy)[3]에서는 공중 패

---

1) Recommended Standard-232C, 컴퓨터가 외부와 자료를 주고 받기 위하여 국제적으로 표준화한 데이터 통신규격의 하나이다. 데이터를 직렬 전송 방식으로 전송할 때 통신회선에서 사용하는 전기적인 신호의 특성과 연결장치의 형상 등 물리적인 규격을 정하고 있다.

2) 패킷이란 정보를 일정한 크기로 잘라서 보내고자 하는 곳의 정보를 함께 실어 만든 데이터 블록을 말한다. 즉, 패킷은 정보가 포함된 편지라고 하면 이해가 쉬울 것이다.

3) CCITT는 통신장비 및 시스템의 협동조합 표준을 육성하기 위한 최초의 세계기구이며, 지

킷 교환망 프로토콜인 X.25를 표준화 하였다. 이 X.25 프로토콜은 지금까지의 여러 가지 프로토콜을 계층구조의 개념을 도입하여 체계화한 것으로, 그 후 프로토콜 개발에 대단한 영향을 주었다. 통신 업자들을 중심으로 한 이와 같은 데이터 통신 프로토콜의 표준화와 병행하여 컴퓨터 제조업자들도 적극적으로 표준화를 추진하고 있다. 결국, 이용자의 다양한 요구에 유연하게 대처하기 위한 분산처리 지향의 컴퓨터 네트워크를 효율적으로 구축하기 위해서 어떤 기능을 어떻게 매치할 것인가 또한 이러한 기능을 실현하기 위해서는 어떤 프로토콜을 채용해야 하는가 등에 초점을 맞추어 가고 있다.

(2) 프로토콜의 중요성

단일의 컴퓨터 시스템에서 단말-센터 간에 프로토콜은 효율성을 높이기 위한 것이라면 어떤 결정을 해도 좋다. 그러나 두 개의 시스템 간이나 그 이상의 시스템 간에 통신을 하려는 경우라면 각각의 프로토콜이 다른 경우에는 자유스러운 통신이 되지 않는다. 네트워크상에서 통신을 하기 위해서는 모든 시스템 간에 알맞은 프로토콜이 필요하다. 프로토콜은 상대와의 약속이 있기 때문에 시스템과 시스템 사이에 혹은 프로그램 상호 간에 각각의 대상끼리 사이의 약속을 만들지 않으면 안 된다. 그래서 이 프로토콜로 다른 기종 상호 간에 자유롭게 효율적인 통신을 하기 위해 통일된 프로토콜의 표준화는 빠질 수 없는 중요한 사항이다. 더욱더 계층화된 경우에는 그 경계와 그사이에 교환이 필요하게 되며 이것을 층간에 인터페이스라고 한다. 네트워크 아키텍처를 계층 구조에 따라 프로토콜을 정하고 보다 좋은 범위에서 정보 통신이 가능하도록 표준화가 진전되고 있다.

네트워크의 아키텍처의 표준화는 통신 측에서는 CCITT가 주관되고 또 ISO(International Organization for Standardization: 국제 표준화 기구)는 정보처리 측면에서 검토가 별도로 시작되었지만, 현재는 공동으로 표준화 작업이 진행되고 있다.

금은 이름이 ITU-T(For Telecommunication Standardization Sector of the International Telecommunications Union)로 바뀌었다. 스위스의 제네바에 본부를 두고 있다.

아무래도 국제기구 이기 때문에 급속한 진전은 기대하기 어렵지만 차츰 결과가 나오고 있다. 타 기종 간에 통신을 가능하게 하기 위한 네트워크 아키텍처의 표준으로 개방형 시스템 간에 상호 접속(OSI: Open System Interconnection)이 발표되었다. OSI는 먼저 통신의 제 기능을 몇 개의 계층으로 분류해서 표준화 줄거리를 결정하고 다음 각각의 줄거리 내에서 상세 부분을 결정해 가는 방법을 취하고 있다.

(3) 프로토콜의 기능

프로토콜은 사용 목적과 종류에 따라 다양한 기능의 종합으로 이루어지며, 모든 프로토콜에 모든 기능이 다 있는 것은 아니고 경우에 따라서는 몇 가지 같은 기능이 다른 계층의 프로토콜을 나타내기도 한다.

① 세분화와 재합성(Fragmentation Packetization And Reassembly)

긴 메시지 블록을 전송에 용이 하도록 세분화하여 전송하며, 수신 측에서는 세분된 데이터 블록을 원래의 메시지로 재합성 시키는 기능이다. 이때 두 개의 실체간에 교환되는 세분화된 데이터 블록을 프로토콜 데이터 단위(PDU: Protocol Data Unit)라고 한다.

② 캡슐화(Encapsulation)

각 계층의 프로토콜에 적합한 데이터 블록은 데이터와 제어 정보를 갖고 있지만 때로는 제어 정보만으로 구성되는 PDU도 있다. 이때 사용되는 제어 정보는 다음 3가지가 있다.

- 주소: 발신자와 수신자의 주소가 명시된다.
- 오류검출부호: 오류를 검출하기 위해 프레임을 검사하는 절차도 있다
- 프로토콜제어: 프로토콜 기능을 구현하기 위한 별도의 정보가 필요하다.

③ 연결 제어(Connection control)

연결 제어란 두 통신 실체 간에 관련을 맺는 것으로 연결 확립(Connection Establishment), 데이터 전송(Data Transfer), 연결 해제(Connection Termination)와 같은 3단계의 과정을 거친다.

④ 흐름 제어(Flow control)

흐름 제어는 수신 실체가 송신 실체의 데이터 전송량이나 전송속도 등을 조절하는 기능이다. 이와 같은 가장 간단한 흐름 제어는 정지/대기 방식으로 매 PDU을 적용한 후 수신 측의 확인 신호(ACK)를 받기 전에는 전송할 수 없게 한 것이다. 즉 보다 효과적인 프로토콜 방식은 ACK를 수신하기 전에 보낼 수 있는 데이터 양을 정해준다.

⑤ 오류 제어(Error control)

오류 제어는 전송 도중에 발생 가능한 오류들을 검출하고 정정하는 기능으로 대부분의 오류 제어는 프레임 순서를 검사하여 오류를 찾고 PDU를 재전송한다.

⑥ 동기화(Synchronization)

동기화란 연결된 통신국 간의 타이밍을 맞추는 기능 즉 2개의 실체가 같은 상태를 유지하는 것이다. 여기서 상태란 초기화 상태, 검사 전 상태, 종료 상태 등을 말하는데, 2개의 프로토콜 실체가 동시에 명확히 정의되어야 한다.

⑦ 순서 결정(Sequence)

순서 결정이란 전송하는 데이터들의 송수신 순서가 어긋나지 않도록 흐름 제어 및 오류 정정을 용이하게 하는 기능이다. 이 순서 결정의 목적은 순서에 맞는 전달, 흐름 제어, 오류 제어 등이다.

⑧ 주소 설정(Addressing)

주소 설정은 송·수신국의 주소를 명기함으로써 정확한 목적지에 데이터가 전달되도록 하는 기능으로서 그 예를 든다면 방송에서 각 스테이션은 자기의 고유 번호를 갖는 패킷을 찾으며, 교환망에서는 데이터의 올바른 전달이나, 연결의 확립을 위해서는 목적지 스테이션을 확인해야 한다.

⑨ 다중화(Multiplexing)

다중화란 하나의 통신로를 다수의 가입자가 동시에 사용할 수 있게 하는 기능이다. 프로토콜 연결의 다중화는 1:1 대응과 두 방향으로 일어날 수 있는데, 이는 상향 워드 다중화(Upward Multiplexing)와 하향 워드 다중화(Downward Multiplexing)가 있다.

상향 워드 다중화는 여러 개의 상위레벨을 다중화하거나 하나의 하위레벨을 연결하여 공유하는 것이고, 하향 워드 다중화는 분활 이라고 불리기도 하는데 하나의 상위레벨 연결이 복수 개의 하위레벨 서비스를 이용하여 이루어지는 경우이다. 이때 상위레벨의 연결 트래픽이 여러 개의 하위레벨 연결로 분할되는데 이는 신뢰성, 효율성, 성능 향상 등을 좋게 한다.

⑩ 전송 서비스

프로토콜은 실체가 사용되도록 별도의 부수적인 서비스를 제공할 수 있는데 그 예는 다음과 같다.

- 우선순위(Priority): 메시지 단위로 우선순위가 높은 메시지 순으로 전송
- 서비스등급: 서비스 등급에 따라 서비스
- 보안성(Security): 액세스 제한 등의 보안 체제를 구현

(4) IP주소

인터넷상의 공통적인 프로토콜로 대표적인 것이 IP(Internet Protocol)이다. IP는 일반적으로 TCP/IP라고 하는 프로토콜 계층 구조를 가지며, OSI7 계층 구조의 네트워크 계층에 해당한다.

인터넷에 연결된 모든 컴퓨터는 고유한 번호를 가지게 되는데 이것이 IP주소이다. 즉 네트워크에서 데이터가 진행할 경로를 TCP/IP의 IP 계층에서 결정하

[표 2.1] IP 클래스

구분	내용
A 클래스	A클래스로 IP주소를 할당 받게 되면 IP주소를 형성하는 네 개의 바이트 가운데 맨 처음 바이트만 할당 받는다. 그리고 나머지 세 바이트 값은 할당 받은 곳, 즉 기업 내에서 마음대로 사용할 수 있다. 따라서, A클래스로 할당 받게 되면 무려 16,770,000개가 넘는 IP주소를 사용할 수 있는데 국가나 지역별로 할당할 때 사용하는 방법이다.
B 클래스	B클래스로 IP주소를 할당 받게 되면 IP주소를 형성하는 네 개의 바이트 가운데 처음 두 바이트를 NIC로부터 할당 받게 된다. 그리고 나머지 두 바이트의 값은 할당 받은 곳, 즉 기업 내에서 마음대로 사용할 수 있다. 따라서 B클래스로 할당 받게 되면 65,000개가 넘는 IP주소를 사용할 수 있는데 대규모 회사나 연구소 조직에서 사용하고자 할 때 할당 받으면 된다.
C 클래스	C클래스로 IP주소를 할당 받게 되면 IP주소를 형성하는 네 개의 바이트 가운데 처음 세 바이트를 NIC로부터 할당 받게 된다. 그리고 나머지 한 바이트의 값은 할당 받은 곳, 즉 기업 내에서 마음대로 사용할 수 있다. 따라서 C클래스로 할당 받게 되면 256개의 IP주소만 사용할 수 있다. 소규모 회사나 연구소 조직에서 사용하고자 할 때 할당 받으면 된다.
D 클래스	NIC로부터 IP주소를 형성하는 네 개의 바이트를 모두 지정 받는 것이다. 실제로 이와 같이 되는 경우는 거의 없다. 아무리 소규모라도 보통 C클래스의 IP주소를 할당 받기 때문이다.

는 데 사용되는 번호이다. 다시 말해 IP주소는 인터넷에 연결된 모든 컴퓨터가 가지고 있는 숫자로 된 고유한 주소로 도메인 네임을 컴퓨터가 인식하도록 IP주소로 변환해야만 한다. IP주소는 국내에 할당된 IP주소 할당 상황에 따라서 주기적으로 APNIC[4]에서 추가로 할당 받아오기 때문에 국내에서 보유하고 있는 IP주소는 KRNIC의 IP주소 할당서비스가 시작된 1993년부터 누적된 수치이다.

IP주소는 보통 2의 8제곱의 4제곱(32 Bit)로 구성되며, 사람이 인식할 수 있도록 8 Bit를 10진수로 표현한다. 각 숫자 단위 사이를 Dot(.)으로 구분하며, 4개의 숫자(예 210.100. 244.1)를 사용해 IP주소를 표시한다. Internet 상의 Subnet을 지칭하는 부분(Subnet-ID)과 Subnet 상의 Host를 지칭하는 부분(Host-ID)으로 나누어진다. 이론적으로 연결 가능한 최대 컴퓨터는 4,294,967,296대이며 현재 IP주소의 할당 방법은 해당 기관의 네트워크 규모에 따라 다른 형태로 구분한다.

4) APNIC(Asia Pacific Network Information Center)는 아시아 태평양 지역의 주요국가가 함께 운영하는 조직으로 IP주소 할당, 메일링 리스트 운영 및 FTP서비스 등을 관리한다.

0~255의 숫자 가운데 0과 255는 보통 IP 주소로 사용되지 않는다. 이는 특별한 의미를 갖는 다른 용도로 사용되기 때문이다. NIC로부터 IP주소를 할당 받을 때에는 크게 네 가지 방법이 있다. 이는 IP 주소를 이루고 있는 네 개의 바이트 중에서 처음 몇 개의 바이트를 할당 받는가에 따라 나누어 지는데, 이들을 각각 A클래스, B클래스, C클래스, 그리고 D클래스라고 한다. 이들의 의미는 표 2.1과 같다.

IP를 할당 받았으면 이를 관리하는 부서나 사람이 있어야 한다. 그렇지 않으면 두 컴퓨터가 같은 IP주소를 사용하는 IP주소 충돌이 발생하게 되어 많은 문제점을 일으킬 수 있다.

(5) OSI(Open System Interconnection) 참조 모델

OSI(Open System Interconnection)는 1977년 국제 표준화 기구(ISO: International Organization for Standardization)에서 Vendor에 관계없이 네트워크에서 사용될 수 있는 데이터 통신 표준을 만들기 위한 위원회를 구성했다. OSI 참조 모델은 시스템들의 연결을 목적으로 하는 데이터 통신 작업을 몇 가지로 분할하고 각 계층은 서로 다른 기능을 제시하기 위해서 개발된 것이다. OSI의 목적은 네트워크 장비를 제조하는 업체들이 자신만의 독자적인 방식을 추구하기 위해 각기 다른 방식으로 네트워크 장비를 개발한다면 서로 다른 네트워크 장비와 통신을 할 수가 없을 것이다. 예를 들어 Cisco 라우터와 IBM 라우터가 OSI 참조 모델을 지키지 않고 자기 자신만의 독자적인 방법으로 제품을 만들었다면 서로 다른 이 두 장비는 통신할 수가 없기 때문에 이런 문제점 들이 발생하지 않기 위해서 모든 네트워크 장비들은 제한적이고 특정한 부분은 독자적으로 변경할 수가 없다. 이 규칙을 사용하여 서로 다른 네트워크 장비와 아무런 제약을 받지 않고 원격지 호스트 간 데이터 통신을 가능하게 하는 것이다. OSI 참조 모델은 7계층으로 나누어져 있는데 각각의 계층은 서로 다른 기능을 제공한다. OSI 참조 모델 7개의 계층에서 어플리케이션과 프리젠테이션 레이어 그리고 세션 레이어를 상위계층이라고 부르며, 트랜스포트, 네트워크, 데이터 링크 레이어 그리고 물리적 레이어를 하위 계층이라고 부른다. 하지만 실질적으로 사용하는 레이어는 8개 계층 이라고도 할 수가 있다. 응용 계층 위에 바로 응용 프로세스 계층이라는 것이 있는데, 이것은 컴퓨터로 인터넷을 하거나 이 메일을 보낼 때 응용 계층으로 전달해주는 계층이라고 생각을 하면 된다.

[표 2.2] OSI 계층별 역할

계층	역할
Application Layer (7계층: 애플리케이션 층)	여러 가지 서비스를 제공한다. 사용자로부터 정보를 입력 받아 아래 계층으로 전달하고, 아래 계층에서 보내 주는 정보를 사용자에게 전달한다. 파일 전송이나 전자우편 등의 사용자에게 가장 가까운 서비스를 제공한다. 이 계층의 목적은 응용 프로그램에 통신 기능을 제공하는 것이다. 사용자가 실행하는 프로그램이다.
Presentation Layer (6계층: 표현 층)	사용자가 주는 정보를 통신에 적당한 형태로 변환하고, 세션층(작업 층)에서 전달한 정보를 사용자에게 맞게 변환한다. Application Layer의 다양한 표현 양식을 범용적인 전송 방식으로 전환하고, 암호화, 데이터 압축들의 기능을 수행한다. Presentation Layer는 Application Layer에서 사용하는 추상 구문을 전송 구문으로 변환하고, 반대로 전송 구문을 추상 구문으로 변환하는 기능을 수행한다.
Session Layer (5계층: 작업 층)	정보가 흐르는 통로를 만들거나 폐쇄한다. 암호를 확인하거나 속도 조절을 행한다. Session Layer는 상위 층에 필요한 전송 제어 기능을 제공한다. 어떤 컴퓨터와 컴퓨터 통신을 할 것인지, 데이터 전송 제어, 에러 복구 제어 등의 기능을 담당한다.
Transport Layer (4계층: 전송 층)	정보의 전달을 관리, 감독한다. 네트워크 계층에서 온 정보를 세션층의 어느 애플리케이션에 보낼 것인가 판독하고, 네트워크 계층으로 나가는 경우는 경로를 선택한다. 시스템들이 정보를 주고 받을 때 두 가지 기능이 필요하다. 첫 번째는 한 시스템에서 다른 시스템으로 데이터를 전송하는 통신기이고, 두 번째는 두 시스템이 공동으로 협력하여 어떤 목적을 위해 처리하는 응용 기능이다. 이러한 처리를 위해 두 시스템은 서로 어떤 데이터를 주고 받는다. 이러한 두 가지 기능을 효율적으로 대응할 수 있는 것이 Transport Layer이다.
Network Layer (3계층: 네트워크층)	정보가 전달될 상대의 주소를 찾고 나에게 온 정보의 주소를 확인하여 내 것이면 전송층으로 전달한다.
Data Link Layer (2계층: 데이터 링크 층)	네트워크 계층에서 확인한 주소의 상대와 물리적 연결을 위한 통로를 열고 유지한다. 에러를 검출하고 수정한다.
Physical Layer (1계층: 물리 층)	데이터를 비트 단위로 쪼개어 전기적 신호로 변환한다. 케이블과 바로 연결되는 물리적인 부분으로 비트 정보의 데이터들을 기계적, 기능적, 절차적 특성을 갖는 물리적 매체를 통해 전송한다. 이 계층은 물리적인 하드웨어 케이블의 전압과 핀 연결 정보를 가지고 있다.

(6) TCP/IP

TCP/IP는 문자 그대로는 전송제어프로토콜(Transmission Control Protocol) 인터넷 프로토콜(Internet Protocol)을 의미한다. ISO의 7계층 구조에 의하면 TCP는 계층4에 그리고 IP는 계층3에 해당되는 프로토콜의 이름이다. 그러나 보통 우리가 TCP/IP라고 말하면 이는 계층3, 계층4 프로토콜민 애기하는 것이 아니라 TCP/IP 프로토콜 조합(Protocol Suit)을 의미하는 경우가 대부분이므로 여기에는 ISO의 계층5,6,7에 해당하는 여러 가지 응용 프로토콜과 계층3, 계층4에 있는 또 다른 프로토콜까지가 포함된다. 다시 말하면 오늘날 인터넷을 움직이는 통신 소프트웨어의 뼈대가 되는 모든 프로토콜을 말하며 이는 망 구조(Network Architecture)에 해당된다. 따라서 TCP/IP와 인터넷을 따로 떼어놓고 생각하는 것은 불가능하다.

2.1.3 네트워크의 네트워크, 인터넷(Internet)

(1) 인터넷 서비스

인터넷을 통해 제공할 수 있는 서비스는 매우 다양하다. 인터넷의 가장 기본이 되고 널리 알려진 것은 전자우편인 Email 서비스, 컴퓨터 상호 간 파일 송수신을 위한 FTP, 원격 시스템 로그인을 위한 TELNET, 사용자 상호 간 정보교환을 위한 USENET NEWS 등이다.

인터넷 사용자가 늘어남에 따라 인터넷에서 구할 수 있는 정보 또한 빠른 속도로 늘어나고 있다. 물론, 새롭고 다양한 서비스가 탄생하고 있으며, 기존의 서비스들은 더욱 발전해 가고 있다.

① 전자우편(E-mail)

전자우편이란 컴퓨터망에 가입된 사용자들이 종이와 우편배달부 대신 컴퓨터와 전기적인 통신매체를 통해 편지를 주고받는 기능이다. 여러 측면에서 전자우편 E-mail은 일반 우편 편지와 매우 유사하다. 즉 다른 사람에게 어떤 정보를 보내기 위해 사용하는 것이다. 일반 우편은 배달부에 의해서 전달되지만, E-mail은 컴퓨터 통신망을 통하여 전달된다. 물건을 보내는 것을 제외하고는 일반 우편과 마찬가지로 여러 목적으로 E-mail을 사용할 수 있다. 무엇보다도 중요한 것은 상대에게 전달되는데 경우에 따라 수초 혹은 몇 분밖에 걸리지 않는 다는 것이다. E-mail을 이용하면 특정 이용자에 대하여 자동적으로 답변을 하는 메일 서버라는 특별한 컴퓨터와 통신할 수 있는데, 이를 통해 사용자의 정보나 파일을 주고받을 수 있다.

② 원격 시스템 접속(Telnet)

컴퓨터 원격 접속은 특정 지역의 사용자가 다른 곳에 있는 컴퓨터를 온라인으로 연결하여 사용하는 서비스를 말한다. 일단 원격시스템에 연결되면 이용자는 마치 하드웨어적으로 직접 연결된 단말기에서처럼 연결한 원격 컴퓨터를 사용할 수 있다. TCP/IP 프로토콜 체계에서, 이러한 기능을 'TELENET'이라 불리는데, 인터넷 사용자는 TELENET을 이용해 다양한 도서 데이터베이스와 여러 대학의 정보 시스템, 문자전용 데이터베이스, 데이터 파일 및 기타 다양한 온라인 서비스를 제공 받을 수 있다. 인터넷의 일반 사용자들은 자기의 고유 계정이 없이도 이와 같은 다양한 서비스를 제공하는 많은 시스템들을 접속할 수가 있는 것이다.

③ 파일 송수신(FTP)

지역적으로 멀리 떨어져 있는 경우 또는 디스켓이나 마그네틱테이프 등을 사용할 수 없는 컴퓨터에 있는 자신의 계정 또는 익명의 계정으로 원하는 파일을 전송할 수 있는 서비스이다. 인터넷에서 파일 송수신을 위하여 FTP(File Transfer Protocol)가 있는데, 보통 파일 송수신을 위한 소프트웨어의 이름 또한 FTP를 사용한다. FTP를 이용하면 전 세계 어느 곳에 있는 컴퓨터와 파일을 쉽고 빠르게 송수신할 수 있다. FTP를 사용하기 위해서는 일단 호스트 컴퓨터의 계정을 갖고 있어야 하며, 파일을 송수신 하고자 하는 상대 호스트로 접속하여 송수신하고자 하는 상대 호스트의 계정과 패스워드를 알고 접속해야 한다. 상대 호스트에 특정 계정으로 접속한 뒤 FTP의 여러 명령어를 이용하여 파일을 송수신할 수 있다.

그러나 정해진 패스워드가 없이 누구나 접속하여 파일을 자유스럽게 송수신할 수 있는 특별한 계정이 있는데, 그것은 무명이란 뜻의 'Anonymous' 계정이다. 패스워드로는 대게 접속하는 사람의 E-mail 주소를 입력하면 된다.

④ 전자 게시판(Usenet News)

일종의 전자 게시판으로서 다수의 사용자들 각 분야별로 공지사항 및 최신정보를 게시, 검색할 수 있게 해주는 기능으로 세계 최대 뉴스 서비스망인 USENET의 학술, 취미, 정치, 사회 종교 등 수천 개의 뉴스 그룹과 정보를 교환할 수 있다. USENET은 공식적인 이름이며, Netnews는 인터넷상의 몇몇 Host들이 사용하는 분산된 컴퓨터정보서비스에 대한 일반화된 비공식적인 이름이다. USENET은 오로지 News만을 다루며 mail은 취급하지 않는다. 엄밀히 말해서, USENET은 인터넷의 일부분이 아니다. Netnews는 Mail로 전송되어야 했을 Traffic을 경제적으로 전송하기 위한 유용한 도구가 될 수 있다.

⑤ 메일링 목록, 전자우편을 이용한 정보입수(Mailing List)

전자우편의 부가기능으로서 특정 분야에 관심이 있는 사용자 간에 그룹을 형성하여 해당 분야별로 최신정보 및 의견을 교환할 수 있도록 할 수 있다. 가입신청은 해당 site의 Postmaster에게 전자우편으로 신청할 수 있다. Mailing List란 복수의 목적지를 갖는 별명에 불과하다. Mailing List는 일반적으로 특정 주제에 대한 토론 등을 위해서 만들어진다.

그 주제에 관심이 있는 누구든지 그 List에 등록하여도 무방한 것이 일반적이다. 몇몇 Mailing List들은 회원자격에 대한 제한을 가지고, 또 다른 Mailing List는 메시지의 내용에 대한 제한을 가지기도 한다. 가장 큰 "Public" Mailing List인 IETF[5]와 TCP-IP는 Mailing List에 등록하거나 삭제하는 것을 요청하는

5) Internet Engineering Task Force, 인터넷 표준규격을 개발하고 있는 미국 IAB(Internet Architecture Board) 산하의 조사위원회

별도의 Mail Address를 가지고 있다.

⑥ 고퍼(Gopher)

고퍼는 인터넷 위에 존재하는 수많은 자원이나 정보를 메뉴를 이용하여 간결하고 일관된 방식으로 검색하여 주는 인터넷의 새로운 자원 검색 도구이다. 즉, 앞에서 설명한 다른 서비스와는 달리, 단지 고퍼 메뉴에 나와 있는 항목을 선택함으로써, 우리가 원하는 서비스를 제공받을 수 있다.

⑦ WWW(World Wide Web)

인터넷에서 가장 많은 각광을 받는 서비스가 있다면, 바로 WWW(World Wide Web)이다. WWW(또는 W3)는 전 세계에 퍼져 있는 인터넷 내의 정보들을 하이퍼텍스트를 이용하여 서로 "거미줄처럼" 연결해 주고 있으며, 기존의 FTP, 고퍼, 뉴스 서버들과도 연결되어 있다. 하이퍼텍스트란 다른 자료로의 링크(Link)를 포함하고 있는 자료를 말하는데, WWW에서 하이퍼텍스트 문서라 하면, 어떤 자료를 가지고 있고, 또 다른 문서로의 링크를 가지고 있는 문서를 가리킨다. 이러한 하이퍼텍스트 문서를 읽는 프로그램을 브라우저라고 한다. 이러한 문서들이 단순한 문자뿐만 아니라, 그림, 음성, 동화상 등의 다양한 형태의 자료를 포함하고 있을 때, 하이퍼미디어(Hypermedia)라고 부른다. 실제로 WWW는 하이퍼미디어 형태로 자료를 보관하고 있다.

⑧ 인터넷 전화

인터넷을 이용해서 마치 일반 전화처럼 다른 사람과 음성통화를 할 수 있는 서비스로서, 국제통화를 할 경우 매우 경제적이다. 쉐어웨어(Shareware)도 제공되고 있지만, 그 성능이 좋지 않기 때문에, 100불 미만으로 구입할 수 있는 상용 소프트웨어를 구입해서 이용하면 좋겠다. 이스라엘의 통신 소프트웨어 업체인 보컬텍사는(Vocaltec.com) 인터넷상에서 양방향 음성 통신을 가능케 하는 소프트웨어 '인터넷 폰' 은 마이크로폰과 사운드 카드를 장착한 컴퓨터에 사용해 인터넷을 통한 음성 통신을 가능케 함으로써 국제전화를 대신해 사용해 볼 수 있다. 초기 버전은 무전기처럼 한 사람씩 번갈아 이용할 수 있었으나 1995년 이후 동시에 쌍방향으로 이야기할 수 있는 버전이 나왔다. 예로써 다이얼패드라는 서비스가 있었다. 현재는 VOIP(Voice Over IP)의 상용화로 인터넷 전화의 사용이 대중화되었으며, 통화 품질도 매우 향상되어 일반 전화와 비교해도 손색이 없다.

⑨ 인터넷 영상회의 서비스

인터넷에서 손쉽게 여러 사람과 동시에 영상회의를 할 수 있는 서비스로서, 미국 코넬 대학에서 개발한 소프트웨어를 이용하면 된다. 현재 PC와 Mac 버전이 나와 있는데, 누구나 Ftp를 이용해서 입수하여 사용할 수 있다. 특히 Mac 버전의 경우 설치와 그 사용이 매우 쉽다. 카메라나 녹음기능이 없는 컴퓨터에서는 비록 자기의 음성과 모습은 전달할 수 없지만 다른 사람들의 회의나 대화 내용을 시청할 수 있다. 특히, NASA(미국 항공우주국, National Aeronautics and Space Administration)의 Reflector를 접속하면, 지구궤도를 돌고 있는 위성으로부터의 실시간 영상 데이터를 볼 수도 있다.

(2) 인터넷 기반기술

① 인트라넷

Intra(기업 내부)의 Net = Intranet: 기업 내부망 구축을 인터넷을 바탕으로 함으로써, 기업 내부의 업무 및 정보처리를 효율적으로 하고자 하는 개념. 인트라넷(Intranet)란 기업 내부의 네트워크를 인터넷과 통합함으로써 업무의 효율화를 위한 새로운 개념이다.

인터넷이 상용화되고 유용성이 검증됨에 따라 인터넷을 도입하는 기업이 빠르게 증가함에 따라 도입된 개념이다. 이는 지금까지 따로 사용했던 사무용 프로그램과 인터넷프로그램을 통합한다는 개념. 즉 인터넷을 사용하면서 그 안에서 사내 메일을 보내고 문서작성 표 계산 자료보관 등을 할 수 있다. 즉 프로그램을 옮겨 다닐 필요 없이 인터넷 프로그램 하나로 모든 업무와 정보획득이 가능하다는 것이다. 또 일반 네트워크를 까는 것보다 값도 훨씬 유리하다.

② 엑스트라넷

Intra(기업 내부)의 Net = Intranet이 기업 내부망 구축을 인터넷을 바탕으로 함으로써, 기업 내부의 업무 및 정보처리를 효율적으로 하고자 하는 개념이라면 Extra(기업 외부)의 Net = Extranet은 인터넷을 통하여 관련 업체간의 효율적인 네트워크 구성의 개념이다. 즉, 엑스트라넷은 협력업체끼리는 마치 자사의 전산망을 사용하듯 상대방의 전산망에 접속하여 업무를 처리할 수 있도록 함으로써 관련 기업 간의 효율적인 업무처리를 할 수 있도록 하자는 것이다. Extranet은 각 협력 기업 간의 인트라넷 간을 인터넷으로 연결함으로써 구축할 수 있는데, 이때 가장 중요한 점으로 외부 보안을 유지할 수 있어야 한다. Extranet을 이용함으로써 보안의 문제가 많은 인터넷과 Firewall(방화벽) 등을 통해 사용범위가 제한되는 인트라넷의 한계를 동시에 극복할 수 있다.

(3) 인터넷 장비

인터넷은 각 기관의 TC/IP를 사용한 LAN으로 구성된 서브 망들이 서로 거미줄처럼 연결되어 거대한 컴퓨터 통신망으로 확장된 것이다. 주요 장치의 기능에 대해 알아보면 다음과 같다.

① 서버(Server)

망을 구축할 때 시스템의 자원을 관리하고 최적의 사용환경을 만들기 위해서는 서버들을 구축하는 것이 좋다. 일반적으로 서버라고 하면 다른 프로그램에게 서비스를 제공하는 컴퓨터 프로그램을 말한다. 서버 프로그램이 실행되고 있는 컴퓨터 하드웨어도 역시 서버라고 불린다(그 컴퓨터에서 여러 개의 서버나 클라이언트 프로그램이 동시에 운영되는 경우도 있다). 망에서 사용할 수 있는 서버는 파일 서버, 프린트 서버, 데이터베이스 서버, 응용프로그램들의 서버 등이 있다. 이러한 서버들은 자신이 담당한 자원(프린터, 데이터베이스 등)의 사용을 요구하는 클라이언트가 있을 때 그 요구에 상응하는 작업을 하거나 요청하는 자료를 전송해 준다.

클라이언트의 수가 5~20대 정도인 소규모 LAN의 경우에는 1대의 서버로 충분히 모든 서비스를 소화할 수 있으나, 대규모 LAN의 경우에는 여러 대의 서버를 배치하고, 파일 관리는 파일 서버, 프린터 제어는 프린터 서버, 인터넷 등의 외부와의 교환은 커뮤니케이션 서버가 담당하는 등 각각 역할을 세분하게 된다.

② 라우터(Router)

라우터는 LAN과 LAN을 연결하여 전용회선을 통해 LAN에 연결된 모든 컴퓨터가 동시에 인터넷을 이용할 수 있게 해준다. 둘 이상의 망을 서로 연결할 때 라우터를 이용한다. 라우터는 패킷을 목적지까지 전송할 때 어떤 경로를 선택하는 것이 가장 적절한지 선택해 주는 기기이다. 즉 적절한 전송경로를 선택하고 선택된 경로를 통하여 패킷을 전달하는 장치를 말한다. 라우터의 장점은 관리 방침에 따라 라우팅 방식이 결정, 전체 네트워크의 성능이 개선된다는 것, 알고리즘에 따라 자동으로 경로가 결정되어 유지보수가 용이하다는 것, 네트워크 형상에 구애 받지 않으므로 대규모 네트워크 구성이 용이하다는 것을 들 수 있다. 반면 단점으로는 초기 환경설정이 어렵고 특정 프로토콜이나 하위 프로토콜 지원이 불가능하고 복잡하므로 가격이 비싼 것이다.

③ 브릿지(Bridge)

브리지는 데이터 링크 접속기기로 동일한 통신 규약을 사용하는 두 개의 네트워크를 연결하는 장치이다. 경우에 따라서는 브리지와 라우터를 합성하여 브라우터라는 말을 쓰기도 한다. 브리지는 하나의 네트워크를 두 개의 세그먼트로 나누었을 때 이 세그먼트들을 링크계층에서 붙여주는 역할을 한다. 브리지나 라우터를 포괄하는 보다 상위의 추상적 개념으로는 게이트웨이라는 용어를 사용한다.

④ 게이트웨이(Gateway)

게이트웨이는 다른 네트워크으로 들어가는 입구 역할을 하는 네트워크 포인트이다. 서로 다른 통신 규약을 사용하는 망간에 연결하기 위하여 자신이 통신 규약을 상대편의 통신규약으로 바꾸어 주는 일을 하는 장비이다.

라우팅의 관점에서 보면 인터넷은 많은 게이트웨이 노드들과 호스트 노드들로 구성된 네트워크라 할 수 있는데, 네트워크 사용자들의 컴퓨터들과 웹 페이지와 같은 콘텐츠를 제공하는 컴퓨터들이 바로 호스트 노드들이며, 일반 회사의 네트워크 내에서 트래픽을 통제하는 컴퓨터들이나, 인터넷 서비스제공자들의 컴퓨터가 바로 게이트웨이 노드들이다. 한 회사의 네트워크에서는 게이트웨이 노드 역할을 하는 컴퓨터가 프럭시 서버[6]나 방화벽 서버의 역할을 함께 수행하는 경우도 종종 있다. 게이트웨이는 라우터나 스위치 등의 사용을 필요로 한다.

2.1.4 이동통신의 발전

고도 정보화 사회로 진행되는 과정에서 정보통신은 사회 기반구조로서 중요성을 더해 가고, 통신서비스는 유선통신에서 이동성을 중시한 무선통신으로 이동하였다. 이동통신은 90년대를 경계로 하여 빠른 속도로 성장 또는 변화를 해 왔으며 그 과정은 1세대 아날로그 시스템에서 2세대인 디지털 방식으로 변화되어 데이터 중심의 3세대 이동통신(WCDMA) 시대를 지나 현재 WiMAX/LTE 방식의 4세대 통신으로 진입하였으며, 2020년에는 5세대 이동통신이 시작될 예정이다.

[표 2.3] 이동통신의 발전과정

<table>
<tr><th>구분</th><th>1세대</th><th>2세대</th><th>3세대</th><th>4세대</th><th>5세대</th></tr>
<tr><td>유럽 방식
(비동기식)</td><td rowspan="2">아날로그</td><td>GSM</td><td>WCDMA</td><td>LTE</td><td>?</td></tr>
<tr><td>미국 방식
(동기식)</td><td>CDMA</td><td>CDMA 2000</td><td>와이브로</td><td>?</td></tr>
<tr><td>최고
전송 속도</td><td>14.4kbps</td><td>144kbps</td><td>14Mbps</td><td>75Mbps</td><td>1Gbps</td></tr>
</table>

6) 인터넷을 사용하는 기업에서, 프록시 서버는 PC 사용자와 인터넷 사이에서 중개자 역할을 수행하는 서버로서, 보안이나 관리적 차원의 규제 그리고 캐시 서비스 등을 제공한다.

구분	1세대	2세대	3세대	4세대	5세대
기능/서비스	음성	음성 텍스트 문자	음성 문자 화상통화	3세대 기능 데이터 활용 실시간 동영상	4세대 기능 홀로그램 사물인터넷 입체 영상
상용화 시기	1984년	2000년	2006년	2011년	2020년

(1) 1세대 이동통신(1G)

1세대는 200~900MHz의 주파수 대역에서 10Kbps의 속도로 음성을 전송하며 AMPS(미국), TACS(영국), NMT(스웨덴) 등의 기술 방식으로 운영되었으며 AMPS 방식은 1983년 미국에서 상용화되었고, 이후 다른 지역으로 전파되었으며 우리나라에서도 1984년 AMPS 방식의 이동통신 서비스가 시작되었다.

1세대 이동통신 기술은 주파수 분할 다중 접근 방식(FDMA)을 쓰는 AMPS는 북미에서 셀이라는 공간을 할당해 사용자들로 하여금 통신하도록 하는 아날로그 셀 방식 전화 시스템이었으나 아날로그 음성통신 방식으로 데이터 통신이 불가능했으며, 잡음이 많이 생기고, FDMA만 써서 각 사용자 마다 주파수를 할당해줘야 하기 때문에 주파수 효율의 문제점과 단순히 FM변조를 썼기 때문에 보안성 문제도 있었다.

이러한 1세대 이동통신의 경우 주파수의 부족 및 아날로그 통신 방식이라는 기술적 한계로 많은 가입자의 수용이 불가능하였다. 따라서 1세대 이동통신의 경우 요금이 비쌀 수밖에 없었으며 대중화도 원천적으로 불가능 하였다. 또한 통화 중 끊김이나 잡음 발생 등 통화품질도 좋지 않았으며 통신 기밀이 제대로 보장되지 않는 등의 문제점도 지니고 있었다. 서비스의 내용도 오직 음성통화에만 국한되어 문자메시지의 전송과 같은 기본적인 데이터 서비스도 제공되지 못했다.

전화만 가능하던 1세대 통신은 아날로그 방식으로, FDMA(Frequency Division Multiple Access)를 이용한 최초의 무선 음성 서비스이다. 하지만 굉장히 느린 전송속도로 인해 음성 외의 다른 정보는 보내기 어려웠다. 그리고, 점점 수요가 늘어나고 아날로그 방식으로는 감당하기 어려워지면서, 새로운 디지털 방식의 필요성이 제기되기 시작했다.

(2) 2세대 이동통신(2G)

2세대에서는 SMS(Short Message Service, 단문 메시지) 서비스 및 모뎀을 이용하면서 기본적인 데이터 서비스가 시작되었다. 2세대 이동통신 기술로는 GSM(Global System for Mobile)과 CDMA 방식이 가장 대표적이라 할 수 있다. 유럽을 중심으로 도입된 GSM 기술은 다중접속방식으로 시분할다중접속 방식(TDMA)을 사용하였으며 SIM 카드라 불리는 별도의 가입자 인증 모듈을 사용한다는 특징을 가졌다. 이러한 GSM 방식의 이동통신 시스템은 유럽 단일 표준으로 채택되면서 전 세계적으로 널리 활용되고 있다.

CDMA 방식의 경우는 우리나라에서 세계 최초 상용화된 이후 미국 및 아시아 국가를 중심으로 주로 사용되고 있는 기술방식이다. 무엇보다 주파수 이용 효율이 높아 기존 1세대 아날로그 방식보다 9~10배 더 많은 가입자의 수용이 가능하며 같은 2세대 기술인 GSM 방식보다도 더 용량이 높다고 알려져 있다. 또한, GSM에 비해 음성품질, 배터리 사용시간, 통신 보안성 측면에서 기술적으로 보다 우수한 측면이 있다.

2세대 이동통신의 또 하나의 특징으로는 무선 데이터 통신 서비스의 제공이 가능해졌다는 점이다. 디지털 방식을 사용함에 따라 음성통화와 함께 디지털 데이터의 전송도 가능해지면서 간단한 문자메시지(SMS)에서부터 다양한 무선 인터넷 서비스의 제공이 본격화된 것이다.

(3) 3세대 이동통신(3G)

3세대 이동통신은 기존 2세대 이동통신에서 제공되는 음성 및 저속 데이터 서비스뿐만 아니라 동영상, 영상 통화 등 다양한 멀티미디어 서비스를 제공할 수 있는 이동통신을 말한다. 3세대 이동통신은 1999년 국제전기통신연합(ITU)이 IMT-2000(International Mobile Telecommunications-2000) 기술표준을 제정하면서 2000년 이후 상용화되기 시작하였다.

증가된 데이터 전송 속도로 인해 음성 서비스에 국한되지 않고 멀티미디어 및 고속 데이터 전송 서비스 시대를 열게 되었다. 그리고, 3세대 이동 통신 시스템은 GSM과 TDMA(Time Division Multiple Access)를 기반으로 한 'EDGE(Enhanced Data for Global Evolution)', CDMA를 기반으로 한 유럽의 W-CDMA, 북미식인 CDMA2000을 중심으로 표준화가 진행되었다.

2005년 이후에는 기술방식의 진화에 따라 흔히 3.5세대 이동통신이라고도 불리는 기술들이 등장하였다. 특히 비동기식 3G인 WCDMA에서 진화하여 보다 높은 전송속도를 제공하여 고품질 멀티미디어 서비스의 제공이 가능한 HSD(U)PA(High Speed Download/Upload Packet Access) 기술이 본격 상용화되면서 3G 통신이 대중화되는 전기가 마련되었다.

한편 2007년에는 우리나라의 WiBro 기술을 포함하고 있는 Mobile WiMax 기술도 IMT-2000의 기술방식 중 하나로 포함되면서 3G 이동통신의 하나로 인정받게 되었다. 우리나라, 미국 등지에서 상용화되고 있는 Mobile WiMax(WiBro)는 기존 이동통신에 비해 보다 저렴한 요금으로 고속의 무선 인터넷을 제공할 수 있는 혁신적 기술로 인식되었으나, HSDPA의 등장 등 기존 이동통신 계열 기술의 급속한 발전으로 기술 간 차별성은 크게 좁혀진 상황이다.

(4) 4세대 이동통신(4G)

4G 이동통신은 3G 이동통신 이후의 새로운 주파수 대역과 무선 접속기술을 활용한 차세대 이동통신 시스템을 일컫는 용어로 사용되고 있다. 4G 이동통신은 이동 중에도 현 유선통신의 전송속도 이상의 무선 데이터 전송이 가능하며 다양한 네트워크와 끊김 없이(Seamless) 연계되어 유비쿼터스(Ubiquitous) IT 시대의 핵심 통신망으로 활용되고 있다.

4세대에서는 LTE를 기술 표준으로 삼아 멀티미디어 메시지 서비스, HDTV(High Density TV) 콘텐츠, 모바일 방송, 화상 통신 등의 서비스를 제공할 수 있게 되었다.

우리나라에서 서비스가 시작된 4G LTE(Long Term Evolution)는 다운로드 최대

75Mbps, 업로드 최대 37.5Mbps의 엄청난 속도를 제공한다. 처음 LTE 서비스가 나왔을 때 속도 문제로 진정한 4G가 아니라는 이야기도 있었다. 4G는 원래 정지상태에서 1Gbps, 고속 이동시 100Mbps의 데이터 전송속도를 갖는 규격이기 때문에 이보다 훨씬 떨어지는 속도를 제공하는 LTE는 4G가 아니라는 것이었다. 하지만 국제전기통신연합(ITU)이 2010년 12월 4G의 용어 개념에 대해 3G로 통칭하는 기술보다 월등히 발전된 기술을 4G로 포함시켜서 볼 수 있다고 발표하면서 LTE를 4G의 범주로 포함시키게 되었다. 그 이전에는 LTE-Advanced와 와이맥스2만을 4G로 인정하고 있었다. 지금도 여전히 LTE에 대해 4G로 인정하지 않고 'pre-4G' 또는 '3.xG'로 낮추어 이야기하기도 하지만 대부분이 LTE를 4G로 이야기하고 있다.

(5) 5세대 이동통신(5G)

5G의 서비스는 크게 모바일인터넷과 사물인터넷이 될 것이다. 모바일 인터넷은 4세대에서도 주요서비스가 되고 있는데, UHD와 홀로그램 등 데이터 전송속도가 매우 높은 서비스들이 안경 단말과 같이 보다 발전된 스마트기기와 결합되면서 대용량의 모바일인터넷 서비스를 창출할 것으로 보인다. 또한, 여기에 더하여 센서로 대표되는 MTC(Machine Type Communications)와 기기 간의 직접통신(D2D: Device To Device)이 활성화되면서 사물 인터넷이 활발해질 것이다.

5G 이동통신으로의 진화로 인해 다가올 미래에는 초고용량 실감형 데이터 서비스, 초 실시간 처리 서비스, 증강 현실 서비스, 초연결(Hyper-Connectivity) 통신 서비스가 가능할 것으로 예상된다. 구체적으로 5G 이동통신으로 서비스가 가능하게 될 것으로 예상되는 분야는 아래와 같다.

첫째, 5G 이동통신으로 대폭 증대된 전송속도로 인해 HD 해상도의 4배에 해당하는 4K-UHD(약 40Mbps), 16배에 해당하는 8K-UHD(약 160Mbps) 등의 초고용량 영상 콘텐츠가 보편화될 것으로 예상되며 장기적으로는 3D 영상 또는 홀로그램 서비스로 확대될 전망이다.

둘째, 5G에서는 네트워크의 지연 시간이 수 ms(micro second)로 줄어들게 되면서 사용자가 생각하는 순간 반응하는 양방향 초 실시간 서비스가 실현될 것으로 예상된다. 예를 들어, 의사가 직접 찾아가기 힘든 지역에서 환자 발생시 로봇을 통해 치료하는 원격 의료 서비스, 공장에서의 초정밀 자동화 시스템 및 센서, 동력전달장치, 조향장치, 브레이크장치 간의 연동이 필요한 자동 주행 차량 등 기기간 통신 서비스 활용도 가능할 것으로 예상된다.

셋째, 대폭 증대된 전송속도와 및 초 실시간 처리가 모두 가능하여 원격에 위치한 실제환경을 사용자의 위치로 가져오는 Teleportation이 가능해짐으로써, 현실에 가까운 실감 환경을 제공하는 AR(Augmented Reality), VR(Virtual Reality) 서비스가 가능하게 된다.

넷째, 5G 초 연결 기술을 기반으로 IoT, Connected Car, 각종 센서 및 다양한 IoT Device에 대한 실시간 통신 및 제어 서비스가 가능하게 될 것으로 예상된다.

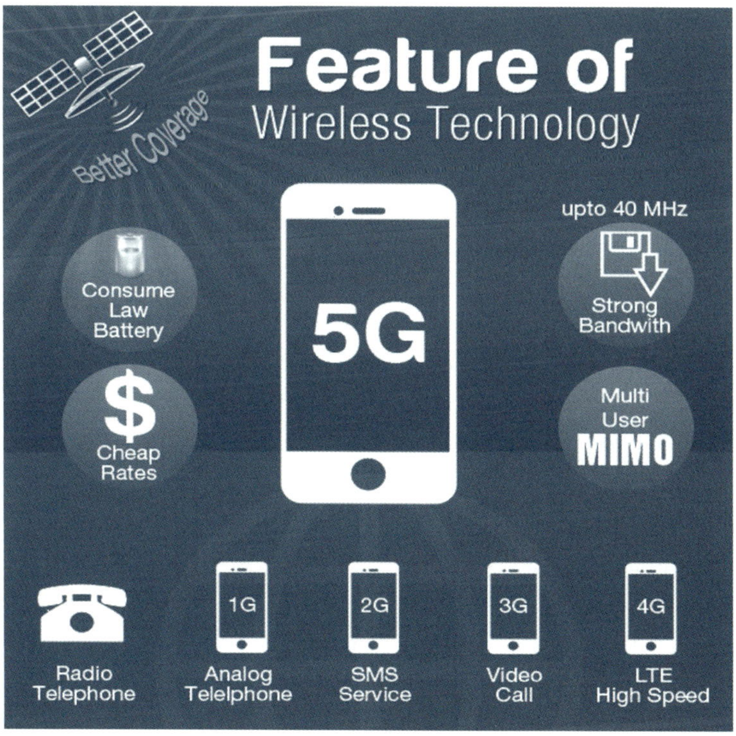

[그림 2.1] 5G 이동 통신망[7]

7) 출처: http://webtechdesigner.weebly.com/1/post/2012/11/5g-technology-the-future-of-

2020년 상용화 예정인 5G는 현재 우리가 쓰는 4세대 이동 통신인 '광대역 LTE-A'보다 데이터 전송 속도가 100배가량 빠른 첨단 기술이다. 현재 4G 통신망은 800MB 영화 한 편을 다운받는데 평균 40~50초 정도가 걸리는데요. 5G 시대에는 1초 이내로 줄어든다고 한다. 짧은 시간에 막대한 양의 데이터를 보내고 받는 '홀로그램 영상 통화', '증강 현실(AR)' 등의 첨단 기술을 일상적으로 쓸 수 있는 '꿈의 통신망 시대'가 열리게 되는 것이다.

또한, 데이터 트래픽 수용 능력이 폭발적으로 증가하여 4G대비 1,000배 가까이 되고, 디바이스 개수의 수용 능력은 10~1000배로, 1ms(0.001초) 이내의 단대단 지연 시간(End-to-End Latency)을 자랑하게 됩니다. 따라서 4G 시대보다 효율적으로 에너지와 데이터를 관리할 수 있을 것으로 예상된다.

이를 바탕으로 개인형·맞춤형 실감 서비스를 통한 새로운 라이프 스타일은 물론, 모든 사람이 Giga급 네트워크를 기반으로 시공간의 제약 없이 디지털 정보를 유통 및 서비스할 수 있는 시대가 도래할 텐데요. 그렇다면 우리의 생활에도 많은 변화가 일어날 것이다.

가정에서 3D 대형 화면으로 실감형 공연 관람과 가상 스포츠 체험이 가능하고, 실질적인 스마트 워크의 실현과 입체 영상 회의 등 다양한 글로벌 비즈니스 환경이 구축될 것이다

---

wireless-telephone-technology.html

2.2 정보보안

2.2.1 정보보안의 개념

정보화 시대는 새로운 문명의 탄생 및 발전으로 인류에게 그 편리함과 유익성이라는 혜택을 제공하는 한편 자연적으로 파생되는 역기능으로 인한 피해를 준다. 즉, 그 편리함과 유익성에 반비례하여 매우 위험하고 파괴적인 역기능이 뒤따르고 있는 것이다. 정보화 시대에 모든 산업활동과 사람들의 생활에서 정보 그 자체가 주요한 원천이 된다. 그러나 정보를 취급하는 데서 오는 취약성으로 인하여 정보에 대한 무단 유출 및 파괴, 변조 같은 공격이 자행되고 있다. 인가 받지 않은 불법사용자로 인한 정보의 파괴, 개인 신상의 비밀누설 및 유출, 산업스파이에 의한 기업의 기술·연구 정보 도난 등은 우리 현실에서 정보를 당하면서 당하고 있는 역기능인 것이다. 이렇게 자신이 소유하고 있는 정보가 자신도 모르는 사이에 침해 받고 있으며 적절하게 보호되지 못하는 정보들로 인해 하루아침에 막대한 피해를 볼 수 있다.

그럼 정보를 보호한다는 것은 정당한 사용자가 필요한 정보를 알 필요성, 즉 인가되지 않은 자는 그 정보에 접근이 되지 않게 보호되어야 한다는 의미와 일치한다. 즉, 정보시스템 내부에 보관된 자료의 변조, 훼손, 유출 등 각종 내·외부의 위협으로부터 안전하게 보호하는 기술적, 관리적 수단을 말한다. 이는 정보시스템과 네트워크가 더 개방되고, 용량과 성능, 그리고 연결성이 강화될수록 정보보호의 의미는 더욱 비례하여 커지게 된다. 즉 1 대 1로 통신이 되도록 시스템과 네트워크가 구성되어 있을 때는 정보보호의 의미는 크게 대두되지 않다가 시스템의 용량이나 성능이 향상되고 네트워크와 네트워크의 연결이 급속하게 증가되면서 정당하지 않은 사용자가 그 정보를 알게 될 가능성과 확률이 높아지게 된 것이다.

즉, 정보보안은 정보의 수집·가공·저장·검색·송신·수신 중에 정보가 훼손되거나 변조 또는 유출되는 것을 방지하기 위한 기술적인 수단이나 통제 과정을 말한다. 정보보안은 디지털시대에 가장 중요한 이슈로 인터넷 비즈니스의 발전과 세계적인 정보기술발전의 가장 중요한 인프라 스트럭처이다. 정보보안은 하나의 프로세스로서 일정 시간이 경과하면 그 프로세스가 종결되는 형태가 아니라 매일 끊임없는 개선 과정을 전제로 한다.

정보보안이란 정보의 수집, 가공, 저장, 검색, 송신, 수신 도중에 정보의 훼손, 변조, 유출 등을 방지하기 위한 관리적, 기술적 방법을 의미한다.

2.2.2 정보보안의 요소

정보보안 요소란 정보보안 시스템이 반드시 갖추어야 할 시스템의 요소들을 말한다. 인터넷을 기반으로 하는 인터넷비즈니스는 개방형, 양방향성을 특징으로 하기 때문에 거래정보의 보안유지를 어렵게 한다. 재정적인 피해가 크지 않다고 하더라도 개인적 거래정보나 신상정보가 제3자에게 노출되거나 개인의 신용정보가 유출되어 악용될 가능성이 많다. 이러한 취약성들을 극복하기 위하여 구현되어야 할 보안상의 4가지 기능은 다음과 같다.

(1) 기밀성(Confidentiality)

기밀성은 전달내용을 제3자가 획득하지 못하도록 하는 것이다. 예를 들어 전자결제를 위하여 은행 계좌번호와 그 비밀번호를 인터넷을 통하여 판매자에게 전달할 때 암호화하여 전송함으로써 도청자가 스니핑[8] 등에 의하여 그 내용을 얻어내더라도 풀지 못하도록 할 필요가 있다.

이러한 기밀성은 비밀키 암호화 방식 또는 공개키 암호화 방식 모두에 의해 구현할 수 있다. 비밀키 암호화 방식을 쓴다면 보내는 사람은 미리 정해진 키를

---

8) 스니퍼(Sniffer)는 원래 Network Associate사의 등록상표였으나 현재는 PC나 kleenex처럼 일반적인 용어로 사용되고 있다. "Sniff"라는 단어의 의미(냄새를 맡다, 코를 킁킁거리다)에서도 알 수 있듯이 스니퍼는 "컴퓨터 네트워크상에 흘러 다니는 트래픽을 엿듣는 도청장치"라고 말할 수 있다. 그리고 "스니핑"이란 이러한 스니퍼를 이용하여 네트워크상의 데이터를 도청하는 행위를 말한다.

이용하여 암호문을 복호화하면 된다. 공개키 암호화 방식을 쓴다면 보내는 사람은 받는 사람의 공개 키를 이용하여 암호화한 후 보내고, 받는 사람은 자신의 개인 키를 이용하여 복호화하면 된다. 위 두 가지 방법은 각기 단점을 갖고 있다. 먼저 비밀키 방식의 경우 키를 미리 갖고 있어야 한다는 점이 단점이며, 공개키 방식의 경우는 암호화 및 복호화 시간이 길고 장문의 정보를 보낼 때 암호화 및 복호화가 불편하다는 것이다. 이 때문에 보통 기밀성을 위한 암호화 방법으로는 비밀키 방식과 공개 키를 혼용해서 쓴다. 즉 전달 정보 자체는 임의의 비밀 키를 이용하여 비밀키 암호화 방식으로 암호화하고, 비밀키 자체는 받는 사람의 공개 키를 이용하여 암호화한 후 암호문을 보낸다. 받는 사람은 자신의 개인키로 비밀 키를 복호화한 후 이 비밀 키를 이용하여 전달정보를 복호화한다.

(2) 인증(Authentication)

인증은 정보를 보내오는 사람의 신원을 확인하는 것이다. 예를 들어 상인의 입장에서 볼 때 어떤 고객이 상품의 구매대금으로 신용카드번호를 보내왔을 때 그 고객이 그 신용카드의 실제 소유자인지를 확인할 필요가 있다.

인증은 공개키 암호화 방식에 의하여 구현할 수 있다. 전달될 내용을 보낼 사람과 받을 사람이 모두 미리 알고 있는 상황하에서 보내는 사람이 그 내용을 자신의 개인 키(Private Key)를 이용하여 공개키 암호화 방식으로 보낸다. 이때 받는 사람은 그것을 상대방의 공개키(Public Key)로 복호화한 후 그 내용을 확인해 보아 맞는다면 받는 사람은 그 내용을 보낸 사람을 확인할 수 있다. 왜냐하면 복호화했을 때 그 내용이 되도록 암호화를 할 수 있는 사람은 이 공개 키의 짝이 되는 개인 키를 갖고 있는 그 사람뿐이기 때문이다.

그런데 공개키 암호화 방식은 속도가 오래 걸리고, 장문의 내용을 암호화, 복호화하기 어려우므로 인증 시에도 미리 정해진 내용을 개인키로 암호화하고 공개키로 복호화하기 보다는 그 내용을 메시지 다이제스트한 것을 암호화하고 복호화한다. 이것을 전자서명(Digital Signature)이라 하는데, 전자서명은 인증뿐만 아니라 무결성과 부인방지도 보장하게 된다.

(3) 무결성(Integrity)

무결성은 정보전달 도중에 정보가 훼손되지 않았는지 확인하는 것이다. 예를 들어 신용카드 회사의 입장에서 볼 때, 카드 사용자가 "판매자 을에게 100만원을 지불하겠다."는 내용을 보내왔을 때 이 내용이 원래는 "판매자 갑에게 100만원을 지불하겠다."는 등의 다른 내용이었던 것이 중간에 (아마도 을에 의해서) 변조된 것이 아닌지를 확인할 필요가 있다.

이를 확인하는 절차는 우체국에서 우편발송을 할 때 내용증명 우편을 신청하여 내용물을 우체국에서 확인하여 증거를 남기는 것과 비슷하다. 공개키 방식의 전자서명 방식을 사용하면, 단 1비트도 전달 중에 변경이 된다면 암호를 해독하는 과정에서 밝혀지므로 무결성 확인의 좋은 수단이 된다.

무결성은 메시지 다이제스트를 암호화하여 보냄으로써 구현할 수 있다. 메시지 다이제스트는 암호화 방법은 아니다. 이것은 One-way Hash 함수를 이용하여 주어진 정보를 일정한 길이 내의 아주 큰 숫자(해쉬값)로 변환해 주는 것이다.

이 함수는 One-way이기 때문에 주어진 정보로부터 해쉬값을 만들어 낼 수는 있어도, 반대로 이 해쉬값으로부터 원래의 정보를 복구해낼 수는 없다. 다만 정보와 함께 그 정보의 해쉬값을 비교함으로써 그 값이 같다면 정보의 전달 중에 정보가 변경되지 않았음을(100%는 아니지만 거의 확실하게) 확인할 수 있다. 만약 그 값이 다르다면 정보가 전달 중에 어떻게든 변경되었음을 알 수 있다.

물론 이 해쉬값은 암호화 알고리즘에 의해 암호화되어 전달되어야 한다. 그렇지 않다면 정보를 중간에서 변조하는 사람이 정보를 변조한 수 그 변조된 정보의 해쉬값과 함께 보낼 수 있기 때문에 해쉬값이 제대로 기능하지 못하게 된다.

(4) 부인방지(Nonrepudiation)

부인방지는 정보제공자가 정보제공 사실을 부인하는 것을 방지하는 것이다. 예를 들어 "갑에게 100만원을 지불하겠다,"는 메시지를 보낸 을이 나중에 그런 메시지를 보낸 적이 없으며, 따라서 갑에게 100만원을 지불하지 못하겠다며 그 내용을 부인하는 것을 막을 필요가 있다.

부인방지는 앞에서 설명한 인증방법과 마찬가지 방법으로 구현할 수 있다. 예컨대 부인방지의 관점에서 설명하면 다음과 같다. 만약 자신이 개인키로 암호화하여 정보를 보낸 사람이 나중에 그러한 정보를 보낸 적이 없다고 주장하면, 정보를 받은 사람은 보낸 사람에게 그 암호화된 정보를 제시하면 된다. 왜냐하면 복호화했을 때 그 내용이 되도록 암호화를 할 수 있는 사람은 이 공개 키의 짝이 되는 개인 키를 갖고 있는 그 사람뿐이며, 그 정보의 내용은 그 사람의 공개키로 풀어보면 나오기 때문이다.

2.2.3 정보보안의 구조

정보보안은 시스템보안과 인터넷 서비스에 대한 보안으로 나눌 수 있다. 시스템 보안을 위해서는 해킹방지기술이 필요하고 서비스보안을 위해서는 암호기술이 필요하다. 문제는 이 두 가지가 동시에 발전해야만 의미가 있는데, 현재는 이 두 가지가 동시에 상업적 거래를 안전하게 보장하기에는 충분하지 못한 실정이다.

(1) 시스템보안

시스템 소프트웨어(OS, 데이터베이스 관리시스템, 네트워크 관리시스템)는 정보시스템의 운영의 기본이 되는 것으로 이의 손상 및 침해 시는 전 업무의 마비가 초래될 수 있는 매우 중요한 보호 대상이다. 그러므로 운영시스템, DB 관리시스템, 네트워크 관리시스템 등은 어떠한 경우에도 중단되지 않도록 보호되어야 한다. 이를 위해 중요 서버에 대해 보안소프트웨어를 설치하는 것도 보안을 위해 안정적인 대책이 된다.

정보시스템은 신속, 정확한 정보지원이 요구된다. 따라서 기록정보의 조회 및 각종 상황자료 등 필요한 정보요구 시 필요한 데이터가 정확하게 적시 적소에 전달되도록 보장되어야 한다. 그러므로 각 기업이나 조직의 응용 소프트웨어(예: 인사기록 DB, 재무회계 DB, 급여 DB 등) 정보시스템 운영에 필요한 제반 정보들이 무단변경이나 파괴, 변조, 유출되지 않도록 철저한 데이터베이스 보안대책이 이루어져야 한다. 이는 데이터베이스 관리시스템(DBMS)의 고유 보안기능에 의해 통제될 수 있다.

응용시스템의 불법 사용으로 인한 허위정보의 입력, 삭제, 변경 등으로 업무의 혼선 및 혼란을 유발할 수 있다. 따라서 보안의 주요대상이 되는 기업이나 조직의 중요 응용프로그램은 정보시스템에서 운영되는 응용시스템의 주요 보안대상으로, 보안 취약성을 파악하여 인증성 및 무결성을 높여야 한다. 이를 위해 인증서버에 인증절차를 걸쳐 해당 응용시스템을 사용할 권한이 있는지 여부를 시스템적으로 처리하여 비 인가된 사용자의 접근을 막아야 한다. 이때 각 서버마다 운용되는 응용시스템을 사용하기 위해 매번 해당 서버에 인증을 받아 서버에 접속하려면 사용자는 서버마다의 ID와 패스워드를 기억하고 있어야 하고 결국 기억을 못하기 때문에 어딘가에 메모로 기록을 남겨 그것을 이용하게 될 것이다. 여기에 보안의 문제가 발생하게 된다. 이러한 문제를 해결하기 위해 한 사람이 하나의 ID와 패스워드를 사용, 강력한 사용자 인증을 받아 허가된 응용시스템을 실행하고 서버에 접속할 수 있게 하는 SSO(Single-Sign-On) 기능[9]을 이용하면 된다. SSO는 X.509의 강력한 인증 절차와 디렉터리(Directory) 서비스를 이용한 방법으로 구현이 가능하며, 사용자의 편이성을 제공하는 한편, 강력한 인증절차를 거치는 보안의 강도를 한층 높이는 구실을 한다.

(2) 인터넷 서비스 보안

정보시스템은 신속, 정확한 정보제공을 위해 이동통로인 LAN, 유무선 통신, 네트워크를 통한 신뢰성 있는 정보전송이 확보될 때 이루어질 수 있다. 이러한 신뢰성을 위협하는 외부 침입자에 대해 철저히 대응하기 위해 정보시스템은 외부와의 접속을 허용하지 않는 독립적인 네트워크가 되도록 하는 것이 좋으나,

9) 사용자가 하나의 패스워드로 로그인해서 다른 패스워드를 보내지 않고 사용자가 사용권한이 있는 모든 네트워크자원에 접근할 수 있는 인증을 얻는 것

업무적으로 외부와 접속이 필요할 경우에는 반드시 전용선을 이용하여 구축한다. 인터넷을 통해 정보시스템에 접근할 경우는 방화벽을 구축하여 외부망에서 방화벽 내부 즉, 기업이나 조직의 정보시스템에 접근하기 위해서는 방화벽에서 철저한 사용자 인증절차를 거쳐 해당 서버에 접근하도록 통제하여야 한다.

점점 분산화되고, 다양해지는 인터넷 환경에서는 인터넷 환경에 적합한 형태의 안전하고 실용적인 보안정책을 인프라적 요소로 구현하는 것이 중요시되고 있다. 인터넷 기반의 전자상거래 구현의 필수요소인 사용자 신분확인(Authentication) 및 권한인증(Authorization)에 필요한 인증(Certificated Authority) 시스템을 구현하기 위해서는 적합한 보안정책의 설립이 우선 과제로 실행되어야 한다.

2.2.4 암호화(Encryption)

전자결제 시스템에 있어서 가장 중요한 요소가 암호화 방식이다. 인터넷은 개방형 네트워크로 누구나 마음만 먹으면 네트워크상에서 주고받는 다른 사람의 데이터를 볼 수 있기 때문에 자료의 암호화는 필수적인 요소이다. 전자상거래에서의 암호화는 정보 보호 시 주된 기능이었던 종전의 암호기술에 전자서명, 본인 인증 등의 기능이 추가된 것으로 정보화 사회의 새로운 기반 기술로 자리 잡고 있다.

암호화(Encryption)란 누구나 알 수 있는 평문을 허용된 사람 이외에는 알아볼 수 없는 형태의 암호문으로 바꾸어 주는 변환과정을 말한다. 암호화는 일반적으로 원래의 메시지, 이 메시지를 암호화하는 키, 암호화된 메시지, 암호화된 메시지를 원래의 메시지로 복원시키는 키 등으로 구성된다.

암호화 시스템은 일반적으로 암호화되지 않은 상태의 정보 즉 원문(Plain Text)을 암호문(Cipher Text)으로 만드는 암호화 과정과 그 반대 과정으로 암호문을 다시 원문으로 변환시키는 복호화 과정을 포함하여 이와 같은 과정에서 사용되는 암호화 키 및 정자 정보보호를 위한 일련의 과정을 총칭하는 의미이다.

(1) 비밀키 암호방식(SKI: Secret key Infrastructure), 대칭형 암호방식

비밀키 암호방식은 송신자와 수신자 모두 동일한 비밀키를 사용하는 방식으로서 송신자가 비밀키를 사용하여 메시지를 암호화하고, 수신자는 같은 비밀키를 사용하여 메시지를 복호화한다. 비밀키 암호방식은 1970년대 초부터 상업통신망에 이용되어 온 암호방식으로 대칭형 암호방식이라는 말은 암호화하는 키와 복호화하는 키가 동일하기 때문에 붙여진 명칭이다. 처리속도가 매우 빠르고 암호화의 크기가 상대적으로 작아서 효과적인 장점이 있지만 비밀키 암호방식은 공유키를 대규모로 분산시키는 네트워크 환경에서는 약점이 있다. 대표적인 예로서는 DES(Data Encryption Standard)를 들 수 있다. DES는 최초의 대칭형 암호화 표준으로 1974년 미국 상무부의 요청으로 IBM 사가 개발한 것인데, 상업적으로 다양하게 사용될 수 있도록 개발되었다. DES의 대표적인 것이 바로 스마트카드이다. 스마트카드는 원래 IC(Integrated Circuit) 카드라고 하는데, 플라스틱 카드에 IC를 삽입하여 정보를 저장할 수 있다. 스마트카드는 대용량의 메모리, 쌍방향 통신, 정보안전보호기능을 가지고 있어 출근할 때는 신분증으로, 주차장에서는 주차카드로, 은행에 가면 현금카드로 사용할 수 있기 때문에 응용분야가 매우 다양하다. 기존의 자기카드와 크기와 두께는 비슷하나 기억할 수 있는 정보량은 자기카드의 100배 이상(자기카드는 72문자인데 반하여 IC 카드는 8,000문자)이고 비밀을 안정적으로 보전하는 면에서도 자기카드에 비해 우수하다.

(2) 공개키 암호방식(PKI: Public key Infrastructure), 비대칭형 암호방식

공개키 암호시스템은 암호화하는 키와 복호화하는 키가 서로 다르고, 하나를 알더라도 그에 대칭되는 키를 알기 어려운 키를 사용하는 암호시스템을 말한다. 키 생성 알고리즘을 통해 2개의 키를 생성하고, 그 중 하나를 공개하고(전화번호부에 전화번호를 공개하듯이) 나머지 하나를 비밀키로 자신이 보관하여 사용하는 것이다. 공개키는 공개하여 많은 사람이 알 수 있도록 하지만, 비밀키는 본인만이 알고 다른 사람은 알 수 없도록 비밀로 유지되어야 한다.

이처럼 공개키 암호화 방식은 암호화하는 키와 복호화하는 키가 서로 다른 경우이기 때문에 비대칭 암호방식이라고도 한다. 사용자A가 사용자 B에게 통신할 때 A는 B의 공개키를 이용하여 암호화해서 보내면 A는 받은 메시지를 자신의 비밀키로 풀어 내용을 확인할 수 있다. 그러나 공개키 암호화 방식은 암호화를 위한 키의 크기가 크기 때문에 비밀키 암호방식에 비해 상대적으로 속도가 느리고 많은 양의 자료를 암호화, 복호화하기가 불편한 단점도 가지고 있다.

공개키 기반구조가 구축되고 나면 사용자는 인증기관에서 인증서를 발급 받아 인터넷을 통한 전자거래 시 이를 사용할 수 있다. 인증기관이 사용자에게 인증서를 발급하고 관리하는 절차는 다음과 같다.

- '사용자A'는 자신의 개인 키와 공개 키를 생성함
- '사용자A'는 자신의 공개 키와 인증서 발급요청서를 인증기관 또는 등록기관에 제출함
- '인증기관'은 '사용자A'가 제출한 공개 키와 '사용자A'의 사용자 정보를 이용하여 인증서를 만든 후, 이를 사용자A에게 발급함
- 발급한 '사용자A'의 인증서를 모든 신뢰당사자가 이용할 수 있도록 인증기관의 저장소 또는 디렉터리 서버에 등록함.
- '사용자B'가 '사용자A'의 전자서명된 문서를 검증하고자 할 경우, 인증기관의 저장소 또는 디렉터리 서버에 '사용자A'의 인증서를 다운로드 받아 '사용자A'의 전자서명을 검증함

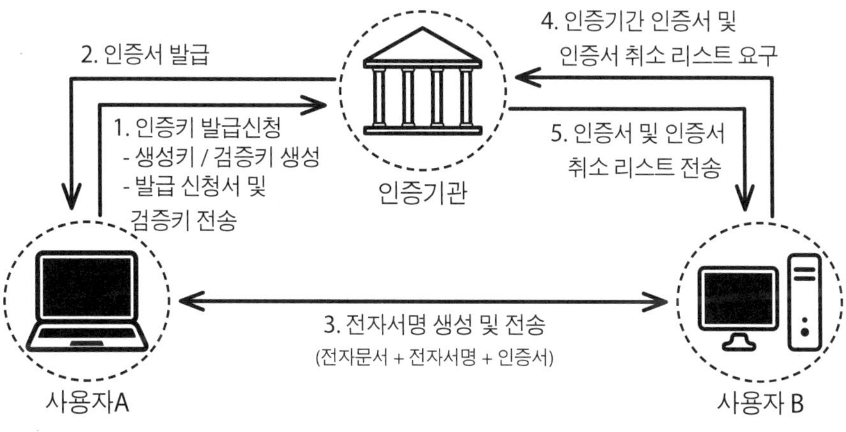

[그림 2.2] 인증 프로세스

가장 잘 알려진 공개키 방식이 알고리즘은 RSA(Rivest, Shamir, Adlerman)이다. RSA는 매우 큰 소수(Prime Number, 자신과 1로만 나누어지는 수)를 사용하여 키를 만드는데, 큰 소수는 인수분해가 어렵기 때문에 보안성이 뛰어나다.

(3) 복합형 암호방식(Hybrid Cryptosystems)

복합형 암호방식이란 비밀키와 공개키의 장점을 결합한 방식으로 볼 수 있다. 비밀키 암호방식은 공개키 암호방식에 비해 암호화 및 복호화 속도가 빠르다. 그러나 비밀키 암호방식에서는 키를 어떻게 안전하게 분배할 것인가가 중요한 문제이다. 즉, 처리시간의 단축(비밀키 장점)과 키 관리의 효율성(공개키 장점)을 결합한 방식을 말한다. 대표적인 예로서는 인터넷에서의 전자우편 암호화 기준인 PEM(Privacy Enhanced Mail)과 PGP(Pretty Good Privacy) 등이 있다. 복합형 암호화 방식의 과정은 다음과 같다. 먼저 송신자는 정보를 작성하여 무작위로 임의의 비밀키 또는 대칭 키를 생성하여 메시지를 암호화한다. 그리고 이미 알고 있는 수신자의 공개키로 정보를 암호화하는 데 사용한 비밀 키를 암호화하여 정보와 함께 수신자에게 보낸다. 이렇게 하여 수신된 메시지에 대하여 수신자는 먼저 자신의 비밀키로 정보를 암호화하는 데 사용된 암호화 비밀 키 또는 대칭 키를 복호화하고 복호화한 비밀키로 메시지를 복호화하여 메시지 내용을 파악한다.

2.2.5 암호화 시스템의 유형

(1) SET(Secure Electronic Transaction)

SET는 인터넷에서 안전한 신용카드 거래를 지원하도록 1996년 비자와 마스터카드에서 개발한 지불 프로토콜이다. 97년 3월 프로토콜이 발표된 이후 전 세계적으로 SET Product을 개발한 회사는 손꼽을 만큼 프로토콜의 구현이 어렵고 내용이 방대하기 때문에 이를 개발하였다는 것은 정보보호 솔루션 개발능력 자체를 인정할 수 있는 것과 같다.

전자상거래의 경우 고객의 입장에서는 안전한 접속과 훌륭한 서비스를 기대할 것이고, 인터넷 쇼핑몰의 경우에는 효율적이면서 저렴한 비용으로 처리할 수 있기를 기대하게 되는데, 이 거래를 중간에서 지원해야 하는 입장에 있는 카드사의 경우에는 전통적인 상거래에 미치는 영향을 최소화하면서 전통 상거래와 다른 형태의 서비스를 제공해야 한다. 즉 SET는 전자지불결제시스템과 관련한 표준으로서 국내외의 전자상거래에서 인터넷을 이용하여 상품을 구매하는 구매자의 신용카드 정보를 구매자의 전용시스템으로 암호화하고, 암호화된 정보를 입력할 경우 판매자의 전용시스템을 통해 카드회사에 정보조회를 할 수 있도록 함으로써 안전하고 신뢰성 있는 지불처리를 할 수 있도록 하는 데 목적이 있다. SET는 OSI의 응용계층에서 운영되는 프로토콜로서 카드소유자, 상인, 은행, 인증기관, 카드발행처로 구성된다.

[그림 2.2]에서와 같이 SET 전자상거래의 단계는 다음과 같다.

- 카드소지자는 자기가 구매할 상품을 먼저 검색, 선택
- 카드소지자는 살 상품의 가격과 배달료, 세금 등을 확인하고 주문서 작성
- 카드소지자는 지불수단을 선택(현재는 신용카드 거래 위주)

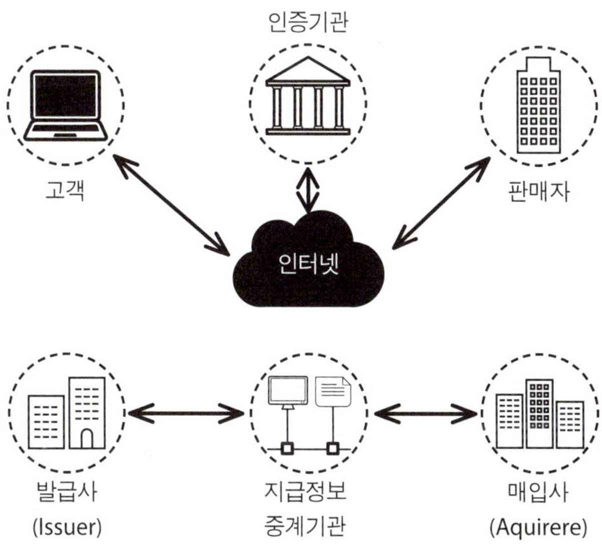

[그림 2.3] SET의 구성요소

- 완성된 주문서를 상인에게 발송, 상인은 금융기관에 지불승인을 요청
- 상인은 승인확인 후 주문확인을 카드소지자에게 발송
- 상인은 상품을 발송하고 동시에 카드소지자의 금융기관에 지불요청

(2) SSL(Secure Socket Layer)

SSL은 넷스케이프사에서 개발된 프로토콜로 Hackman과 Elgamal에 의해 개발되었다. 네트워크 계층에 별도의 보안 전담계층을 추가하여 모든 응용프로그램에게 네트워크 투명성을 제공할 수 있도록 한 보안대책이다. 응용프로그램 자체가 별도의 보안 프로토콜을 구현할 필요가 없게 된다. 보안계층은 TCP/IP 계층 위에 위치하여 소켓(Socket)을 통한 암호화 채널을 사용한다. 따라서 특정한 웹 어플리케이션을 위한 보안 프로토콜이 아닌 일반적인 인터넷 환경에서 웹 브라우저와 서버 사이에 커뮤니케이션을 해주는 Web Connection 형식으로 만들어진 프로토콜이다. SSL은 기본적으로 신분확인, 암호화, 그리고 메시지의 무결성을 보장해 주며, 이는 인터넷 간의 채널을 통해 비밀 보장 서비스 제공을 목표로 한다.

SSL은 정보의 교환 간에는 인증수단으로 RSA 방식을 사용하고 지급수단으로서 신용카드가 이용될 경우에는 정보의 전송방식에 DES 표준을 이용하고 있다.

SSL에서 인증서와 개인 키는 기본적으로 PC에 저장되어 관리되기 때문에 클라이언트의 이동성에 제약을 받는다. 따라서 증권회사 등에서의 경우처럼 사용자의 특성에 따라서는 인증서를 사용치 않고, 데이터 암호화만을 수행하는 경우가 많다. 또 SSL 방식에 의한 전자상거래 표준이 마련되어 있지 않기 때문에 쇼핑몰, 인터넷 뱅킹, 기타 정보보호 사이트의 암호화, 인증방식이 서로 상이하다. 따라서 사용자 입장에서는 정보보호 사이트별로 상이한 인증서와 암호화 프로그램을 각각 설치하여야 하는 불편을 감수하여야 한다. 현재의 제품화 기술 수준으로는 데이터처리 속도가 매우 늦고, 사용자가 많은 불편함을 감수하여야 한다. 모든 데이터를 암호화 하기 때문에 그래픽이나 이미지, 동영상과 같은 많은 바이트 수를 처리하는 데에는 처리속도가 매우 늦을 수밖에 없으며, 따라서 대부분 HTTP 모드는 텍스트 위주로 구성되어 있다.

2.2.6 방화벽(Firewall)

방화벽은 조직 외부에서 인터넷을 통하여 조직 내부의 네트워크에 불법적으로 접근하는 것을 막기 위한 도구이다. 특히 기업의 내부와 외부의 연결이 빈번한 인터넷 비즈니스에 있어서 기업의 시스템에의 접근을 제어하기 위한 가장 강력하고 중요한 도구가 되고 있다. 원래 방화벽은 건물에서 화재가 발생했을 때 일정 부분 이외의 장소로 불이 번지는 것을 막기 위해 설치하는 벽을 의미한다. 이러한 방화벽의 원리는 기업 내부의 네트워크를 인터넷으로부터 분리하여서, 허가되고 인증된 접근만 허용하고 불법적인 어떠한 연결도 차단하는 목적에서 네트워크 사용자에게 투명성을 보장하지 않기 위한 적극적인 보안대책이라고 할 수 있다. 즉 내부 네트워크와 외부 네트워크의 연결점에서 내부 네트워크상의 시스템들을 보호할 수 있는 네트워크 구성요소의 기능을 담당하는 시스템이 바로 방화벽 시스템인 것이다.

(1) 방화벽 구성요소

① 스크리닝 라우터(Screening Router)

스크리닝 라우터는 패킷 필터링 라우터라고도 부르며, 라우터는 인터넷 패킷을 전달하고 경로배정(Routing)을 뿐만 아니라 패킷의 헤더 내용을 보고 필터링(스크리닝)할 수 있는 능력을 가지고 있다. 스크리닝 라우터는 내부와 외부의 네트워크의 지역을 구분하여 위험지역을 줄이는 역할을 하는 것으로 OSI 표준계층에서 네트워크계층(Network Layer, 3계층)과 전송계층(Transport Layer, 4계층)에서 동작하게 된다. 스크리닝 라우터만으로도 어느 정도 수준의 보안 접근 제어를 통해 방화벽 시스템 환경을 구현할 수 있으나 라우터에서 구현된 펌웨어의 수준으로는 제한점이 많고 복잡한 정책을 구현하기 어려우므로 보통 스크리닝 라우터와 다음에서 설명하는 배스천 호스트를 같이 운영한다.

② 베스천 호스트(Bastion Host)

베스천 호스트는 방화벽 시스템이 갖는 기능 중 가장 중요한 기능을 제공하는 것으로 인터넷과 내부망과의 연결 단에 설치되는 시스템이다. 따라서 방화벽 시스템의 중요 기능으로서 액세스 제어 및 응용 시스템 게이트웨이로서 프록시 서버의 설치, 인증, 로그 등을 담당하게 된다. 외부의 침입자가 주로 노리는 시스템이므로 일반 사용자의 계정을 만들지 않고 해킹의 대상이 될 어떠한 조건도 두지 않는 가장 완벽한 시스템으로서 운영되어야 한다. 베스천 호스트는 정해진 계획에 따라 시스템을 검사하고 시스템 관리자에 의한 집중화된 보안관리를 할 수 있다. 그리고 보안정책에 따른 계정설정 및 접근권한을 설정하고, 접근내역을 저장하고 사용 내용을 감시한다.

③ 스크린 호스트 게이트웨이(Screen Host Gateway)

스크린 호스트 게이트웨이는 내부망으로의 모든 접근을 스크린된 라우터를 통과한 후 베스천 호스트(Bastion Host)로 접근하게 하는 것으로 베스천 호스트가 인증, 접근 허가를 담당하게 하는 것이다. 이렇게 되면 네트워크 계층과 응용계층에서 2단계의 보안을 거치는 보안성을 확보할 수 있게 된다. 하지만 스크리닝 라우터에 대한 의존도가 높아지고, 방화벽 시스템 구축비용이 늘어나게 되는 단점이 있다.

④ 스크린 서브넷(Screen Subnet)

기업 내의 사설망이 인터넷의 공중망과 연결되면 필연적으로 홍보, 채용공고 등 기업 내부의 자료를 공중망에 불특정 다수의 사용자들에게 정보를 제공하게 된다. 이렇게 될 경우 내부의 네트워크와 공개하는 내용의 네트워크를 따로 설정하는 것이 필요하다. 왜냐하면 공개된 정보를 통해 내부로의 접근이 불가능하도록 해야 하기 때문이다. 따라서 내부 네트워크와는 다른 보안정책이 필요하게 된다. 스크린 서브넷은 외부에 공개되는 서비스를 위치시켜 배스천 호스트와 스크리닝 라우터에 의해 애플리케이션 게이트웨이의 역할을 수행한다. 그러나 스크린 서브넷은 설치와 관리가 어렵고, 방화벽 시스템 구축비용 부담을 가중시키며, 서비스 속도의 저하를 가져올 우려가 있다.

(2) 방화벽의 기능

방화벽은 불법 사용자나 비인가자가 인터넷과 같은 범용 네트워크상에서 어떤 조직의 서버 등 전산 자원에 불법적인 접근 또는 접속을 시도하지 못하도록 하기 위한 목적으로 사용된다. 이러한 목적을 충족시키기 위해서 방화벽은 다음과 같은 기능을 지원한다.

① 특정 서비스의 선택적 수용

보안 관리자는 네트워크상에서 그 기관의 보안 수준에 적합한 보안 규칙(rules)을 정의하고, 이 규칙을 방화벽 상에 적용함으로써 아래와 같은 효과를 거둘 수 있다.

- 특정 노드[10]에 대한 선택적 보호: IP 어드레스를 이용하는 패킷 필터링은 특정 노에 대한 선택적 접근 통제를 가능하게 한다.
- 집중적 보안: 내부망에 산재되어 있는 호스트 시스템들을 보호하기 위해 필요한 소프트웨어를 호스트 시스템에 직접 설치할 필요 없이 방화벽 한 곳에만 설치하여 같은 기능을 제공한다.
- 프라이버시 강화: 방화벽은 내부 망의 정보유출을 방지하고 이중(dual) DNS 기능을 지원하며, 라우팅 통제기능 또한 훌륭하다.

② 프록시 서비스의 지원

프록시 서비스[11]의 지원은 어플리케이션 게이트웨이 방식 방화벽에서만 가

---

10) 네트워크에서 노드란 연결점을 의미하며, 데이터 송신의 재분배점 또는 끝점을 말하기도 한다. 일반적으로 노드는 데이터를 인식하고 처리하거나 다른 노드로 전송하기 위해 특별히 강화된 성능을 가지도록 프로그램 되어진다.

11) 프록시 게이트웨이는 웹 브라우저로부터 요청된 URL을 외부의 서버에 전달하고 그 결과를 되돌려 받는데 사용되는 컴퓨터와 관련 소프트웨어를 말한다. 이것은 인터넷으로부터 봉쇄되어 있는 클라이언트들이 신뢰할 수 있는 대행자를 통하여 인터넷에 액세스할 수 있도록 해준다.

능한데, 여기에는 반드시 해당 서비스 별로 프록시 서비스 모듈이 있어야 한다. 이 프록시 서비스 모듈에 의해 사용자들은 외부망에 직접 접속할 수 있으며, 일회용 패스워드와 같은 추가 사용자 인증기능을 방화벽에서 수행할 수도 있다.

2.3 플랫폼

2.3 1 플랫폼의 개요

플랫폼의 사전적 정의는 '정거장'으로 통용된다. 기차 정거장 같은 현실세계의 정거장이 가진 공통점은 사람이 목적지를 가기 위해서는 반드시 정거장에 가야 하고 사람들을 태우기 위한 운송수단이 정거장에 도착해야만 한다. 즉, 정거장은 목적지를 가지고 있는 사람들과 사람들을 운송하는 운송수단이 만나는 곳이다. 플랫폼은 사람과 운송수단이 만나는 접점 또는 사람과 운송수단을 매개하는 매개 지점의 역할을 한다.

플랫폼에 대한 이론적 정의는 Thomas R. Eisenmann, Geoffrey Parker, Marshall Van Alstyne 교수가 2008년 공동 발표한 'Opening Platforms: How, When and Why?' 논문에서 언급이 되었다. 이들 3명의 석학들은 플랫폼 관련 논문을 주도하고 있는 학자들로서, 이들은 플랫폼이라 함은 User Transaction(사용자 간 거래)에 필요한 '콤포넌트(Component)'와 '룰(Rule)'의 집합이라고 밝히고 있다.

Component는 HW, SW, Service Module을 포함(이를 포괄하는 Architecture도 포함)하며, Rule은 Network Participant(네트워크 참여자, 이해관계자를 의미)를 Coordinate(조정/조율)하는 규칙을 의미한다.

플랫폼에서 중요한 것은 플랫폼 그 자체보다는 플랫폼이 하나의 매개된 플랫폼 네트워크(Platform-mediated Network라고 함, 매개 플랫폼 네트워크로 정의)로 발전, 진화했을 때 진정한 가치가 발현된다는 점이다. 매개 플랫폼 네트워크는 서로 다른

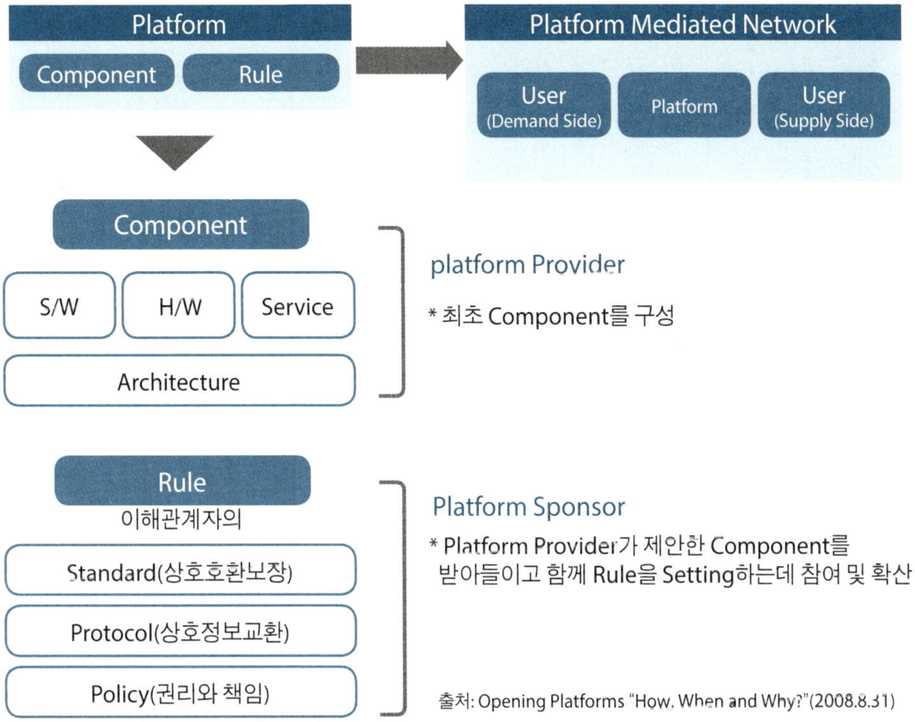

[그림 2.4] 플랫폼 및 매개 플랫폼 네트워크의 개념 정의

Component 간의 Compatibility(상호호환성)를 보장하는 표준(Standard)이며, 정보교환의 약속된 장치(Protocol)이며, 사용자의 행위와 경험(User Behavior)을 강제하는 정책(Policy)이며, 네트워크에 참여하는 이해관계자(Network Participant)의 권리와 책임을 포괄하는 유기적인 네트워크로 정의하고 있다.

즉, 플랫폼은 콤포넌트와 룰(규약)의 합집합으로, 다양한 기술적 요인을 포함한 콤포넌트를 최초로 만들어 배포하는 플랫폼 프로바이더(Platform Provider)가 반드시 존재한다. 또한 플랫폼 프로바이더가 제공하는 콤포넌트와 규약을 지지하고, 같이 시장 내에서 세력을 형성하여 영향력을 확대시키려 하는 플랫폼 스폰서(Platform Sponsor, 플랫폼 지지자 그룹)가 나타나면서 시장의 지배세력이 된다. 시장은 이러한 플랫폼 프로바이더와 플랫폼 스폰서가 만들어 내는 기술표준(Standard), 상호정보교환 및 호환(Protocol), 다양한 권리와 책임에 대한 정책(Policy) 등을 통해 통제되는 경향이 있다.

매개 플랫폼 네트워크는 플랫폼 프로바이더와 플랫폼 스폰서에 의해 형성된 특정 플랫폼이 상당한 규모의 거래(Transaction)가 사용자 간에 발생하게 되었을 때, 사용자와 사용자 간을 연결 또는 매개해주는 플랫폼으로써 작동되는 상황을 의미한다.

여기서 사용자라 함은 Supply Side(공급 측면에서 플랫폼을 자신들이 개발한 서비스를 유통 또는 실수요자 그룹에 전달해주는 매개체로서 인지하는 개발자·개발업체·광고주·가맹점 등을 의미함)와 Demand Side(수요 측면에서 Supply Side의 사용자가 제공하는 다양한 서비스와 기능 등을 사용하는 실수요자 계층)의 사용자를 의미한다.

2.3.2 플랫폼의 유형과 종류

(1) Broker 유형

Broker 모델은 'User'와 'Agent'를 매개하는 브로커 역할을 사업자가 수행함으로써 양면시장화되는 유형을 일컫는다. 대표적인 사례로 애플의 iTunes 모델을 꼽을 수 있다(그림 참조). 전통적인 MP3 Player 시장은 사용자가 여러 다른 루트/경로를 통해 음원을 다운로드해야 했다면, iPod이 출시하면서 애플은 iTunes를 브로커로 삼아 사용자(User)와 에이전트(Agent, 여기서는 Music Providers, Audio Book Provider 등 음원 형태의 콘텐츠 공급업자를 의미)를 매개하는 브로커가 되었다.

(2) Attract Other Agents 유형

이 유형은 플랫폼을 확장하여 새로운 비즈니스 모델의 혁신을 이루는 것으로, 동일한 사용자(User)를 대상으로 하되, 다른 성질의 에이전트(Agents)를 끌어들여 새로운 형태와 목적의 플랫폼 비즈니스를 만들어내는 경우이다. 대표적인 사례로 애플의 iPhone을 꼽고 있다. iPod + iTunes의 브로커 모델을 iPhone을 출시하면서 그대로 확장함으로써 다른 에이전트(기존 Agent + Operators)와 사용자(Phone User)를 연결하는 새로운 생태계를 창출하였다. 이 유형의 특이점 중 하나는 사업자가 처음에는 의도적으로 양면시장[12]을 형성할 목적으로 사업을 시작하지 않은 경우가 다반사라는 점이다.

(3) Open Other Components 유형

이 유형은 기존 기업들이 양면 시장을 생성하는 다른 방법의 하나라고 할 수 있나. 기업이 내부역량을 통해 확보한 시스템 중 코어가 아닌 다른 컴포넌트를 외부에 오픈함으로써 외부의 에이전트(Agents)들이 이 컴포넌트를 사용하기 위해 모여들어 양면 시장이 형성되는 경우이다. 모든 사람이 알고 있듯이, 이 유형의 대표적인 사례는 iPhone 발표 몇 개월 후 애플이 SW Part를 오픈하는 일이다.

(4) New Money-Making Side 유형

이 유형은 기업이 기존 생태계의 관점을 좀 더 넓은 시각에서 바라보고, 새로운 수익원을 다른 측면에서 살펴볼 때 발생 가능한 유형이다. 일반 기존 TV 네트워크(General TV Network) 광고주를 수익창출원의 핵심 에이전트로 삼고 있는데 반해, Cable TV는 VOD 및 TV 다시보기 등 Special Contents를 제공함으로써 일반 사용자를 새로운 수익창출원으로 삼고 있다. 신규 수익창출원으로서 다른 측면의 고객/이용자 그룹을 개발함으로써(일반 사용자), Cable TV 사업자들은 Special Content Provider들을 생태계 안으로 끌어들이고 양면 시장을 구축했다.

한편, 후지쯔 연구소에서는 플랫폼을 간략하게 기반형 플랫폼과 매개형 플랫폼의 2종류로 구분하기도 한다. 기반형 플랫폼이란 제품이나 서비스를 플랫폼

12) 플랫폼 형식은 크게 양면시장과, 다면시장으로 구분할 수 있다. 양면시장은 플랫폼 사업자가 두 개의 그룹(이용자-개발자)을 연결하여 거래를 중개하는 방식이다. 다면시장은 인터넷 서비스를 통해 셋 이상(이용자-개발자-제작자)의 참여자 그룹이 연결되어있는 플랫폼의 형식을 말한다.

사업자가 제공하고 그것을 전제로 한 보완 제품이나 서비스가 존재하는 것으로, 게임기와 게임 SW를 예로 들 수 있다.

매개형 플랫폼은 제품, 서비스를 플랫폼 사업자가 제공하고 그것을 전제로 한 보완 제품이나 서비스가 존재하는 것은 동일한데 유저가 보완 플레이어가 제공하는 제품, 서비스, 정보를 매개형 플랫폼을 통해 구입하며 보완 플레이어로부터 직접 구입하는 것은 아니다. 예약 사이트, 옥션 사이트, 결제 사이트 등이 이런 매개형 플랫폼에 속한다고 할 수 있다.

(5) IT 플랫폼의 종류

디지털 경제하에서는 다양한 제품과 서비스가 플랫폼이 될 수 있으며 표는 기술적 관점보다 사업적 관점에서 IT 플랫폼의 종류를 구분하였다.

[표 2.4] IT 플랫폼의 종류

구분	세부 유형	사례	대상
기술 플랫폼	웹 / 애플리케이션 / 모바일 플랫폼	HTML5, iOS, Android, Facebook	개발자
제품 플랫폼	제품패밀리, 스마트 플랫폼, 웹브라우저	iPhone, iPad, Chrome 등	제품사용자, 액세서리 공급자
서비스 플랫폼	개인클라우드, 소셜미디어 서비스, 검색, 메신저, LBS, 게임	페이스북, 트위터, 아이클라우드, 지도서비스 등	서비스 사용자
유통 플랫폼	커머스 플랫폼, 마켓플레이스, 콘텐츠유통 플랫폼	이베이, 앱스토어, 구글플레이 등	제품 판매 및 구매자, 콘텐츠 공급 및 수요자
광고 플랫폼	마케팅 플랫폼	구글의 Admob, 애플의 iAd, 삼성 애드허브 등	광고주
결제 플랫폼	모바일 결제, 전자결제, 스마트카드	페이팔, 스퀘어, T머니 등	은행 및 카드사

대표적인 유형인 기술 플랫폼은 자사가 제공하는 기술을 기본으로 보완재나 관련 기술, 제품, 서비스 등의 개발을 가능하게 하며, iOS, Android, Facebook

API 등이 대표적인 예라고 하겠다.

- 제품 플랫폼은 특정 제품을 통해서 관련 기술 플랫폼의 확산 또는 고객의 확산을 추구하며 예로써 애플의 iPhone 및 iPad, 구글의 Chrome 등이 해당 된다.
- 서비스 플랫폼의 경우 대표적인 것이 소셜 네트워크 서비스인 Facebook, 트위터 등과 메신저인 라인, 카카오 등 이며 이외에도 데이터의 접근과 저장을 지원하는 iCloud나 구글 클라우드 서비스, 검색 서비스 등이 포함되며 이러한 서비스들은 더 많은 사용자를 확보하여 이를 기반으로 부가서비스 등을 통해 수익을 발생시키는 것이다.
- 유통 플랫폼은 제품, 콘텐츠 등의 판매와 구매가 이루어진다. 대표적인 예로써, 이베이, 앱스토어, 구글 플레이 등이 있다.
- 광고 플랫폼은 마케팅 플랫폼으로 광고주가 포탈, 모바일 등의 매체에 광고의 기획, 캠페인 수행, 평가 등을 지원해주는 서비스를 제공하며 예로써 구글의 Admob, 애플의 iAd, 삼성 애드히브 등이 있다.
- 결제 플랫폼은 상거래 등 경제 활동에서 결제를 할 수 있도록 지원해주는 서비스이다. 온라인 비즈니스의 확대와 모바일 결제 시장이 확대되가면서 다양한 서비스가 등장하고 있으며, 페이팔, T머니 등이 대표적인 예이다.

2.3.3 인터넷 플랫폼 비즈니스

(1) 인터넷 플랫폼 비즈니스의 개요

인터넷 기업들은 전 세계의 저성장 기조에도 각국의 성장 동력으로 역할을 담당하고 있다. 2013년 4월 기준, 미국 내 10대 기업 중 Apple이 1위, Google이 3위, 마이크로 소프트가 4위를 차지하는 등 ICT·인터넷 기업이 최고 수준의 시장가치기업이 되었다. 혁신적이고 거대한 정치·경제·문화적 가치를 창출한 인터넷 기업들에게 발견된 공통점 중 하나는, 이들 기업이 플랫폼 비즈니스 모델을 사용하고 있다는 것이다. 플랫폼 비즈니스 모델이란, 사업자가 직접 재화를 생산하기보다는 재화를 생산하는 사업자들과 잠재적 재화 구매자 두 그룹을 자사의 플랫폼 내부에서 거래를 유도함으로써 가치를 생성하여 이윤을 추구하는 비즈니스모델을 말한다.

[표 2.5] 주요 플랫폼 사업의 전략 및 성과

주요 사업자	전략	성과
Google	브라우저, 모바일 OS를 무료로 배포하고 사용자를 확보 후 검색광고에서 수익화	전세계 검색 점유율 90% 전세계 스마트폰 점유율 79%
Apple	단말, OS, 앱스토어의 가치사슬을 구성하고 사용자의 구매충성도를 높임	미국 기업 중 시가총액 1위 애플 콘텐츠 수익=윈도우 OEM 판매수익
Facebook	소셜미디어 기반으로 사용자층을 확보하고 광고, 게임에서 수익화	월간 액티브 사용자 수: 12억 3천만명
Amazon	클라우드-콘텐츠-단말로 이루어진 강력한 고객 생태계를 구축하고 온라인콘텐츠, 커머스, 클라우드 서비스에서 수익 창출	미국 내 온라인 커머스, 전자책 디바이스 매출 1위 아마존 프라임 전체 수익의 1/3 추정

(2) 인터넷 플랫폼 비즈니스의 정의 및 특징

플랫폼이란 단어는 본래 물리적 구조물, 예를 들어 철도 플랫폼, 우주선 발사대 등 작업을 위한 공용화된 토대의 의미로 통용되었다. 과거의 플랫폼의 개념에서는 상품(서비스) 제공자와 수용인원의 한계 등 공간의 제약성이 강했다면 ICT의 발전과 함께 플랫폼의 개념은 수많은 상품과 인원이 공간의 제약 없이 교류하며 새로운 가치를 창출하는 공간이라는 의미로 확장되었고, 인터넷 플랫폼은 다양한 인터넷 서비스 및 콘텐츠가 생성 및 유통되는 장으로 API를 통한 서비스 연동 등을 통해 이용자, 서비스 제공자 간 소통의 기반을 제공하는 장소라고 정의할 수 있다.

PC 기반에서 하드웨어를 기반으로 한 플랫폼의 특징은 모바일시대를 맞이하며 플랫폼 운영의 중심이 소프트웨어로 이동하며 또 한 번 진화를 하고 있다. 현재의 인터넷 플랫폼 비즈니스는 유무선 인터넷을 통해 개발자(판매자)와 이용자

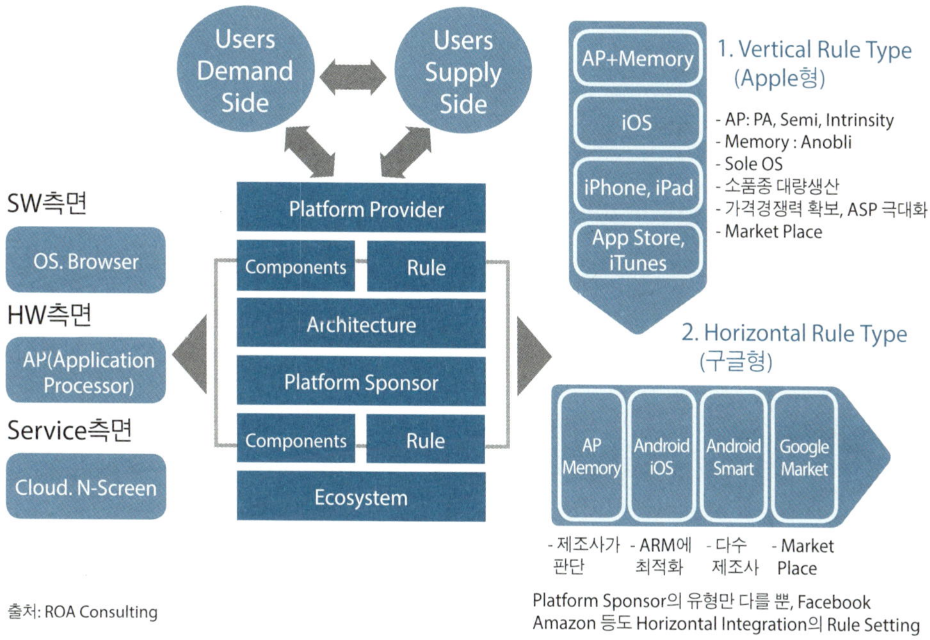

[그림 2.5] 플랫폼 개념에서의 애플과 구글의 플랫폼 비교

(사용자) 사이를 연결(인터넷 서비스 및 콘텐츠의 생산-유통-이용 촉진을 통해) 새로운 가치 및 다양한 생태계를 창출할 수 있는 서비스 기반구조라고 정의할 수 있다.

과거 플랫폼 사업이, 애플 iOS나 구글 플레이 스토어에서 보듯이, 새로운 운영체제와 하드웨어의 개발을 통한 자체 플랫폼 생산에 시간과 비용을 투자하였다. 그러나 현재 인터넷 플랫폼은, 이러한 투자보다 기존 거대 플랫폼 내에서 공룡 플랫폼 사업자들의 투자영역이 아닌 새로운 서비스 분야를 발굴 새로운 가치를 창조하고 개척하는 사업방식을 인터넷 플랫폼 비즈니스로 규정할 수 있다. 같은 맥락에서, 인터넷 플랫폼 비즈니스 사업자는 인터넷을 통해 상호작용하는 기반(플랫폼) 위에서 사용자와 서비스 제공자를 연결, 가치 및 이윤을 추구하는 사업자로 정의할 수 있다.

또한 인터넷 비즈니스 플랫폼이 단순 인터넷 서비스와의 차이점은, 인터넷 플랫폼 비즈니스는 양면시장, 네트워크 효과, 생태계 안의 다수 이해관계자와의 중계 역할을 한다는 것이다.

2.3.4 모바일 플랫폼의 등장

(1) 모바일 OS 플랫폼의 등장

스마트폰의 대표적인 OS인 애플의 iOS와 구글의 Android는 플랫폼 정의 관점에서 콤포넌트와 룰의 합집합에서 매우 유사한 측면을 가지고 모바일 플랫폼을 구축하는데 성공했다. 자신이 제공하는 OS위에 자신이 제공하는 API를 이용해 다양한 3rd Party 개발자들이 앱을 만들 수 있도록 했다. 온라인을 중심으로 서비스를 제공하고 있던 Facebook, Twitter, Amazon, eBay 등의 사업자들도 스마트폰 앱을 개발해 스마트폰을 통해 자신의 서비스를 제공하면서 애플과 구글의 OS 플랫폼은 큰 성공을 거두게 되었다.

최근 아마존, 샤오미 등이 AOSP(Android Open Source Project)를 탑재한 스마트폰을 개발해 앱스토어를 오픈하고 자신만의 모바일 OS 플랫폼을 구축해나가고 있다. 특히 AOSP 기반의 샤오미 스마트폰이 중국시장에서 삼성전자를 누르고 판매량 1위를 기록했다는 보도로 인해 AOSP 기반의 모바일OS플랫폼에 대한 세간의 관심이 매우 높아져 있다.

최근 모바일 OS 플랫폼과는 확연히 다른 모바일 서비스 플랫폼 사업자들이 속속 등장하고 있다. 모바일 서비스 플랫폼은 모바일 OS 플랫폼을 기반으로 애플리케이션 형태로 제공되고 있으며 대표적으로 메신저(커뮤니케이션), 미디어&콘텐츠, 라이프, 커머스, 클라우드 등 다양한 영역에서 서비스를 제공하고 있다.

이러한 서비스 플랫폼 업체들은 실리콘밸리의 벤처캐피탈로부터 많은 투자금을 유치하면서 성장해 나가고 있다. 다양한 영역에서 모바일 서비스 플랫폼 세상을 만들어나가고 있는 점에서 제2의모바일 플랫폼 또는 특정 영역과 대상을 타겟팅하여 서비스 플랫폼을 제공하는 특징이 있어 Vertical Platform이라고 정의할 수 있다.

최근 들어서는 어떤 분야에서건 모바일OS 플랫폼을 기반으로 하여 서비스 플랫폼을 만들어낼 수 있다는 차원에서 Vertical Platform이라는 이름으로 많이 불리고 있다. Vertical Platform은 특정 분야에 관심을 가지고 있는 사람들을 대상으로 음악, 쇼핑, 뉴스, 패션, 교육 등 세부 분야로 나눠 한 분야에 대해 서비

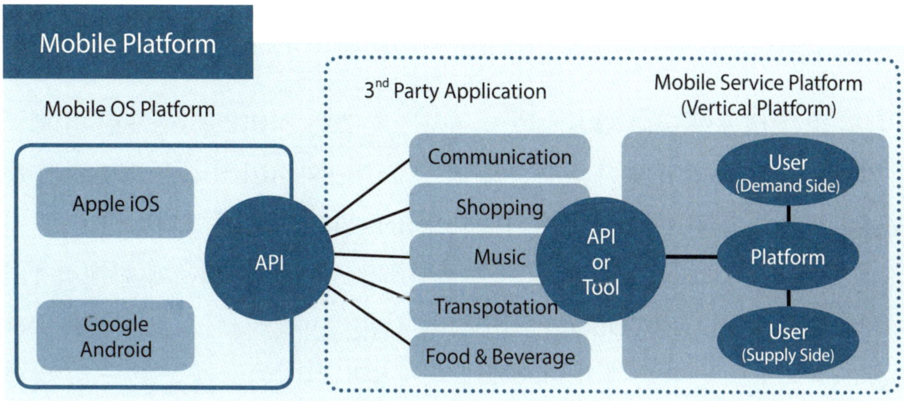

출처: ROA Consulting

[그림 2.6] 모바일 플랫폼 - OS 플랫폼 / 서비스 플랫폼

스를 제공하거나, 검색, 커뮤니티 등 한 가지 기능만으로 집중적인 서비스를 제공하는 방식이다. 말하자면 Vertical Platform은 다양한 분야로 나갈 수 있고 다양한 기능을 제공할 수 있다.

Vertical Platform과 Horizontal Platform은 상대적인 개념이다. Horizontal 서비스를 제공하는 대표적 형태인 포털이 온라인 상에서 복수의 다양한 서비스와 기능을 제공한다면 Vertical Platform은 포털이 미처 지배하지 못한 틈새시장을 발견해 새로운 비즈니스 모델로 접근하는 방식을 사용한다. 또 Vertical Platform은 수평적 관계를 중시하는 트위터, 페이스북과는 달리 수직적 관계를 형성해 깊이 있는 정보를 교류할 수 있다는 장점이 있다.

Vertical Platform 역시 플랫폼 비즈니스의 특징을 갖고 있는데, 유저가 많으면 많을수록 가치가 높아지는 네트워크 외부성, 먼저 시작하면 독점하기 쉽다는 WTA 현상이 그렇다. 그리고 유저나 보완 플레이어가 복수의 플랫폼을 이용하는 멀티호밍, 이용 서비스를 변경할 때의 비용 스위칭코스트에 신경 쓰게 되는 것도 플랫폼 비즈니스의 특징이다.

(2) 모바일 서비스 플랫폼, 비즈니스의 새로운 패러다임

렌터카, 호텔체인 등과 같은 전통적인 비즈니스는 서비스를 추가로 더 제공하기 위해서는 한계 비용이 발생하게 되는데 Uber와 Airbnb같은 공유경제 플랫폼은 서비스를 한 단위 증가시키는데 Supply Side User인 드라이버 또는 집을 보유하고 있는 자들이 자발적으로 서비스를 공급하기 때문에 한계비용이 거의 들지 않는다. 또한 Uber와 Airbnb와 같은 모바일 서비스 플랫폼은 On-Demand적 요소를 적용해 소비자에게 즉시성과 편리성을 제공할 수 있어 경쟁우위를 가지고 있다. 앞으로 모바일 서비스 플랫폼은 Low-Marginal-Cost Community를 기반으로 새로운 가치를 부여하는 새로운 비즈니스의 패러다임으로서 다양한 산업과 서비스 분야에 확대될 것으로 기대된다.

모바일 플랫폼을 만나 형성되고 있는 모바일 서비스 플랫폼은 모든 산업과 모든 기능을 대상으로 하므로 현실적으로 체계적 분류가 힘들어 앞서 언급했듯이 Vertical Platform이라고만 표현되기도 한다. 하지만 이런 무수히 많은 Vertical Platform 중에서도 모바일을 만나고 나서 대표적인 모바일 서비스 분야로 부각되고 있는 것으로 메신저, 라이프, 미디어 & 콘텐츠 분야 등이 있다.

3 e비즈니스와 전자상거래

3. e비즈니스와 전자상거래

3.1 전자상거래 개요

전자상거래란 비즈니스 거래를 수행하기 위하여 인터넷과 웹을 사용하는 디지털 기술을 통한 거래를 나타낸다. 작게는 기업의 인터넷이나 네트워크를 통한 상품의 구매와 판매를 나타내고 넓게는 사이버 공간에서 일어나는 모든 상거래 행위와 이와 관련된 정보의 공유와 검색, 의사결정과정 지원 등 상거래를 보다 효율적으로 수행할 수 있도록 지원하는 활동을 나타낸다. 다시 말하면, 온라인 네트워크를 통하여 재화나 서비스를 사고 파는 모든 형태의 거래를 말한다. 가계, 기업, 정부, 금융기관 등 경제주체간에 상품과 서비스를 교환하는데 전자적인 매체, 주로 인터넷을 활용하는 것을 전자상거래라고 할 수 있다.

1995년 시작되어 매 년 큰 폭으로 성장하였으며, 경기침체 시기에도 지속적인 성장세를 나타내고 있으며, 안정적인 기반하에 앞으로도 지속적으로 발전하리라 예상한다.

[표 3.1]은 국내 전자상거래 현황을 보여준다. 그 거래 규모는 매년 성장하고 있으며, 거래비중은 B2B 시장규모가 상대적으로 크게 나타났으며, 향후 지속적인 성장이 예상된다.

[표 3.1] 국내 전자상거래 현황

(단위: 십억)

구분	2010	2011	2012	2013
기업간(B2B)	747,090	912,883	1,051,162	1,095,696
기업·정부간(B2G)	52,772	58,378	62,478	70,649
기업·소비자간 (B2C)	16,005	18,533	21,160	24,331
소비자간(C2C)	8,524	9,788	12,006	13,414
합계	824,392	999,582	1,146,806	1,204,091

3.1.1 전자상거래의 개요

전자상거래에 대한 정의는 공식적으로 통일된 바 없이 여러 가지 관점에서 다양하게 내려지고 있으나, 일반적으로는 기업, 정부기관과 같은 독립된 조직 혹은 개인 등의 거래 주체 간에 다양한 전자적인 모델을 이용하여 상품이나 서비스를 교환하는 방식을 말한다. 이는 특정 제품과 서비스가 생산되어 고객에 전달되기까지의 전 과정에 현대의 정보기술을 접목시킨 새로운 형태의 상거래 시스템으로, 인터넷, EDI, E-mail등 다양한 정보기술을 통합하여, 비즈니스와 관련된 각종 정보를 고객으로 전달함으로써 궁극적으로 기업이윤을 극대화할 수 있다.

전자상거래는 일반적으로 전자적 방식을 이용하여 가상공간 상에서 이루어지는 거래행위라고 정의된다. 즉, 전자상거래는 전자문서교환, 이미지처리, 바코드, 전자우편, PC통신, 전자자금이체, 전자화폐, 통신망을 이용한 가상기업 등을 통한 일반적인 거래활동을 의미한다. 나아가 기업, 정부기관과 같은 독립된 조직간 또는 조직과 개인간에 다양한 전자적 매체를 이용하여 상품이나 서비스를 교환하는 방식이라고 정의되기도 한다. OECD에서는 문자, 소리, 이미지를 포함하여 디지털화 한 정보의 전송, 처리에 기초하여 이루어지는 모든 형태의 상업적 거래라고 정의한다. 그러나 1990년대 중반 이후 인터넷의 등장으로 인터넷을 이용한 전자상거래가 폭발적으로 성장하였기 때문에 사실상 인터넷을 이용한 전자상거래 개념이 일반인들이 이해하는 전자상거래라 할 수 있다.

전자상거래(Electric Commerce)라는 용어는 1989년 미국 국립 로렌스 리버모어 연구소가 국방성의 프로젝트를 수행하면서 처음 사용하였으며, 인터넷과는 별도의 영역으로 종이 문서를 필요로 하지 않는 거래 환경을 조성한 것이 시작이었다. 초기에는 주로 기업 간 거래에 한정되어 사용되었으나 1993년 월드와이드웹(WorldWideWeb), 즉, 웹 기술이 출현하여 인터넷이 확산 및 대중화 되면서 기업 간 거래뿐 만 아니라 기업과 소비자 간의 거래로 그 적용 범위가 넓어지고 있다. 이에 전자상거래의 개념은 다음과 같이 3가지 분야로 논의될 수 있다.

첫째, 전자상거래는 전자문서교환(Electronic Data Interchange: EDI)분야에서 국제간 또는 국내 기업 간의 컴퓨터 통신을 통하여 표준화된 거래문서를 전자적으로 상호 교환하는 방식으로 과거부터 인터넷과는 무관하게 추진되어 온 기업 간 상거래 활동이다.

둘째, 전자상거래는 미국의 정보 시스템인 CALS의 활용을 촉진하고 그 기능을 확대시키는 촉매제 역할을 하고 있으며, 광속교역(CommerceAtLightSpeed: CALS)이라고도 한다. CALS란 제품의 설계, 개발, 생산에서 유통, 폐기에 이르기까지 수명주기 전반에 관련된 데이터를 통합, 공유, 교환하여 비용절감과 생산성 향상을 추구하는 정보 체제를 의미한다.

셋째, 전자상거래는 가상영업의 형태로서 인터넷에 홈페이지, 가상 상점(Cirtual Shopping Mail) 등을 개설하여 일반 소비자를 대상으로 마케팅, 판매활동을 수행하는 것을 말하며 사이버 비즈니스(Cyber Business)라고도 불린다. 일반적인 전자상거래는 사이버 비즈니스를 말하며, 광의의 전자상거래는 EDI, CALS, Cyber Business 모두를 포함한다.

3.1.2 전자상거래의 특징

IT 발전과 함께 전자상거래의 보편화와 확산으로 경제활동이 디지털화되며,

실물경제와 디지털 경제가 경제활동의 양대 축을 이루고 있다. 전자상거래는 정보통신기술과 정보시스템 개발기술의 발전으로 나타나는 새로운 사회제도이며 새로운 문화이다. 이에 따라 인간의 경제생활은 물론 의식구조와 사회구조에 변화를 나타내고 있다. 이처럼 인터넷을 통한 전자상거래가 새로운 경제활동이 됨에 따라 기업이나 소비자에게 적지 않은 영향을 미치고 있다.

인터넷 등 전자적인 매체를 이용하는 전자상거래는 기존의 전통적 상거래 방식과 다음과 같은 차이점을 갖고 있다.

첫째, 유통채널이 단순하다. 도매상과 소매점상을 거쳐 소비자에게 제품이 전달되는 기존의 상거래 시스템에 비해 인터넷 전자상거래는 도매상이나 소매상과 같은 중간 유통채널을 생략하고 인터넷을 통해 직접 소비자에게 전달되기 때문에 유통채널이 단순하다. 이러한 특징은 소비자에게 더 저렴한 가격으로 제품을 구입할 수 있다는 장점을 가진다.

둘째, 시간과 공간 제약이 없다. 인터넷은 24시간 접속이 가능하며, 전 세계와 연결되어 있어 제한된 영업시간 내에만 거래를 하는 기존의 상거래와는 달리 언제나 전 세계의 제품을 거래할 수 있다.

셋째, 물리적인 판매거점이 없다. 기존의 상거래가 시장이나 상점 등 물리적인 공간 내에서 전시에 의한 판매를 하는 것에 비해, 인터넷 전자상거래는 네트워크를 통해 무한한 정보를 제공하며 정보에 의한 판매를 한다는 것이 특징이다.

넷째, 고객정보의 수집이 용이하다. 마케팅 및 판매과정에서 고객의 정보를 수집할 수 있으며, 시장조사나 영업사원을 통한 노력 없이 그 결과를 온라인으로 수시로 획득할 수 있다.

다섯째, 효율적인 마케팅 활동이 가능하다. 기존의 상거래 마케팅 활동은 소비자의 의사에 상관없이 기업에 의해 일방적으로 마케팅 활동이 이루어졌으나, 인터넷 전자상거래는 인터넷을 통해 소비자와 1대1통신이 가능하기 때문에 소비자와의 상호작용적인 마케팅 활동이 가능하다.

여섯째, 고객만족을 위한 신속한 대응이 가능하다. 전자상거래에서는 고객의 문의사항에 대해 실시간으로 대응할 수 있으며 고객 요구를 신속하게 파악하고 만족시킬 수 있다. 이에 반해 전통적인 상거래에서는 고객의 수요를 잘못 파악하기 쉬우며, 빠르게 대응하지 못해 고객의 불만을 초래할 수 있다.

마지막으로, 소액자본으로도 사업을 전개할 수 있다. 전자상거래는 인터넷 서버 구입, 홈페이지 구축 등의 비용만 소요되기 때문에 토지나 건물 등의 거액의 자금이 필요한 기존의 상거래 방식에 비해 상대적으로 경제적이라 할 수 있다.

[표 3.2] 전통적인 상거래와 전자상거래의 차이점

구분	전통적인 상거래	전자상거래
유통채널	기업→도매상→소매상→소비자	기업↔소비자
거래 대상 지역	일부 지역	전 세계
거래시간	제약된 영업시간	24시간 / 7주 / 365일
판매거점 및 방법	물리적 공간	사이버 공간
고객수요 파악	영업사원이 획득 재입력 필요	온라인으로 수시획득 재입력 불필요
마케팅 활동	일반적 마케팅	1대 1 상호작용적 마케팅
고객대응	고객 니즈 포착의 어려움 고객 요구 대응 지연	고객 니즈의 신속한 파악 고객요구 즉시 대응
필요자본	거액의 자금 및 위험부담	상대적으로 적은 비용

인터넷이나 모바일 디바이스 등을 이용하는 전자상거래는 다음과 같은 다양한 특징을 가지고 있다.

- 편재성(Ubiquity): 시간과 장소에 구애 받지 않는 인터넷/웹 기술의 가용성을 나타낸다. 이는 시간적 및 지리적 기반이 사라진 마켓 플레이스(Marketspace)를 의미하고, 고객의 편의성 향상과 구매비용의 감소를 가져온다.
- 범 세계적 도달 범위(Global Reach): 마켓 플레이스는 전자상거래가 국가적 문화적 경계를 넘어 끊임과 변경 없이 이루어진다. 는 잠재적으로 수십억 인구와 수백만 기업들을 포함한다.
- 국제 표준(Internet standards): 개별적 컴퓨터가 다른 컴퓨터와 쉽게 연결 가능

하며, 낮은 시장 진입 비용 및 고객의 탐색 비용의 감소를 가져다 준다.

- 풍부성(Richness): 다양한 매체의 정보, 텍스트, 오디오, 비디오와 같은 다양한 메시지를 광범위한 사람들에게 제공하며, 비디오, 오디오, 텍스트 마케팅 메시지는 단일 마케팅 메시지와 고객의 경험으로 통합한다.
- 사용자와의 상호작용성(Interaction): 개별 고객에 맞는 경험을 제공하기 위해 대화에 참여하며, 상품을 시장에 전달하는 과정에서 고객도 참여자가 된다.
- 정보밀집도(Information Density): 정보밀집도의 증가는 모든 시장 참여자에 가용한 정보의 양과 질적 측면에서의 증가를 나타낸다. 또한 제품 과 서비스 등의 가격 투명성 및 비용투명성이 증가한다. 이를 기반으로 판매자로 하여금 가격 차별화에 참여를 유도한다.
- 개인화(Personalization): 고객에 따른 메시지의 수정을 가능하게 하는 기술이며, 그룹 및 집단에게 개인화된 메시지 전달이 가능하다. 또한 상품과 서비스는 개인별 선호에 따라 개인화 및 고객화를 한다.
- 소셜 기술(Social Technology): 사용자 컨텐츠 생성 및 소셜 네트워킹 관련 기술을 활용하며, 새로운 인터넷 소셜 비즈니스 모델은 사용자 기반의 컨텐츠 제생성과 소셜 네트워크를 지원한다

3.1.3 전자상거래의 유형

전자상거래 유형은 거래에 참여하는 주체나 판매방식을 기준으로 분류할 수 있다. 전자상거래에 참여하는 주요 주체에는 일반 소비자, 기업, 정부 등이 있으며, 이들의 거래관계에 따라 기업과 소비자간(Business to Consumer : B2C), 기업과 기업 간(Business to Business : B2B), 기업과 정부간(Business to Goverment : B2G), 소비자와 소비자 간(Consumer to Consumer : C2C), 정부와 소비자 간(Goverment to Consumer : GtoC) 등의 형태로 구분된다. 판매방식에 따른 분류는 입점형 쇼핑몰, 오픈마켓, 카페·소셜커머스·B2B 판매 등으로 구분된다.

(1) B2C(기업과 소비자 간의 전자상거래)

기업과 소비자 간의 전자상거래는 B2C(Business to Consumer) 전자상거래라고 불리며 사람들에게 가장 익숙한 전자상거래 유형이다. 이는 기업과 소비자 간에 상품과 서비스를 전자적 매체를 이용하여 교환하는 거래를 말한다. B2C 전자상거래는 양측의 시간과 공간을 절약하여 교역의 효율을 높일 뿐 아니라, 도매·소매업이라는 중간 연결고리를 제거함으로써 원가를 크게 낮추어 소비자들의 전폭적인 지지에 힘입어 큰 발전을 이루었다.

대표적인 전자상거래 모델인 B2C는 판매자와 구매자간의 거래 모델로써 인터넷 쇼핑몰의 형태로 이루어 졌다. 주요 내용은 제품 및 서비스 광고, 판매, 고객 서비스 등이 주요 내용이며, C2B와 C2C의 영역으로 세분화 된다. 이러한 거래는 다시 무형의 상품과 서비스를 전자적으로 판매하는 시장과 물리적인 상품을 전자적인 매체를 이용해 판매하는 시장으로 나눌 수 있다. 무형의 상품과 서비스를 전자적으로 판매하는 시장에서는 소프트웨어와 같은 디지털 상품과 인터넷 뱅킹, 사이버증권 등의 서비스를 거래 및 제공하고 있다. 반면 물리적인 상품이 전자적인 매체를 이용하여 판매되는 시장은 종래에 이루어지던 우편 및 통신 판매가 인터넷의 보급 확산에 따라 웹을 이용한 가상 쇼핑몰의 형태로 전환된 것이며 주로 홈뱅킹, 인터넷 쇼핑몰, 가상공동체, 전자경매, 인터넷광고 등의 형태로 구현되어 거래가 이루어지며, 이 중 인터넷 쇼핑몰이 많은 비중을 차지하고 있다. 인터넷 쇼핑몰에서의 서적, 음반, 전자제품, 소프트웨어 등의 판매, 홈뱅킹을 이용한 사이버 대출, 대금 납부, 이체, 계좌 관리, 온라인 광고 및 온라인 정보, 음악, 영화, 게임 등 오락이나 기타 주문형 서비스 등이 포함된다. B2C 비즈니스 모델로는 아래 [표 3.3]과 같다.

[표 3.3] B2C 비즈니스 모델

비즈니스 모델	사례	내용
e소매점 (e-tailer)	Amazon, Walmart, Dell 등	고객들이 언제 어디서나 구매할 수 있는 소매 상점의 온라인 버전으로 고객이 재고를 알아보고 주문을 내가 위해 인터넷에 접속해야 함
커뮤니티 제공자 (Community provider)	Facebook, LinkedIn, Twitter 등	관심, 취미, 공통의 경험을 갖고 있는 개인들이 온라인에서 만나 정보교류 및 의사소통을 함
콘텐츠 제공자 (Contents provider)	WSJ.com, CNN.com, ESPN.com 등	신문, 스포츠, 또는 고객들에게 최신의 뉴스와 소식, 특별한 관심사에 관한 정보와 팁을 제공하는 정보와 엔터테인먼트 제공자
포털 (Portal)	Yahoo, AOL, MSN, Bing, Google, Naver, Daum 등	콘텐츠 통합 패키지, 콘텐츠 검색, 소셜 네트워크 서비스, 뉴스, e메일, 채팅, 음악, 동영상 등
거래 중개자 (Transaction broker)	ETrade, Expedia, Hotels.com, Monster.com 등	주식 중개인과 여행사 같은 온라인 판매 거래를 중개하는 사업자이며, 거래를 빠르고 저렴하게 할 수 있도록 지원, 고객의 생산성 향상
시장 창조자 (Market creator)	eBay, Amazon, Priceline 등	인터넷 기술을 이용하여 판매자와 구매자가 함께 만날 수 있는 시장을 만드는 웹 기반의 비즈니스
서비스 제공자 (Service provider)	VisaNow.com, Carbonite 등	온라인에서 고객에게 제품보다는 서비스를 판매하여 수익을 창출

(2) B2B(기업과 기업 간의 전자상거래)

기업과 기업 간의 전자상거래, 즉 B2B(Business to Business) 전자상거래는 기업과 기업이 인터넷을 통해 상품과 서비스, 정보 등을 교환하는 것으로 가장 빠른 발전을 보이고 있는 유형이다. 기업 간의 전자매체를 이용한 거래는 인터넷을 활용하기 시작하면서 제품의 창출, 구매. 조달, 판매, 고객 관리 등 다양한 거래 단계에서 활용되고 있는데 주로 기업 간의 문서발주, 기업 간의 구매업무 및 기업과 금융기관과의 전자적 자금이체 등의 업무를 수행한다.

기업 간 전자상거래는 상품 주문과 계약, 인증 및 전자 대금 지불을 온라인으로 진행할 수 있기 때문에 양측의 기업이 각자의 공급판매 시스템과 재무상황을 보다 정확하게 파악할 수 있고 상품정보를 신속하게 접할 수 있음으로써 기업의 시장 확대와 재고량 감축, 원가절감, 효율 증대에 탄탄한 기초를 제공하고 있다.

B2B 영역에서 주요 비즈니스 모델로는 전자적 유통업자, 전자구매조달 기업, 거래시장, 산업 컨소시엄, 사설산업 네트워크 등이다. (표 3.4 참조)

[표 3.4] B2B 비즈니스 모델

비즈니스 모델	내용
전자적 유통업자 (e-distributor)	개별적인 기업들에게 온라인 상에서 제품과 서비스를 공급. 산업의 아마존에 해당(예: Grainger.com, McMaster-Carr.com 등)
전자구매조달 (e-procurement)	시장을 개설하고 그 시장에 비용을 지불하고 참가하는 기업들에게 수많은 종류의 유지·보수를 위한 물품들을 제공하는 다수의 온라인 공급자들을 연결해 주는 제3의 독립적인 중개자(예: 아리바 등)
거래소 (Exchange)	많은 수의 공급업체들이 적은 수의 대규모 구매업체들을 만날 수 있는 독립적인 디지털 전자시장. 시장을 생성하는 것을 비즈니스로 하는 기업에 의해 독립적으로 소유되며 거래 당사자들 사이에 수수료를 부과하여 수익을 창출 (예: ILS(Inventory Locator Service) 등)
산업컨소시엄	특정산업에서 서비스하는 산업 소유의 수직적 마켓플레이스를 의미. 적은 수의 기업에 자신들의 산업에 이해가 잇는 제품과 서비스를 공급 (예: 엑소스타 등)
사설 산업 네트워크	비즈니스에 함께 참여하는 기업들 사이에서 원활한 의사소통을 위하여 고안된 디지털 네트워크. 네트워크는 단일의 대규모 구매 기업에 의해 소유. 직접 투입재의 장기적인 신뢰관계가 잇는 공급업체 등만 참여 (예: 월마트 등)

B2B 전자상거래는 기업의 가치창출이 이루어지는 활동을 기업간 거래에 초점을 둔 것이며, 기업 내부의 거래가 이루어질 수 있도록 원재료나 부품이 입력되는 조달 활동이 중심이다. 주로 EDI, E-mail, SCM 등이 활용되는데 EDI를 통한 기업과 공급업자 간의 문서 교환, SCM을 통한 기업간 정보, 판매, 유통 채널의 공유, 전자적인 자금 이체에 활용되며, 기업간 거래에서 고객관계관리, 수요관리, 주문처리, 생산관리, 조달, 재고관리와 같은 비즈니스 프로세스도 포함한다. 이러한 B2B 전자상거래가 제공하는 혜택은 다음과 같다.

• 낮은 운영비용
• 낮은 검색비용
• 제고비용감소
• 공급자간 경쟁 증가
• 제고 물량 감소
• 낮은 거래비용
• 자동화, 서류작업 근절
• 적시부품제공으로 인한 생산 유동성 향상
• 판매자와 구매자간 협력 증대로 제품의 질 향상
• 제품 사이클 주기 감소
• 협업기회 증가
• 가격투명성향상
• 실시간 정보 공유 및 투명성 향상

(3) C2C(소비자와 소비자 간의 전자상거래)

소비자와 소비자 간의 전자상거래, 즉 C2C(Consumer to Consumer)는 개인 간의 서신교환, 정보교환, 그리고 이를 통한 거래 등이 주를 이루고 있다. 고도 성숙 경제시대에 있어서 소비자는 시장을 주도해 나갈 것이므로 개인 간의 상거래는 상당한 수준에 이를 것으로 보인다.

C2C는 네트워크를 통하여 소비자들간에 서로 상품을 거래하거나 정보를 교환하는 형태의 e비즈니스를 말한다. 이 경우 소비자가 구매자이면서 동시에 공급자가 되기도 한다. C2C는 크게 개인 간 경매와 P2P(Peer to Peer)로 구분된다.

① 개인 간 경매

국내의 옥션(www.auction.co.kr)이나 해외의 e-Bay(www.ebay.com) 등이 대표적인 예로, 판매자가 경매 사이트에 팔고자 하는 물품을 올리면, 최고가를 제시한 입찰자가 물품을 낙찰 받는 e비즈니스 형태이다. 옥션이나 e-Bay와 같은 업체는 단순히 경매를 위한 사이버 공간을 제공해 주는 대신, 거래액의 일정비율(즉, 거래수수료)을 받는다. 옥션의 예를 보면 상단의 점선 박스에는 경매 물품인 디지털 카메라와 이것의 사양 및 제공 옵션이 나타나 있고, 하단의 점선 박스에는 지금까지 입찰에 참여한 구매 희망자(입찰자)들의 입찰 일자 및 입찰가격 등이 표시되어 있다. 물품 구매 희망자들이 지금까지 제시된 입찰가격을 보고 더 높은 가격을 제시하는 방식으로 경매가 진행되기 때문에 입찰가격은 지속적으로 상승하게 되며, 경매 마감일자까지 가장 높은 가격을 제시한 물품 구매 희망사에게 최종적으로 물품이 낙찰되게 된다. 개인 간 경매는 누구나 참여가 가능하고, 자신이 필요 없는 물품을 자유롭게 판매할 수 있으며, 필요한 물품을 저렴한 가격에 구입할 수 있다. 또한, 입찰 과정에서의 다른 입찰자와의 가격 경쟁은 엔터테인먼트적인 요소를 제공해 줄 수도 있다. 초기에는 입찰자와 판매자 간의 신용 문제, 결제 문제, 배송 문제 등이 지적되기도 했으나, 이제는 이러한 문제들이 시스템적으로 거의 해결된 상황이다.

② P2P(Peer to Peer)

P2P는 개인들이 공급자 또는 소비자 입장에서 디른 사람들의 컴퓨터에 저장뇐 파일들을 검색하여 자신의 컴퓨터로 가져오거나 다른 사용자에게 파일을 제공하는 활동을 의미한다. 파일을 가져오는 입장에서는 소비자라 할 수 있고, 자신의 컴퓨터의 파일을 누군가 가져간다면 공급자가 되는 것이다. 즉, 개인용 컴퓨터는 클라이언트인 동시에 서버의 역할을 하기도 하며, 개인 자신은 소비자이면서 동시에 공급자가 되기도 한다. P2P 서비스는 다른 e비즈니스 유형과 달리, 웹사이트를 통해 모든 서비스가 이루어지는 것이 아니라, 개인용 컴퓨터에서 사용하는 별도의 P2P 프로그램을 통해 수행된다.

이러한 프로그램을 이용하여, 사용자는 원하는 P2P 서버에 접속해서 그 서버에 접속되어 있는 다른 개인들의 PC에 저장되어 있는 파일들을 검색하고 다운로드 받을 수 있다. 일반적으로 이러한 P2P 서버는 파일들의 저장공간을 제공하는 것이 아니라, 그 서버에 접속중인 사용자들의 IP주소 및 파일들에 대한 인덱싱 정보만을 저장하고 있다.

P2P는 서비스가 등장한 초기에는 개인 간의 원활한 정보교환을 통한 지식창출의 인프라로 기대를 모았었지만, 최근에 P2P 상에서 공유되고 있는 음악, 영

화, 전자책 등과 같은 콘텐츠에 대한 저작권 문제로 인해 각종 소송이 끊이지 않고 있다.

(4) B2G와 C2G(기업-개인과 정부 간 전자상거래)

기업·개인과 정부 간 전자상거래는 Business to Government 또는 Consumer to Government로 국내에서는 기업 또는 개인이 납부해야 할 각종 세금 납부나 민원 처리를 전자적으로 수행하는 등의 활용 부문이 활성화 되었다.

G2B는 기업과 정부가 인터넷을 통해 물건을 사고 팔거나 정보를 교환하는 비즈니스 활동이다. 국내 G2B의 예로 조달청의 국가종합전자조달 서비스인 나라장터(www.g2b.go.kr)를 들 수 있는데, 이는 정부 기관들에서 필요로 하는 기자재 및 물품들을 구매하기 위해 운영된다. 이 서비스는 입찰 및 쇼핑몰 등을 이용한 방식으로 물품을 구매할 수 있도록 지원하고 있는데 입찰 방식의 경우, 각 정부 기관에서 필요한 기자재 등을 직접 공고하고 입찰에 낙찰된 기업으로부터 물품을 구매할 수 있는 기능을 제공하고 있다. 또한, 쇼핑몰 기능을 통해 다양한 행정용품들을 빠르게 구매할 수 있도록 지원하고 있다. 이상의 서비스 외에도 나라장터에서는 여러 기관에서 이용되는 각종 신청서 및 세무 양식의 비치, 작성이 완료된 양식의 전송, 공과금 납부, 기업 정보 갱신, 질의 응답 요청 등과 같은 각종 서비스를 제공하고 있다.

G2C는 정부기관들이 국민 개인에 대해 의료보험의 지급, 각종 세금납부, 민원서류 발급 등과 같은 각종 행정 서비스를 인터넷을 기반으로 제공하는 e비즈니스 유형이다. G2C는 B2C 및 G2B에 비해서는 상대적으로 늦게 시작되었지만, 선진국가의 중요한 인프라로서 많은 주목을 받고 있다. 우리나라에서는 대한민국전자정부(www.egov.go.kr)라는 이름으로 행정 서비스를 온라인으로 제공하고 있다

(5) 판매방식에 의한 분류

판매방식에 의해서도 전자상거래를 분류할 수 있는데 입점형 쇼핑몰, 오픈마

켓, 카페·소셜커머스·B2B 판매 등으로 구분된다.

[표 3.5] 판매방식에 의한 분류

입점형 쇼핑몰	- 대형 온라인 쇼핑몰에 개인이나 업체가 입점해 판매하는 방식(Gsshop, CJmall, 인터파크, 현대 Hmall 등) - 제품 경쟁력이 있는 판매자에게 적합하며, 대형 온라인 쇼핑몰의 고객이 잠재고객이 될 수 있음 - 백화점처럼 핀매 수수료가 높음
오픈마켓	- 대표적인 오픈마켓은 옥션, G마켓, 11번가 등이 있으며, 적은 수량의 물품 판매가 가능 - 온라인 판매경험이 전혀 없거나, 매우 저렴한 가격에 제품 공급이 가능한 판매자에게 적합함 - 경쟁이 치열하고, 재 구매가 거의 일어나기 힘든 판매 방식
카페, 소셜커머스, B2B 판매	- 카페를 이용한 방식은 네이버, 다음 등 인터넷 카페에서 제공하는 결제시스템을 활용한 제품 판매 방식으로 시장반응을 즉시 볼 수 있음 - 소셜커머스의 경우 특정기간에 단일 제품을 할인해 판매하는 방식으로 제품의 가격이 저렴하거나 단일 제품일 경우 적합함 (예: 티몬, 쿠팡 등) - B2B의 경우 기업간의 전자상거래로 기업의 구매 요청에 부합되는 제품을 납품하거나, 도매업자가 일반인을 대상으로 제품을 판매하는 방식

3.2 e마켓플레이스

3.2.1 e마켓플레이스의 개요

마켓플레이스는 물건을 사고파는 장터이다. 제품을 팔고자 하는 사람들과 사고자 하는 사람들이 자유롭게 만나서 거래가 이뤄지는 곳이다. e마켓플레이스는 인터넷상에서 불특정 다수의 공급자와 수요자간에 제품과 서비스 등에 대한 가격 정보나 제품 사양 등에 정보를 교환하고 제품이나 서비스를 매매할 수 있도록 하는 가상의 시장이다. 예를 들어 이베이, 옥션, 아이마켓코리아 등이 대표적인 e마켓플레이스이다.

e마켓플레이스가 성공하기 위해서는 글로벌 경쟁하의 비즈니스 모델이 필요하며, 시장 규모 판단 및 고객 관계 경영, 산업의 전문지식 및 상호 교환적 지식 경영, 재무적 기회, 브랜드력 및 분배, 혁신적 경영 아이디어, 시장 선두 진입 및 수요 판단의 즉시성, 수익원 믹스, 각종 규제 및 세제 분석, 그리고 프로세스 효율증대 와 비용절감 등의 노력이 필요하다.

e마켓플레이스는 구매사들의 구매시스템을 공급사들의 주문제품 발송시스템과 함께 통합하는 온라인 커뮤니티로서 표준화된 거래프로세스를 제공하며,

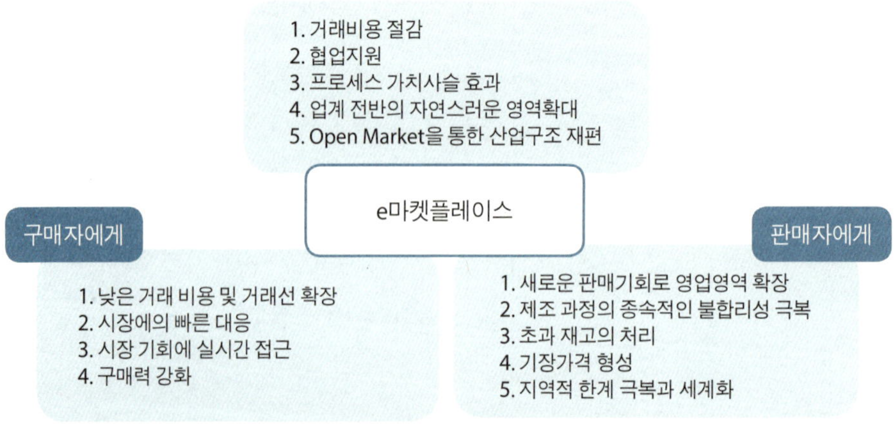

[그림 2.7] e마켓플레이스 혜택

거래 수수료에 의해 수입이 발생된다. 또한 거래 효율성은 단일 프로세스를 통해 많은 거래를 수행하며 웹 기반의 거래자동화 시스템을 이용함으로써 발생하게 된다.

e마켓플레이스는 거래 당사자들간의 거래비용 절감이나 협업 지원, 가치사슬 효과, 영역 확대, 산업구조 개편 등이 가능하게 하였으며, 판매자에게 영업영역 확장, 제조과정의 불합리성 극복, 초과제고처리, 시장가격형성, 지역적 한계 극복 등의 혜택을, 구매자에게 낮은 거래비용 및 거래선 확장, 시장에 빠른 대응, 시장 기회 실시간 접근, 구매력 강화 등의 혜택을 가져다 준다. (그림 3.1 참조)

3.2.2 e마켓플레이스의 역할

e마켓플레이스는 정보제공, 구매자와 공급자의 집적 및 연결, 거래지원, 신뢰구축, 가상공동체 조성 등의 역할을 수행할 수 있다. 이에 대해 살펴보면 다음과 같다.

(1) 정보 제공

e마켓플레이스는 구매자와 판매자에 대한 많은 정보를 저장해두고 있기 때문에 구매자나 판매자는 이를 통해 필요한 정보를 쉽게 얻을 수 있다. e마켓플레이스는 구매자에게 판매자의 제품사양이나 가격에 대한 정보를 제공함으로써 구매자의 정보수집 비용을 낮출 수 있고, 동일 산업이나 상품정보, 시장동향 등을 수집·분석하여 구매자나 판매자에게 제공함으로써 거래가 효과적으로 수행될 수 있도록 지원한다. 판매자들은 이러한 정보를 획득함으로써 신상품에 대한 시장의 반응을 알아볼 수 있고, 기존 제품의 생산계획 수립에도 활용할 수 있다. e마켓플레이스는 구매자나 판매자에게 제공되는 정보를 적절히 해석함으로써 정보 교환을 원활하게 할 수 있다.

(2) 공급자와 구매자의 집합

e마켓플레이스는 다수의 판매자와 구매자를 한 곳에 모이게 하여 규모의 경제와 범위의 경제를 유발함으로써 효율적인 시장을 만들 수 있다. 다수가 모임으로써 구매자에게는 제품과 서비스를 선택할 선택의 폭이 넓어지고, 판매자에게는 제품의 유동성이 증가된다. 구매자들은 한 곳에 집합된 제품의 가격과 사양들을 쉽게 검색하고 비교할 수 있다. e마켓플레이스는 소비자의 구매 정보를 집적하여 조직된 수요로 공급자와 협상할 수 있기 때문에 구매자와 판매자 사이에 형성되는 협상력의 비대칭성을 줄인다.

(3) 공급자와 구매자의 연결

시장에서 구매자는 자신의 요구사항을 충족시켜 줄 수 있는 적절한 판매자를 찾고, 판매자 또한 적절한 가격에 자신의 상품을 구매할 대상을 물색한다. e마켓플레이스는 이와 같은 욕구를 연결(Matching)하는 주요 접점으로서의 역할을 수행함으로써 구매자와 판매자의 욕구를 충족시켜줄 수 있다. 구매기업은 판매자들이 제공하는 제품들을 한 곳에 모아 놓은 카탈로그를 검색함으로써 자신이 원하는 공급자와 연결될 수 있고, e마켓플레이스가 제공하는 경매, 역경매 메커니즘을 통해 자신이 원하는 공급자와 연결될 수 있다. 이러한 기능을 통해 e마켓플레이스에 참가하는 구매자는 개별적으로 놓여진 구매자나 공급자보다 구매의사결정을 보다 잘 내릴 수 있게 된다.

(4) 거래 지원

e마켓플레이스는 지불처리, 배달, 문서처리 등 거래 관련 서비스를 제공함으로써 구매자의 거래활동을 지원할 수 있다. 가령 여행사는 다양한 여행 대안에 대한 정보를 제공하고, 지불을 처리하고, 티켓이나 청구서, 여행정보 등을 제공함으로써 거래를 지원해준다. 또한, e마켓플레이스는 고객의 특정 요구사항에 맞는 프로세스, 제품, 절차 등을 제시하거나 구매자가 원하는 시간에 원하는 양

만큼의 제품을 배달해주는 협업(Collaboration) 기능을 제공할 수도 있다.

(5) 신뢰 구축

e마켓플레이스는 전문지식과 명성을 통해 구매자와 판매자가 전자시장에서 믿고 안전하게 거래할 수 있도록 하는 신뢰(Trust) 구축 역할을 수행한다. e마켓플레이스는 구매자나 판매자보다 시장에 보다 오래 지속적으로 참여하여 상호작용을 함으로써 수익을 얻을 수 있기 때문에 시장 거래가 성사되도록 하는 높은 유인을 가진다. e마켓플레이스는 시장 참가자들의 기회주의적 행위(Opportunistic behavior)를 억제함으로써 거래 실패(Transaction Failure)율을 낮추고 믿음을 제공하면서 신뢰를 구축해 나간다. 가령, e마켓플레이스는 품질에 대한 최소한의 기준을 제공하는 제3자 역할을 수행함으로써 믿을 수 있게 해준다.

(6) 가상공동체 조성

e마켓플레이스는 구매자들 간의 가상공동체(Virtual Community)를 조성할 수 있다. 가상공동체는 정보기술에 의하여 네트워크 상에 구성되어 공통의 관심사나 경험을 가지고 상호작용하면서 소속감이나 감정적 유대를 공유한다. e마켓플레이스는 구매자 간의 네트워크를 공동체화 함으로써 집적된 고객 프로파일의 가치를 극대화하고, 고객의 이용량을 증가시키며, 고객의 이해관계를 대변할 수 있게 한다.

(7) 정보 인프라 제공

정보 인프라(Information Infrastructure)는 업무 프로세스에 수반되는 비용과 시간을 줄여 기업에게 새로운 기회를 제공하고 있다. 정보 인프라의 일 예인 e마켓플레이스는 구매자와 판매자에게 IT 기반(Information Technology Infrastructure)을 제공해준다. 이로 인해 형성된 연결 네트워크는 거래비용을 감소시킨다. e마켓플레이스가 제공하는 ASP 서비스는 정보 인프라의 한 예로 이를 통해 기업은 전통적인 구매관리 방식에서는 불가능했던 부서별 사용 내역의 비교나 주별, 월별, 연별 비교 등을 통해 구매 업무를 보다 효율적으로 관리할 수 있게 된다.

3.2.3 e마켓플레이스 유형

e마켓플레이스의 분류기준으로 사업영역과 운영주체에 따라서 e마켓플레이스가 분류되며, 이를 중심으로 e마켓플레이스의 유형에 대해 살펴보면 다음과 같다.

(1) 사업영역을 중심으로

e마켓플레이스는 가장 간단하게는 사업영역을 중심으로 수직형(Vertical) e마켓플레이스와 수평형(Horizontal) e마켓플레이스로 나눌 수 있다. 수직형 e마켓플레이스는 컴퓨터·전자, 자동차, 화학, 철강과 같이 특정 산업이나 시장을 따라서 수직적으로 전문화하여 서비스를 제공하는 e마켓플레이스를 의미하고 수평형 e마켓플레이스는 여러 산업에 걸쳐 유사한 성격의 제품이나 기능을 제공하는 e마켓플레이스를 의미한다.

(2) 운영주체를 중심으로

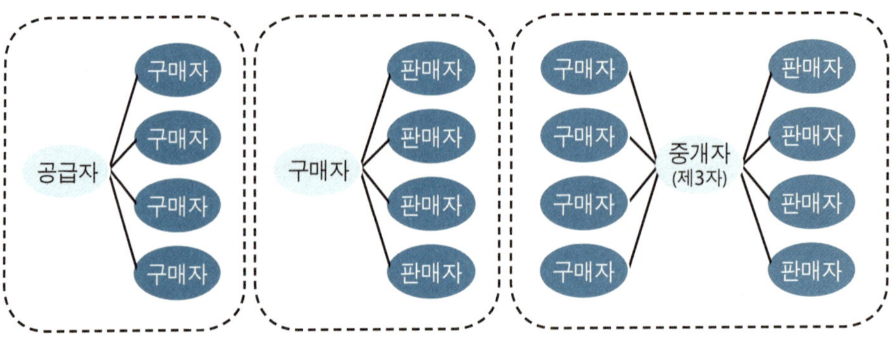

[그림 2.8] 운영체제 중심의 e마켓플레이스

e마켓플레이스는 운영주체를 중심으로 컨소시엄형과 제3자형으로 나눌 수 있고, 컨소시엄형은 다시 구매자 주도형과 공급자 주도형으로 나눌 수 있다. (그림 3.2 참조)

① 구매자 주도형 e마켓플레이스

구매자 주도형(Buyer-Managed) e마켓플레이스는 복수의 구매기업이 모여 컨소시엄을 형성하고 이를 중심으로 e마켓플레이스를 구축·운영하는 것을 말한다. GM, Ford, DaimlerChrysler가 컨소시엄을 이루어 구축한 Covisint를 예로 들 수 있다. 구매자 주도형 e마켓플레이스에서 구매기업은 흔히 오랜 산업 경험을 지닌 대기업이다. 구매자 주도형 e마켓플레이스는 많은 경우 독립 법인으로서 설립되고, 다른 유력한 구매기업들에게도 지분을 제공함으로써 이들의 참여를 유도한다. 구매자 주도형 e마켓플레이스는 대량 구매력을 통해 기업의 조달비용을 줄여주고, 기업의 가치사슬상에 존재하는 낭비적 요소를 줄여주며, 공급업자들로부터 거래 수수료 수익을 거두어들일 수 있다.

② 공급자 주도형 e마켓플레이스

공급자 주도형(Supplier-managed) e마켓플레이스는 Grainger.com, Works.com과 같이 유통업자나 공급업자가 중심이 되어 구축·운영한다. 초창기의 공급자 주도형 e마켓플레이스는 B2C 인터넷 쇼핑몰처럼 여러 기업들의 제품 카탈로그를 인터넷 상에서 구현한 것에 불과하였으나 여기에 온라인 장바구니, 전자지불결제 등의 기능을 추가하고 있고, 경우에 따라서는 고객 기업의 구매활동에 대한 내역을 종합해서 보여주는 회계 및 관리 기능도 제공하기도 한다. 흔히 시장을 장악하고 있거나 제한적이고 독점적인 제품을 생산하는 공급업자가 공급업자 주도형 e마켓플레이스를 구축한다. 특히, Grainger.com과 같이 분산된 소규모 구매자들을 대상으로 하는 대형 공급업자나 유통업자들은 그들 자신의 e마켓플레이스를 운영함으로써 보다 큰 효과를 볼 수 있다. 공급자 주도형 e마켓플레이스는 참여 구매기업들의 비용을 줄여줌으로써, 또는 편리하게 이용할 수 있는 통합된 주문·지불·물류 시스템을 제공해줌으로써 이들에게 가치를 전달해 준다.

③ 제3자형 e마켓플레이스

제3자형 e마켓플레이스는 달리 중립형(Neutral) e마켓플레이스라 불리기도 하는데 이는 PlasticsNet, Dovebid, eSteel, NECX 등과 같이 다수의 구매자를 다수의 판매자와 연결시키는 제3자가 구축·운영한다. 이는 구매자나 판매자에 의해 간섭받지 않는 독립된 e마켓플레이스로 유통업자나 시장 조성자가 주로 운영한다. 유통업자들은 익명으로 납품하며 상품의 이윤 폭을 주 수익원으로 한다. 시장 조성자는 순수 e마켓플레이스를 운영하며 주문연결, 거래수수료 등을 주 수익원으로 한다. 이러한 e마켓플레이스는 벤처 자본가가 자금을 지원하고 Ventro, Instill, Healtheon·WebMD와 같은 초기의 닷컴기업들인 경우가 많다.

(3) 구매대상 및 방식에 따라

① 온라인 유통자

온라인 유통자들은 여러 공급자들의 제품 카탈로그를 웹사이트상에 제공하고, 구매자들은 이를 통해 온라인으로 구매를 한다. 여러 공급사들의 MRO(유지보수용) 제품들을 단일 관문을 통해 즉석 구매 할 수 있는 기회 제공한다. 이러한 온라인 유통자들은 자신들이 유통시키는 제품들에 대해 마진 붙여 판매해 수익을 발생시키고, 구매자 관점의 혜택은 검색비 절감, 거래비 절감, 넓은 제품선택 폭, 신속한 배송, 저렴한 가격 등을 제공한다.

② 온라인 구매자

수많은 운영 투입용 부품 들을 제공하는 수백여 개의 온라인 공급사들을 유료로 시장에 가입한 구매사들과 연결한다. MRO제품들을 주로 장기계약 방식에 의해 판매하는데 역점을 두지만, 회원들이 즉석 구매할 기회도 제공한다. 가치사슬관리 서비스를 통해, 판매자들에게는 판매프로세스 자동화를 그리고 구매자들에게는 구매프로세스 자동화를 제공한다. 온라인 구매 e마켓플레이스는 매 거래 시마다 거래금액의 일정 퍼센티지를 부과하고, 컨설팅 서비스 및 소프트웨어의 사용료를 부과하며, 또 네트워크 사용료를 청구해 수익을 발생시킨다. 비교적 거래비용이 높은 저가의 MRO 제품들이 주로 거래되므로, 구매프로세스 효율성을 높임으로써 가치를 창출하여 비용절감이 가능하다. 대표적인 예로써 아리바(Ariba)는 웹 기반 유통 및 구매 소프트웨어를 통해 서비스 제공한다.

③ 독립 거래소

독립적으로 운영되는 e마켓플레이스이며, 수많은 공급자들과 구매자들을 연결한다. 특정 산업의 대기업들이 필요로 하는 즉석구매에 초점이 맞춰져 있다. 이러한 독립거래소는 각 거래에 대해 수수료를 부과함으로써 수익을 발생시키며, 구매자들은 제품 검색비 절감 및 저렴한 가격의 효과를 기대할 수 있으며, 공급사들은 글로벌 시장 접근 및 잉여 제품 처분의 기회가 존재한다. 하지만 공급자들은 서로 경쟁관계에 놓일 것으로 우려해 참여를 꺼렸고, 이로 인해 시장 유동성이 낮아졌으며, 구매자들은 신뢰 높은 전통적 공급자들이 부족해 구매를 꺼리게 됨으로써 이 모델은 결국 실패하였다. 대표적인 예로써, 이스틸(e-Steel)은 철강부문의 수직시장에서 철강의 판매와 구매를 대행하는 서비스를 제공하던 유망한 벤처기업이었으나, 거래소 위기의 흐름 속에 사라졌다.

④ 산업 컨소시엄

특정 산업의 한정된 공급사들로부터 제조투입재를 장기 계약에 의해 구입할 기회를 제공한다. 구매자·공급자에게 구매, 거래관리, 물류, 결제 등의 부가서비스 제공한다. 공동 네트워크 및 컴퓨터 플랫폼을 통해 개별기업들의 공급망을 통합하는 데 궁극적인 목적이 있다. 이러한 산업 컨소시엄은 거래비용 절감보다는 공급망의 최적화에 초점을 두고 있으며, 거래소에 대해 만족하지 못하던 대형 공급사들이 모여 직접 시장을 구축하였고, 컨소시엄 참여기업들이 구축 및 운영비를 부담하며, 구매거래이용 시마다 수수료 지불하고 있다. 참여 구매기업들은 구매프로세스 효율화, 저렴한 가격 등의 혜택 얻고 있다. 대표적인 예로써, 미국 Big3 차 메이커들이 공동으로 구축한 Covisint는 6만여 부품공급사들이 참여하며 연간 약 2,500억 달러 이상의 거래가 발생하고 있다.

3.2.4 e마켓플레이스 사례

미국을 중심으로 전 업종에서 e마켓플레이스가 등장하였다. 세계최대의 자동차 메이커인 GM, Ford 및 DaimlerChrysler가 동일 지분의 Joint Venture를 설립하여 초대형 e마켓플레이스 구축하는 사례에서 볼 수 있듯이 개별기업차원의 독자적인 e마켓플레이스 보다는 동종 업체가 전략적으로 제휴하여 공동으로 e마켓플레이스를 구축하는 경향이 전 업종에서 일반화되었다. (표 3.6)

[표 3.6] 해외 e마켓플레이스 사례

분야	참여 업체	비고
자동차 (미)	GM, Ford, DaimlerChrysler (르노-닛산 참여)	세계최대 자동차 e-Marketplace 추진(연간 2,400억불 규모, 전세계 3만여 업체 연결)
유통 (미/프)	시어스, 카르푸, 오라클	GlobalNeteXchange추진 (연간 800억불 규모, 5만여 공급업체 참여)
건설 (미)	Centex Corp., D.R.Horton, Lennar Corp. 등	5대 건설회사간 합작회사 설립 추진
철강 (미)	US Steel, esteel	온라인 철강판매 합작회사 설립추진 (65개국, 1,300개회사 참여)
항공 (미/영/프)	US항공, 아메리칸에어라인, 델타항공, 유나이티드에어라인, 영국항공, 에어프랑스	항공분야 합작회사 설립 추진 (연간 320억파운드의 부품조달)
항공 (미/영)	보잉, 록히드마틴, 영국항공, Raytheon	항공.방위분야 합작회사 설립 추진

국내에서도 업종별 e마켓플레이스가 급속히 성장하고 있으며, 순수 온라인기업, 종합상사 등의 유통회사는 물론, 대기업도 참여하는 경쟁체제를 형성하고 있다. (표 2.12 참조)

[표 2.12] 업종별 e마켓플레이스 현황

분야	참여 업체	비고
화학	삼성물산 및 국내외 30여개 화학업체 참여	ChemCross.Com
	현대종합상사, SK상사, LG상사	ChemRound.com
의료	삼성물산	Carecamp.com
	SK상사	e-메디칼스
	제일제당, 대한약사통신	Pharmsnet.com
	의과대학부속병원	e-메디피아
	대형약국 등	Pharmsia.com
섬유 패션	데코, 쌈지, 삼영보방, 성도어패럴, 이랜드, 일승섬유 B2B 코리아 등	TplusF.com
	Vertical Korea	Fatex.com
	쌍용중공업	TextileM.com
	FSCM, 동대문시장	FSCM.co.kr
	싸이버텍홀딩스, CMR	Texpiaweb.com
철강	SK상사, 삼보컴퓨터, 두루넷	iSteelKorea.com (홍콩의 iSteelAsia.com사와 합작)
	삼성물산	tradesteel.com
	현대종합상사	steelnmetal.com
건설	인터파크, 동부건설, 성원건설, 대아건설, 성부실업, 동양고속 건설, 삼부토건, 신화건설, 삼능건설, 월드건설 등	buildersnet.com - 100여개 건설회사, 2,000여개 건설현장 및 1,000개 이상의 공급업체 참여
전자부품	필코전자, 휴맥스, 디지토, 베스트나우	partsN.com
중공업	현대중공업, 현대정보기술, 한국오라클, 삼호중공업 등	heavyindustryxchange.com
소비재 등	제일제당(CJ코퍼레이션), 오라클	dreamxchange.com
식음료	풀무원, 링크웨어, 매일유업, 샘표, 신라명과 등 10여개사	foodmerce.com (globalfoodxchange.com과 제휴)
전기전력	일렉트리아닷컴	electria.com

분야	참여 업체	비고
환경	에코솔루션	ecobuysell.com
컴퓨터 반도체	삼성전자, 컴팩, HP, AMD, 히타치, 게이트웨이, 인피니온, NEC, 퀀텀, SCI시스템, 솔렉트론, 웨스턴	ehitex.com (각사별로 5~7%의 구매비용 절감)
물류	싸이버로지텍, 한국오라클, 한국HP, 사이버텍홀딩스 등	LogisticExch.com
기타	industrader.com	섬유, 화학, 철강, 비철금속, 건설, 반도체, 식품, 물류유통 등의 분야

4 e비즈니스 운영 및 관리

4. e비즈니스 운영 및 관리

4.1 e비즈니스 시스템 개요

e비즈니스는 기업들이 인터넷 기술을 활용하여 비즈니스 방식을 근본적으로 변화시키는 것을 의미한다. 즉, 물리적인 사회에 맞추어져 있넌 기존의 기업의 프로세스, 조직, 문화 등을 전자적인 디지털 사회에 맞추어 전환하는 것을 말한다. e비즈니스는 인터넷을 활용하여 내부의 기초를 바꾸고 인터넷을 통하여 새로운 비즈니스의 기회를 창출하는 것으로 볼 수 있으며, e비즈니스 시스템의 구현은 다음과 같은 목적을 위한 것이다.

즉, 인터넷을 활용하여 고객을 유인·유지하고 만족시키는 새로운 방법을 고안, 고객에게 제품 및 서비스를 제공하는데 있어 기업의 공급사슬, 생산, 구매 프로세스를 최적화 시킨다. 또한 셀프서비스를 통하여 기업 내부의 프로세스를 자동화 함으로써 원가 절감 및 효율성을 개선한다. 그리고 기업의 관리자 및 경영자들이 정확한 의사결정을 할 수 있도록 기업이 정보를 수집하고, 분석하여 가치 있는 비즈니스 지식을 창출하고 공유하기 위한 것이다.

이 장에서는 대표적 e비즈니스 시스템인 ERP(Enterprise Resource Planning), SCM(Supply Chain Management), CRM(Customer Relationship Management)에 대하여 살펴보도록 하겠다.

4.2 ERP

4.2.1 ERP의 이해

(1) ERP의 역사

컴퓨터에 의한 기업자원계획의 역사는 1960년대까지 거슬러 올라가는데, 초기에는 생산과 재고관리 기법인 MRP(Material Requirements Planning: 자재 소요량 계획)가 쓰였다. MRP는 기준 생산계획(마스터 스케줄)과 부품표, 재고 정보의 3가지를 기반으로 구체적인 제조 일정과 자재생산, 조달계획을 계산하는 기법이다.

즉, ERP는 초기에 제조 및 생산 차원에서 업무 프로세스를 효율적으로 관리하기 위한 시스템인 MRP에서 발전한 것으로 볼 수 있다. ERP라는 개념은 경영 및 정보기술(IT) 환경의 변화에 따라 자연스럽게 생긴 것이다. ERP는 제조업체의 핵인 생산부문의 효율적인 관리를 위한 시스템인 MRP(Material Requirement Planning: 자재소요량계획)에서 비롯된다. 1970년도에 등장한 MRP는 기업에서 가장 고민거리 중에 하나라 할 수 있는 재고를 줄이기 위한 목적으로 단순한 자재수급관리를 위한 시스템이었다.

그 후 MRP개념은 생산계획의 주변 업무를 다루는 방향(생산능력계획과 기준생산계획의 피드백, 조달예산계획, 설비구입계획, 재고예산계획 등 제조재무계획 전반, 판매계획과의 연동 등)으로 발전해 갔는데 그것을 MRP II(Manufacturing Resource Planning II: 생산자원계획)라 부르며 현재에 이르기까지 많은 기업에서 이용되고 있다

MRP II에서 확장된 개념의 ERP 시스템은 생산뿐만 아니라 인사, 회계, 영업, 경영자 정보 등 경영관점에서 전사적으로 자원의 효율적인 관리가 주목적이다

① MRP [1970년대] : 자재수급관리 + 재고의 최소화 + 생산관리

1960년대 초에 등장한 MRP는 기업에서 가장 고민거리 중에 하나인 재고를 줄일 목적으로 단순한 자재수급관리를 위한 시스템이었다. MRP는 1960년대 중반에 IBM사의 Joseph Orlicky가 개발하였고, 1970년대 초부터 업계에 보급

되었다. MRP(Material Requirement Planning, 자재소요량 계획)는 제품을 구성하는 모든 요소 즉 원자재·반 조립품·완제품 등에 대한 자재수급계획과 생산관리를 통합시킨 최초의 체계적인 제조 정보 관리기술이었다. MRP는 제품 구성 정보(BOM: Bill of Materials), 표준 공정도(Routing Sheet), 기준 생산 계획(MPS: Master Production Schedule), 재고 기록(Inventory Record) 등의 기준 정보를 필요로 한다. MRP 시스템은 기준 정보를 근거로, 어떤 물건(원자재나 가공품, 반제품 등)이 언제, 어느 곳에서 필요한지를 예측하고, 모든 제조 활동과 관리활동이 그 같은 계획에 근거하여 움직이기 때문에, 기업 자원의 비능률적인 활용이나 낭비를 제거할 수 있도록 해 주었다. 그러나 초기의 MRP 시스템은 확고한 개념의 미 정립, 컴퓨터와 통신 기술의 부족, 데이터 베이스 기술의 미흡 등으로 시스템을 구현시키기에는 여러 가지로 부족한 점이 많았다.

② MRP II [1980년대]: MRP + 재무/생산 계획 + 원가관리

1980년에 이르러 소품종 대량생산의 제조환경이 다품종 소량생산의 형태로 전이되기 시작되었으며, 고객 지향의 업무체계가 각광 받기 시작하면서, 수주관리, 판매관리 등의 기능이 보다 중요하게 되었고 재무관리의 중요성이 대두되기 시작하였다. 그리고, 컴퓨터 기술의 발달로 데이터베이스나 통신 네트워크가 중요한 기술로 등장하였다. 이와 같이 주변 여건이 변하면서 MRP는 큰 변화를 맞게 되었다. 기존 MRP의 문제점을 개선시키면서 재무관리 등 중요 기능을 새로이 포함시킨 시스템으로 확장되게 된 것이다. 즉 생산현장의 실제 데이터와 제조자원의 용량제한을 고려하고, 자동화된 공정 데이터의 수집, 수주관리, 재무관리, 판매주문관리 등의 기능이 추가되어 실현 가능한 생산계획을 제시하면서 제조활동을 더 안정된 분위기에서 가장 효율적으로 관리할 수 있는 MRP II(Manufacturing Resource Planning)가 탄생되게 되었다. MRP II는 "제조자원계획"이라고도 불리는데, 스케줄링 알고리즘과 시뮬레이션 등 생산활동을 분석하는 도구가 추가되면서 더욱 지능적인 생산관리 도구로 발전하게 된 것이다.

MRP II (Manufacturing Resource Planning II: 생산자원계획)는 생산계획의 주변 업무를 다루는 방향 즉, 생산능력계획과 기준 생산계획의 피드백, 조달예산계획, 설비

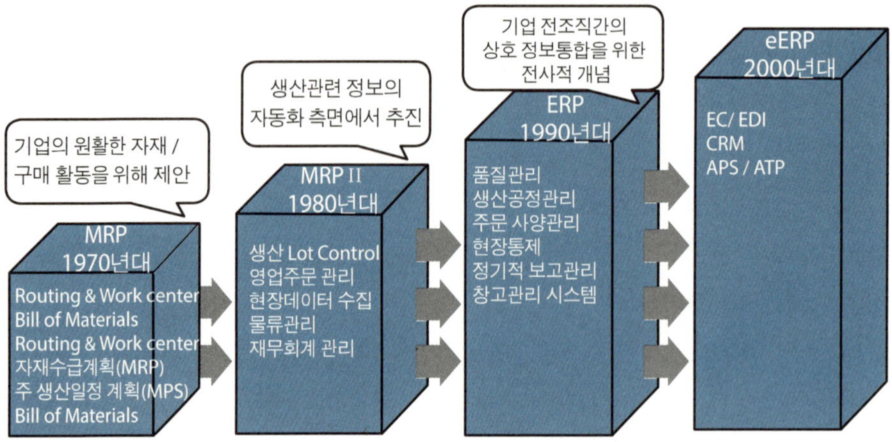

[그림 4.1] ERP의 발전과정

구입계획, 재고예산계획, 제조재무계획, 판매계획과의 연동 등을 구현한 시스템으로 현재에 이르기까지 많은 기업에서 이용되고 있다.

③ ERP [1990년대]: MRP II + 경영지원기능

ERP는 MRPII 시스템을 기업 활동 전반의 모든 업무의 경영자원으로 대상을 확대함으로써 붙여진 이름으로, 기업의 통합정보시스템 구축을 위해 첨단의 IT를 기반으로 하여 선진 비즈니스 프로세스가 구현된 패키지 소프트웨어이다.

④ XRP [2000년대: SCM, CRM]

XRP(Extended Enterprise Resource Planning)은 ERP를 기반으로 하여 SCM(Supply Chain Management), CRM(Customer Relation Management) 등과 연계시켜 기업의 효율성을 추구하고 전략적 의사결정 지원이 가능한 시스템이라 할 수 있다. 향후 비즈니스 환경에 따라 기업의 형태가 바뀌게 될 것이며 그럼에 따라 기업 활동의 지원 시스템인 ERP도 당연히 변화하게 될 것이다.

ERP는 제조업체의 핵인 생산부문의 효율적인 관리를 위한 시스템인 MRP(Material Requirement Planning: 자재소요량계획)에서 비롯된다. 1990년대에 들어 컴퓨터 기술의 발전이 더욱 가속화되고, 글로벌 경쟁체제로 들어서면서 급변하는 경영환경과 특히 H/W 비용의 급락, 첨단 IT의 출현 등 컴퓨팅 파워가 막강해지는 가운데 기업들은 살아남기 위해서 IT자원을 이용한 첨단의 경영기법, 제조자원계

획(ERP)이라는 개념에 주목하게 되었고, MRP, MPR II를 넘어서는 요구를 하게 된다. 즉, 고객회사, 하청회사 등 상·하위 공급 체계와 설계, 영업, 원가회계 등 회사 내 연관부서의 업무를 동시에 고려하지 않고서는 올바른 의사결정을 내릴 수 없다는 인식을 하게 된다. 즉, ERP시스템은 생산 및 생산관리 업무는 물론 설계, 재무, 회계, 영업, 인사 등의 순수관리 부문에 이르는 모든 업무 데이터와 정보를 데이터베이스화하여 일원적으로 관리함으로써 실시간으로 고도의 의사결정지원을 가능하게 하는 진정한 경영정보시스템 구축의 기초가 된다.

(2) ERP의 개념과 도입배경

기존의 BPR[1]이나 MRP와 같은 경영지원을 위한 각 Sub System들은 해당 분야의 업무를 처리하고 정보를 가공하여 의사결정을 지원하기도 하지만 별개의 단편적인 System으로 운영되어 정보가 타 부문에 동시에 연결되지 않아 불편과 낭비를 초래하게 되었다. 이러한 문제점을 해결하기 위해 ERP는 어느 한 부문에서 Data를 입력하면 회사의 전 부문이 동시에 필요에 따라서 정보로 활용할 수 있게 하자는 것이다. 일반적으로 ERP는 제조, 물류, 유통, 인사·회계관리 등의 업무프로세스를 정보기술로 구현한 대형기술로서 제조기업의 모든 기능을 망라한 전사적인 통합솔루션으로 단순히 정보기술차원의 접근방법이 아닌 정보기술과 비즈니스의 조화를 이루려는 경영전략차원의 접근방법이라고 할 수 있다.

가트너 그룹에서는 ERP를 기업내의 업무 기능들이 조화롭게 제대로 발휘될 수 있도록 지원하는 애플리케이션들의 집합으로 차세대 업무시스템이라고 정의하고 있다. 즉 ERP란 생산, 자재, 영업, 인사, 회계 등 기업 전 부문에 걸쳐있

---

1) BPR은 1990년대 초 미국에서 제창한 개념으로서, 사업활동을 영위하는 조직의 측면에 있어, 작업을 개선하고 자원의 사용을 보다 효율적으로 만들기 위하여, 하나의 목적으로 처음부터 다시 근본적인 변화를 만드는 것을 의미한다. BPR은 업무 프로세스의 근본적인 재고(再考)가 수반되며, 원가, 서비스품질, 직원들의 활력 등과 같은 중대한 지표들이나 또는 그 모두를 강화하기 위한 업무활동의 재설계로 이어진다. 일반적으로 BPR의 개념에는 데이터를 조직화하고, 방향을 설정하기 위하여 컴퓨터나 정보기술을 사용하는 것이 포함된다.

는 인력, 자금 등 각종 경영자원을 하나의 체계로 통합적으로 재구축함으로써 생산성을 극대화하는 대표적인 기업 리엔지니어링 운동이다. 이러한 ERP의 최종목표는 기업의 자원인 인력(Man), 금전(Money), 자재(Materials), 기계(Machines)를 통합적으로 관리하여 시너지효과를 창출하는데 있으며, 이를 통하여 고객만족을 달성하는데 있다고 할 수 있다. 급변하는 기업이 내부 및 외부 환경에 대응하고 치열한 경쟁에서 이길 수 있는 길은 환경 변화에 적응하는 것이다. 이를 위해서는 기업의 3가지 요인, 즉 사람과 프로세스 그리고 관련기술이 바뀌어야 한다. 기업들이 ERP를 도입하려는 배경은 다음과 같다.

첫째, 기업을 둘러싸고 있는 경영환경이 인건비의 상승, 고급인력의 절대적 부족, 사회간접자본의 미흡, 금융비용의 과다, 그리고 제품설계, 핵심부품, 생산설비의 지나친 해외의존으로 인하여 기업의 경쟁력은 날로 약화되고 있다. 이러한 시점에서 새로운 정보시스템 기술의 도입과 이를 통한 생산전략의 혁신에 대한 관심이 높아지고 있으며, 이에 ERP는 이러한 문제들을 해결할 수 있는 새로운 대안으로 부각되었다는 것이다.

둘째, 전산비용을 획기적으로 절감할 수 있다. 즉 ERP 시스템을 구축함으로써 기존의 정보시스템 개발 및 유지보수비용의 획기적인 절감이 가능하다.

셋째, 급격하게 짧아지는 제품의 라이프 사이클과 날로 다양해지고 있는 소비자의 요구에 기업이 전사적으로 대응하기 위하여 ERP는 절대적으로 필요하다는 것이다.

넷째, ERP는 리엔지니어링(Reengineering)의 가시적인 실천수단으로 활용될 수 있다는 기대감 때문이다. 1990년대에 미국에서 시작된 리엔지니어링의 성과가 기대에 못 미친 것은 이를 지원하는 핵심 정보기술이 부족했기 때문이며, ERP는 기업의 모든 단위 활동들은 통합하여 기업활동이 실시간으로 수행될 수 있도록 도와준다.

(3) ERP 시스템의 특징

① GLOBAL 대응(다국적, 다통화, 다언어)

다수의 ERP는 다국적, 다통화, 다언어에 대응하고 있다. ERP패키지들은 각국의 언어 및 통화체제를 지원하고 각 나라의 법률과 대표적인 상거래 습관, 생산 방식이 먼저 시스템에 입력되어 있어서 사용자는 이 가운데서 선택하고 설정할 수 있다. 예를 들면 대표적인 ERP의 하나인 독일의 SAP R/3 시스템에서는 20개국 이상의 구현 실적을 갖고 있다. 따라서 지원도 국제적으로 이루어지고 있다.

② 통합 업무 시스템

ERP시스템의 가장 큰 특징 중의 하나는 영업, 생산, 구매, 재고, 회계, 인사 등 회사내의 모든 단위업무가 통합되어 상호 긴밀한 관계를 가지면서 실시간으로 처리된다는 것이다.

ERP의 업무 프로세스는 원장형 통합 데이터베이스라고 하는 중앙의 데이터베이스를 중간매개로 기업활동 전반에 걸쳐 통합되어 있다. 기존의 정보시스템은 각 부서간의 데이터베이스를 독립적으로 유지하도록 되어 있어 자료의 중복이 심각한 문제로 대두되었다. 그러나 ERP시스템은 각 부서에서 발생하는 각종 정보를 하나의 데이터베이스를 통하여 저장 및 유지, 관리하도록 하고 있으므로 하나의 정보는 한번만 입력하고 입력된 정보는 가공하지 않은 데이터로 어느 업무에서도 참조할 수 있도록 데이터베이스에 보관된다. 또한 시스템 개방을 통하여 각 부서 및 공급자들에게 자료의 접근이 가능하도록 하여 일원화된 정보의 공유를 통하여 원활한 의사소통 및 업무처리가 가능하게 한다.

이러한 업무통합을 통하여 기존 MIS(Management Information System) 에서의 부분최적에서 전체 최적화가 실현되게 되었고, Task중심적인 업무처리 방식이 고객 지향적인 관점에서 프로세스 중심적으로 전환된다. 모든 시스템이 통합되어 있기 대문에 어떠한 정보라도 두 번, 세 번 중복적으로 처리할 필요 없이 거의 한번의 입력으로 처리가 끝나게 되는 One Fact One Place가 가능하게 된다. 예를 들어 고객의 주문을 받은 상품의 상품코드와 개수의 입력은 한 번만 하고 정보는 확인과 승인을 받은 시점에서 관련된 모든 부문이 참조할 수 있도록 한다. 또, 업무를 실시간에 통합적으로 처리할 수 있게 됨에 따라 영업, 설계, 생산, 관리가 거의 동시에 이루어지게 되었다.

③ 파라미터 설정에 의한 단기간의 도입과 개발

ERP시스템이 기존 시스템에 비해 빠른 시간 내에 구현이 가능해지고 유지보수의 부담이 크게 줄게 된 것은 파라미터[2] 지정이라는 기능이 있기 때문이다. ERP에서는 미리 장착된 업무기능을 파라미터 설정으로 자사에 맞게 선택하고 설정한다. 파라미터 설정을 이용하는 방법은 단기간에 시스템을 도입할 수 있는 이유 중 하나이다 ERP시스템은 패키지 개발 시 해당 업무프로세스와 관련하여 상정할 수 있는 대부분의 거래유형을 포함하고 있으므로, 이러한 프로그램들을 이용할 경우에는 시스템의 구축 및 설치 기간이 기존에 시스템을 설치하는 데 소요되었던 기간에 비해 훨씬 단축된다. 그렇기 때문에 업종별, 기업규모별로 천차만별인 세계 도처에 있는 기업에 적용이 가능한 것이다. 시스템을 통한 업무수행 중에 조직과 업무가 변화되더라도 새로운 시스템을 개설할 필요없이 기본적으로 파라미터 변경을 통해 대응이 가능하다. 이렇게 필요한 기능을 전부 내장하고 있는 ERP패키지를 파라미터 지정을 이용하여 해당기업에 맞도록 시스템을 최적화 시켜주는 작업은 ERP컨설턴트의 몫이라 할 수 있다.

④ 비즈니스 프로세스 모델을 위한 업무재설계(BPR)의 지원

ERP를 도입하는 기업은 최적 비즈니스 실행에 의해 제공된 비즈니스 프로세스 모델을 이용해서 자사의 업무를 볼 수 있다. 즉, ERP시스템에 담겨있는 'Best Practice'를 이용해 업무 재설계(BPR)를 이루는 것이다. 여기서 Best Practice 는 세계에서 우수 기업이 채용하고 있는 비즈니스 프로세스에서 공동화시킨 프로세스이고 세계에서 통용되는 글로벌한 비즈니스 프로세스의 표준이다. ERP구

2) 정보기술에서, 매개변수(Parameter)는 사용자 또는 다른 프로그램에 의해 한 프로그램으로 전달되는, 이름, 숫자 또는 선택된 옵션 등과 같은 정보 항목이다. 매개변수들은 그것들을 받는 프로그램의 운영에 영향을 미친다.

현 초기엔 ERP에 대한 인식 및 신뢰가 부족하여 BPR과 ERP를 따로 투자하는 경우가 많았지만 90년대 초반 이후 ERP시스템에 대한 검증 및 신뢰가 쌓이면서 별도의 BPR(Business Process Reengineering)을 수행하지 않고 자사에 맞는 ERP패키지를 선택하여 구현함으로써 BPR을 수행할 수 있다.

⑤ 오픈·멀티벤더

대다수의 ERP시스템은 특정의 하드웨어 업체에 의존하지 않는 오픈 형태를 취하고 있다. 따라서 복수의 하드웨어 업체의 컴퓨터를 조합해서 멀티벤더 구성을 이룰 수 있다. 또한 Client-Server형[3]의 시스템을 구축할 수 있고 확장성도 뛰어나다. 기존 MIS가 폐쇄적인 구조로 설계되어 시스템의 확장 및 다른 시스템과의 연계가 제대로 이루어지지 않은 반면, 대다수 ERP시스템은 특정의 하드웨어 업체에 의존하지 않는다. ERP패키지는 어떠한 운영체제나 어떠한 데이터베이스에서도 잘 운영되게 설계되어 있어 시스템의 확장이나 다른 시스템과의 인터페이스가 쉽게 되어 있다. 특히 데이터를 정밀하게 분석해주는 데이터 웨어하우징(Data Warehousing), 경영분석 도구인 중역정보시스템(EIS: Executive Information System), 설계와 생산을 동시에 가능케 해주는 PDM(Product Document Management), 광속거래라 불리는 CALS(Commerce At Light Speed), 전자상거래인 EC(Electronics Commerce)와 같은 응용·전문영역의 패키지와 쉽게 조화를 이룰 수 있어 고도화되고 복잡해지며 급변하는 경영환경에 응용 및 전문 영역에도 적극 대응할 수 있게 된다. 특정 하드웨어 및 소프트웨어 업체에 의존하지 않고, 다양한 하드웨어 업체의 컴퓨터와 소프트웨어를 조합하여 사용할 수 있어 정보시스템을 쉽게 확장할 수 있어 복수의 하드웨어 업체의 컴퓨터를 조합해서 멀티벤더 구성할 수 있다.

---

3) 클라이언트/서버는 두 개의 컴퓨터 프로그램 사이에 이루어지는 역할 관계를 나타내는 것이다. 클라이언트는 다른 프로그램에게 서비스를 요청하는 프로그램이며, 서버는 그 요청에 대해 응답을 해주는 프로그램이다. 클라이언트/서버 개념은 단일 컴퓨터 내에서도 적용될 수 있지만, 네트워크 환경에서 더 큰 의미를 가진다. 네트워크 상에서의 클라이언트/서버 모델은 여러 다른 지역에 걸쳐 분산되어 있는 프로그램들을 연결시켜주는 편리한 수단을 제공한다.

최근에는 전문적인 응용소프트웨어의 도입이 날로 증가하고 있는 추세에 있는데 ERP시스템은 이들 응용소프트웨어와 쉽게 조화를 이룰 수 있으며, 기업에서 기존에 사용하고 있는 정보시스템을 그대로 사용할 수도 있어 ERP구현을 위한 비용을 절감할 수 있다.

(4) ERP 시스템의 도입 효과

기존에는 업무에 맞춘 시스템 개발이 주류였기 때문에 급격한 환경의 변화, 비즈니스 프로세스의 변화에 맞춰가지 못하고 시스템 개발이 항상 뒤쳐지고 사용자 부문의 많은 개발 요구가 누적되어 곤경에 처하게 되었다. 게다가 몇 개월 이상 개발한 새로운 시스템이 가동됐을 때는 벌써 현장의 요구를 만족시키지 못하는 시스템이 되어버리고 마는 경우까지 생겨나고 있는 것이 현실이다. 그러나 기업활동 전반에 걸쳐서 우선 풍부한 업무기능이 통합된 형태로 제공되는 ERP에서는 단기간에 정보시스템 개발이 가능해진다. 여기서는 ERP에서 제공한 기능의 메뉴 가운데서 자사가 필요한 것을 선택하여 그 기능을 자사에 맞도록 조정하는 형태를 띠기 때문이다. 또 현재의 정보시스템은 부문 단위나 사업부 단위의 시스템인 경우가 많아 이 때문에 부분간 정보시스템의 흐름은 유연성이 떨어진다. 그러나, ERP는 기업전체의 업무를 통합해서 다루기 때문에 같은 정보를 다시 시스템에 입력할 필요가 없다. 데이터는 단 1회로 발생한 장소에서 기록하면 된다. 이와 동시에 사람을 필요로 하는 업무의 흐름을 유연하게 한다. 이것은 모두 정보의 통합화의 작용이다. 기업에서 ERP를 도입함으로써 얻을 수 있는 효과를 정리하면 다음과 같다.

- 기업내의 부문들을 통합할 수 있으며, 이를 통하여 신속한 경영의사결정을 지원하며 동시에 시간, 인력 및 자원의 소비가 최소화된다.
- 리엔지니어링의 촉진 및 활용 도구로 효과적으로 활용될 수 있다. 즉, 선진 민간 기업형 업무 프로세스를 자사에 이식할 수 있어서 자연스럽게 조직의 리엔지니어링을 혁신적으로 추진할 수 있다는 것이다.
- 고객을 제조 프로세스의 일부로 참여시키기 때문에 고객에 대한 만족도를

높일 수 있다.

- 국내 본사와 해외지사를 통합할 수 있어서 기업의 자원을 효율적으로 통합하여 관리할 수 있게 된다.
- 기술적 측면에서는 ERP 핵심기술의 자립화가 가능하고, 사회적으로는 인력난을 해결할 수 있으며, 인간적인 욕구변화에 대응하는 경영관리로의 전환이 기대된다. 또한 경제적으로는 국내 제품이 대외경쟁력을 강화하는데 크게 기여할 수 있을 것으로 기대된다.
- 비즈니스 및 경영기술 환경의 급격한 변화에 대한 유연성을 극대화할 수 있다.
- ERP 솔루션을 기업의 기반시스템(Infra-System)으로 구축할 경우에 초기에는 투자가 많이 이루어지지만 구축 후에는 유지보수 비용 등이 많이 소요되지 않기 때문에 장기적으로 볼 때에 기업의 정보시스템 투자비용의 절감효과를 기대할 수 있다. 그러나 국내 ERP 시장의 경우에 유지보수 비용이 현저히 적은 편이라고 표현할 수는 없는 실정이다.

(5) ERP 시스템의 예

① SAP R/3

1972년에 IBM에서 근무하던 시스템 엔지니어 4명이 퇴직하여 설립한 독일의 SAP사는 1980년대에는 대형컴퓨터에 기반을 둔 R/2를 판매하였고, 1987년부터는 클라이언트 서버 환경에 기반을 둔 SAP R/3를 개발하였다. 1992년부터 판매하기 시작한 SAP R/3는 자체 4GL[4]인 ABAP(Advanced Business Application

4) 4세대 언어(Fourth Generation Language)란 종래의 범용 3세대 언어에 비해 한 단위 배 정도의 프로그램 생산성을 향상시킬 수 있는 시스템을 총칭한다. 4GL는 기존 3세대언어의 프로그램 카운터의 접근 방법을 변경시켜 프로그램의 흐름제어에 관한 주된 일을 컴퓨터 전문가에게서 컴퓨터 소프트웨어에게 넘겨주었다. 즉, 연산 결과를 얻기 위한 행동(action)을 지정하는 것이 아니라 결과(result)를 컴퓨터에 지정하는 것이다. 따라서 4GL를 문제 해결형 언어(Problem Solving Language) 또는 비절차적 언어(Nonprocedural Language)라고 하는데, 기술적으로 보면 이것을 다시 기계코드로 고쳐 실행시키는 언어이다.

Programming)를 사용하여 GUI환경으로 개발하였다. SAP R/3는 회계 모듈(재무회계, 관리회계, 자금관리, 기업관리), 로지스틱스 모듈(구매/재고관리, 생산관리, 영업/유통관리, 설비관리, 품질관리, 프로젝트관리), 인사 모듈(인사관리, 인력관리, 급여) 및 21여 개의 산업 솔루션 모듈로 구성되어 있다.

SAP은 세계 최대의 ERP 공급사이며, 최근 제품 전략은 기존의 R/3를 바탕으로 CRM, SCM, PLM, Marketplace, Enterprise Portal로 구성된 mySAP.com을 출시하였고 확장 ERP에 해당하는 모듈들을 컴포넌트화 하였다.

② 오라클 애플리케이션

오라클 애플리케이션은 미국의 오라클사에서 개발한 ERP용 소프트웨어이며 회계부문 이 특히 강점이라는 평가를 받고 있다. DBMS의 최강자 오라클은 확고부동하게 구축한 DB시장을 중심으로 ERP 고객을 확보해가고 있다. Oracle Applications는 재무관리, 공급망관리, 제조관리, 프로젝트 시스템, 인사관리, 영업관리, 응용기술 등 7가지 부문으로 구성되어 있다. 제품으로는 제품 전략은 프론트 오피스에서 백 오피스까지 확장되는 e비즈니스 솔루션으로 Oracle e-Business suite 가 있다.

4.2.2 ERP 도입전략

(1) ERP 도입전략 및 단계

기업에서 ERP 시스템을 성공적으로 구축하기 위하여 가장 중요한 것은, 첫째로 경영층의 강력한 의지와 현업부서의 적극적인 협조와 참여를 통한 톱다운(Top-Down) 방식으로 추진되어 한다는 것이다. 즉, 경영층, 현업부서, 정보시스템부서의 상호 유기적인 협조가 매우 중요하다. 둘째, 현재 수행중인 업무와 정보시스템의 과감한 혁신을 동시에 추진해야 한다. 즉, 획기적인 업무 형식이 수반되지 않는 정보시스템은 획기적인 효과를 기대할 수 없다. 셋째, 조직 내의 모든 문제 해결은 먼저 단위 부서 혹은 사업부중심이 아니라 회사 전체적인 차원에서 생각해야 한다. 이러한 측면에서 ERP의 도입 전략은 다음의 4가지로 세분할 수 있다.

- 기존의 업무처리 관행에 따라 ERP패키지를 수정하는 방법이다. 이 방안은 도입에 따른 교육훈련을 최소화시킬 수는 있으나 패키지 수정이 너무 많고 리엔지니어링의 효과는 거의 찾아볼 수 없다는 단점이 있다.
- 리엔지니어링을 실시한 후에 ERP를 도입하는 방법으로, 요구사항이 명확해져 도입 효과는 증대하나 ERP패키지가 리엔지니어링을 지원하지 못하는 경우에는 다시 조정해야 하는 문제가 있다.
- 리엔지니어링과 ERP도입을 병행하는 방법으로 시너지효과를 거둘 수는 있으나 장시간이 소요될 수 있으며, 많은 비용이 소요된다.
- ERP 패키지에 맞추어 리엔지니어링을 추진하는 방법으로 단기적으로는 가시적인 효과를 거둘 수 있으나 패키지에 따라서 결과가 판이하게 달라진다는 위험부담과 함께 조직의 성공요인이나 경쟁 원천인 특성이 희석된다는 문제가 있다.

한편, ERP 패키지를 도입할 경우에 ERP의 성공적인 도입을 위한 단계는 다음과 같이 설명할 수 있다.

① 장기적인 비전과 철저한 준비

ERP 패키지를 구축한다는 것은 기업의 정보인프라를 완전히 새롭게 구축하는 것이며, 기업의 업무프로세스를 획기적으로 개선하는 대형 프로젝트이다. 따라서, ERP 시스템을 도입함에 있어서 무엇보다도 장기적인 비전이 수립되어야 하며, 철저한 준비가 필요하다는 것이다. 예를 들어, 조직 내 공감대의 형성과 막대한 자금이 수반된다.

② ERP제품의 선정

자사환경에 맞는 최적의 ERP를 선정해야 한다. 이를 위하여 비전(개발투자, 선진업무 프로세스, 변화에 대한 유연성, 신기술 수용력), 첨단기술(개방성, 클라이언트·서브구조의 확장성, 유연성), **벤더정보**(재정, 연구개발투자, 이윤), **기능**(각 업계의 특성, 기능선택의 폭, 유연성, 용이성), **서비스 및 지원**(한글화, 제품교육, 컨설팅서비스, 유지보수), **증명된 제품**(적용사례, 사용자그룹, 사업실적 및 기반) 등의 기준에 따라 자사에 맞는 제품이 무엇인지 고려해야 한다.

③ 도입 모듈과 보완 패키지의 선택

ERP 제품이 선정되면, 우선 핵심 관리 모듈과 프로세스를 중심으로 초기 사양을 한계적으로 선택한 후 적용 결과를 검토하면서 추가적인 도입을 하는 것이 바람직하다.

④ ERP의 적합화 및 해당 업무의 리엔지니어링 수행

공급사의 컨설턴트, 해당기업의 CIO와 전산인력, 리엔지니어링이나 제도개선추진팀, 핵심프로세스의 실무자, 그리고 외부전문가로 구성된 태스크포스팀을 구성하여 추진해야 한다.

⑤ ERP 사용성의 평가

ERP 도입의 중간 단계나 사후에 사용성을 평가하는 것은 반드시 필요하다고 할 수 있다. 이를 통하여 개발 과정상의 문제점을 발견할 수 있으며, 향후 개발 전략을 수립하는데 많은 도움을 줄 수 있다.

(2) ERP시스템 도입 시 고려해야 할 문제점

이미 살펴본 것처럼 ERP는 1990년대 초반에 경영혁신의 방법으로 등장한 리엔지니어링 혹은 BPR을 지원할 수 있는 강력한 정보기술로서 자리를 잡고 있다. 하지만, 기업에서 ERP를 도입함에 있어서는 다음과 같은 문제들이 제기되고 있다.

- 많은 기업들이 ERP는 패키지이므로 곧바로 사용할 수 있을 것으로 생각하지만, ERP시스템을 도입하는데 엄청난 시간과 재정이 소요된다. 일반적으

로 ERP를 도입함에 있어서 많은 기능을 자사의 환경에 맞추어야 하므로 최소한 6개월에서 2년 정도의 시간이 소요되며, 현재 전세계적으로 ERP 컨설턴트의 공급 부족, 자체 인력의 교육/훈련비용, 업무전환으로 인한 부대 활동 등으로 상당한 비용이 소요된다.

- ERP시스템이 오픈되어 있기 때문에 기업의 회계상태가 전산망에 상당 부문 그대로 노출되는 문제가 있다.
- ERP시스템을 가동하면 생산성이 대폭 향상되므로 이로 인하여 인원감축을 초래하여 고용안정을 해칠 수도 있다는 것이다.
- ERP시스템을 구축함에 있어서는 도입한 ERP 패키지를 기업의 환경에 맞게 수정하고 자료의 표준화 및 기업 재구축 등에 소요되는 리엔지니어링 비용 혹은 컨설팅비용이 구입비용보다 더 많이 소요되고 있다. 현재 ERP구축 프로젝트에서 실제 패키지 자체가 갖는 비중은 전체의 20~30%를 차지하고 있는 것으로 분석된다. 나머지는 실제 구축작업에 소요되는 컨설팅과 유지보수가 차지하는 것으로 조사되고 있다.
- 국내 기업의 경우에 수요에 비하여 한국형 ERP 패키지의 개발이 부족한 실정이며, 대부분 국내 기업이 외국 패키지에 의존하고 있다는 것이다. 기능적으로 부족한 부분은 업무에 맞게 맞춤화 한다고 하나 이것에도 한계가 있다.

이로 인하여 서로 다른 기업환경과 상거래 관행을 갖고 있는 외국 패키지를 무분별하게 도입할 경우에 경영기술의 종속화가 우려된다는 점이다. 즉, 대부분의 ERP 패키지는 국외의 경영환경에서 가장 표준적이며 합리적인 현업을 모델로 개발되어 있으며, ERP를 현장에 적용할 때 기본적인 접근방법은 현업의 업무를 ERP의 프로세스에게 재설계하도록 되어있다는 것이다.

4.3 eSCM

인터넷은 불과 수년 만에 전세계 기업들의 사업방식을 변화시키고 있다. 인터넷이 가진 글로벌 통신 네트워크로서의 편재성과 저렴한 비용 이점은 새로운 업무프로세스, 상거래 활동 및 비즈니스 모델을 주도하고 있다. 그러나 한편으로 인터넷은 고객의 기대치를 높여 놓았으며 제품 및 서비스에 대한 가격과 공급에 대한 새로운 경쟁을 유발시켰다. 기업들이 이러한 환경에서 경쟁 우위를 유지하기 위해서는 새로운 전략을 통해 지속적으로 비용을 절감하고 생산성을 높이며 대응력을 향상시켜야만 한다.

다시 말해 새로운 경제에서 성공을 거두기 위해서는 인터넷을 효과적으로 활용해 요구포착, 제조계획 수립 및 구매에서부터 납품, 고객 서비스 및 새로운 제품 개발에 이르기까지의 모든 비즈니스 운영을 재설계, 자동화 및 통합해야 한다. 이러한 새로운 비즈니스는 고객의 요구에 따라 신속하고 최적화된 대응을 할 수 있는 e비즈니스 공급사슬상에 다시 구축되어야 할 것이다.

4.3.1 SCM의 개요

(1) SCM의 정의

SCM을 바라보는 시각과 범위에 따라 그 정의는 다양하게 내려질 수 있다. Lambert의 정의에 의하면 SCM은 고객의 고객에서 공급자의 공급자까지 전 프로세스에 걸친 가치사슬(Value Chain)의 최적화 및 이를 통한 가상기업(Virtual Company)의 구현이며 공급자의 공급자에서 시작하여 구매, 제조, 분배, 유통을 거쳐 소비자에게 이르는 모든 재화 및 서비스 그리고 그것에 흐름에 수반되는 가치의 흐름을 통합하고 연계하여 전체적인 시스템으로 이해하고 분석하려는 개념의 경영 패러다임이다. 즉, SCM은 공급자에서 고객까지의 공급사슬상의 정보, 물자, 현금의 흐름에 대해 총체적 관점에서 체인간의 인터페이스를 통합

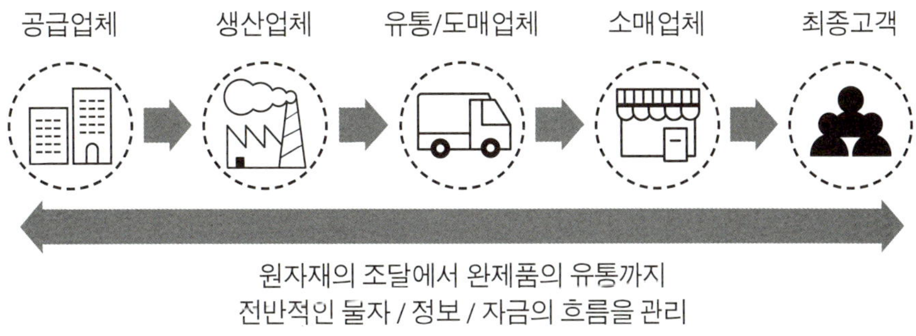

[그림 4.2] SCM(Supply Chain Management)

하고 관리함으로써 효율성을 극대화하는 전략적 기법이다. 여기에서 공급사슬은 제조 산업, 서비스 산업 및 가정 등 어디에나 존재한다. 궁극적으로 공급사슬은 최종소비자인 고객을 위한 가치를 생산하는 통합된 프로세스를 의미한다. 공급사슬관리는 조직이나 과거의 업무추진방식에 개의치 않고 최대의 경영효과를 도모하기 위해 공급자에서 고객까지의 기업업무전반을 최적화해 가는 관련프로세스 흐름을 개선 통합하는 사고 방식을 기본으로 한다.

결국, Supply Chain이란 고객, 소매상, 도매상, 제조업, 부품·자재 Supplier 등의 공급활동의 연쇄구조를 나타낸다. SCM은 불확실성이 높은 시장변화에 Supply Chain 전체를 기민하게 대응시켜 Dynamic하게 최적화를 도모하는 것이다. 이것은 기존의 Function중심의 경영기법(Function-Oriented)과 반대되는 개념인 Process-Oriented 경영을 구현한다고 할 수 있다. 그 이유는 Supply Chain을 구성하는 각각의 Function을 통합하여 전체흐름(Process)의 관점에서 변화를 꾀하기 때문이다. 이런 성격 때문에 SCM은 Business Process의 혁신적인 변혁을 통해 급격한 향상을 도모하는 BPR(Business Process Reengineering)의 개념과도 흡사한 점이 있다.

SCM은 제품을 생산하는 기업이 부품의 구매, 제조, 판매까지의 모든 일정을 수립하고 고객의 수요계획 및 물류현황을 체계적으로 정리, 제품의 흐름(부가가치 물자흐름)을 원활하고 효율적으로 수행할 수 있게 한다. 이를 위해서 단순한 내부적 통합을 포함하여 Supply chain전체의 정보흐름(소요량 정보흐름)을 유도할 수 있는 외부적 통합이 필요하다. 이것이 SCM의 시작이다.

(2) SCM의 필요 배경

요즘의 사회는 인터넷을 중심으로 한 디지털 정보기술이 주류라고 할 수 있다. 예전에 기차나 고속버스의 차표를 구하기 위해서 새벽부터 역이나 터미널의 예약 창구를 기다리거나 책을 구입하기 위해서 먼 거리의 서점을 방문해야 하는 불편에서 벗어나, 인터넷으로 표를 예약하고 결제하며 휴대전화로도 서적을 구입할 수 있는 시대가 된 것이다.

이런 환경에서 고객은 제품이나 서비스를 더욱 빠르고, 편리하게 제공받기를 기대하기 마련이다. 또한 제품이나 서비스를 제공받은 후에 발행하는 문제에 대해서도 신속하고 신뢰성 있는 서비스를 원하게 된다. 이러한 고객의 요구 사항에 대해서 기업이 대응할 수 있게 하기 위해서는 업무 프로세스가 모든 요구 사항을 만족할 수 있도록 치밀하게 구성되어야 하는데 이에 대한 디지털 정보기술의 뒷받침은 필수적이라 할 수 있다.

SCM의 필요성은 변화하는 경영 패러다임과 밀접한 관련을 가지고 있다. Mass-Customization, Concurrent Engineering, BPR, Time-Based Competition등이 요구되는 경영환경에서 SCM은 기업의 경쟁력을 높일 수 있는 방법으로써 인정되고 있다. 특히 제조업의 경우 제품을 생산하는 제조 단계에서의 시간 및 비용의 단축을 통한 경쟁력 향상을 도모하는 데에는 한계가 있다. 왜냐하면, 부가가치의 60-70%정도가 제조과정 외부의 Supply Chain상에서 이루어지기 때문이다. 기업들은 제품의 생산주기를 단축하고 품질을 개선하는데 노력해 왔으나, 이와 같은 기업의 단독적이고 내부적인 개선을 통해서는 그 효과가 한계에 다다르게 되었다. 그래서 기업은 기업 외부의 여러 요소들을 함께 고려하여 부가가치의 향상을 모색해야 한다. SCM의 필요성을 요약하면 다음과 같다.

- 고객만족과 부가가치 창출의 측면에서 Supply Chain의 관리가 더욱 중요하다.
- 물류, 제고 및 생산관리에 대한 불확실성을 수동적으로 흡수하는 데에는 한계가 있다.

- 정보전달의 지연 및 왜곡현상으로 인해 Supply Chain의 최종단계인 소비자의 요구사항이 공급자에게 올바르게 전달되지 못한다.
- Globalization은 Supply Chain의 리드타임을 증가 시키고 그 구조를 더욱 복잡하게 만들기 때문에 효과적인 관리가 필요하다.
- Mass Customization은 다양한 소비자의 요구를 받아들여 다품종 소량생산을 가능하게 하여야 하므로 생산자 입장에서는 더욱 복잡한 제고, 생신관리가 요구된다.
- 기업간의 과다한 경쟁으로 비용 및 리드타임 감소가 시급한 문제가 되고 있다.

BPR을 통한 ERP의 보급으로 기업의 Process가 향상되어 Supply Chain의 개선, 통합이 수월해졌다. 또한 EC, Internet, Extranet, EDI(Electronic Data Interchange)등과 관련 IT의 발전은 SCM의 기술적인 요구사항을 충족시켜주고 있다.

(3) SCM의 발전 방향

SCM이란 그 기본이 Supply Chain전체를 보고 최대의 효율을 목표로 프로세스를 꾸준히 혁신하는 활동이고 이것을 뒷받침하는 것이 정보시스템과 관련 업체간의 협력이다. 따라서 여기에는 조직, 예산, 책임과 권한이 재조정되고 설정돼야 하기 때문에 추진하는데 어려움이 따른다. 때문에 각 계층에 걸쳐 교육을 실시하는 동시에 경영층으로부터 적극적인 지원이 요구된다.

SCM의 발전은 추진 주체의 의지와 관련업체의 여건에 따라 속도와 양상의 차이가 있다. 즉 현재의 거의 모든 조직은 기능 중심으로 세분화되어 있어서 각 기능 사이에는 눈에 보이지 않은 공간이 있다. 이러한 빈 곳에서 업무, 시간 등의 누수가 발생하여 오늘과 같은 복잡하고 빠른 경쟁상황에서 기업은 경쟁력을 잃어가게 된다. 따라서 이 같은 현재의 기능 중심의 업무체계를 다음 단계인 프로세스 중심으로 재구축함으로써 각 기능 사이에 약간의 업무중복 부분이 발생하더라도 공간이 없어지게 되고 프로세스가 축소된다. 또 단계가 단순화되기 때문에 누수가 예방되고 업무처리가 빨라져 효율이 대폭적으로 개선된다. 마지막 단계는 이러한 프로세스 중심의 체계를 더욱 단순화하고 프로세스들을 큰 단위의 프로세스로 통합, 좀더 넓은 시야를 가지고 업무를 수행하는 체계가 갖추어질 수 있다. 이를 통해 SCM을 효과적으로 추진할 수 있게 된다.

(4) SCM의 기대효과

SCM을 통해 얻어지는 효과와 이익은 SCM을 적용하는 산업과 적용하는 범위와 깊이에 따라 다르다. 또한 여기에 참여하는 기업에 따라 차이가 있게 마련이다. SCM의 가장 기본적인 사상인 정보를 적시에 제공하고 그 정보를 SCM에 참여하는 모든 거래 당사자들이 공유하는 것과 Supply Chain전체의 당사자들이 공동으로 계획하고 실천함으로써 SCM의 효과와 이익은 모든 부분에서 얻어질 수 있다. SCM을 통하여 재고감소, 업무절차의 간소화, 업무처리의 시간단축, 부가가치 없는 작업제거 등의 효과를 얻을 수 있다.

4.3.2 eSCM

21세기 초반 기업 경영의 가장 중요한 화두는 e비즈니스다. 국내외 기업들은 성공적인 e비즈니스 수행을 향후 기업 경쟁력 확보의 가장 중요한 수단으로 인식하고 있다. Bill Gates는 "다가올 10년의 변화가 지난 50년의 변화보다 더 클 것이다"라고 예측하며 디지털 환경으로 등장한 e비즈니스가 기업 생존에 미칠 중요성에 대해 역설하고 있다. e비즈니스모델 수립 시 가장 중요한 고려 요소 중 하나가 고객과의 약속, 즉 주문 이행(Order Fulfillment)을 효율적으로 수행하기 위해 전체 Supply Chain을 어떤 방식으로 연계 시키느냐 하는 것인데 기업이 아무리 훌륭한 비즈니스 개념 및 관리 역량을 보유하고 있다 할지라도 약속한 제품·서비스를 고객들에게 제대로 전달하지 못한다면 사업을 성공적으로 수행할 수 없다. 따라서 e비즈니스가 성공적으로 추진되기 위해서는 인터넷 및 디지털 기술을 전략적으로 활용하여, 기업의 Supply Chain 관리의 효과·효율성을 최적화함으로써 고객 만족도 및 기업 성과를 높일 수 있어야 함. 이러한 배경하에서 등장한 것이 바로 eSCM(Supply Chain Management)이다.

(1) SCM과 EC와의 관계

기존의 Supply Chain상의 기업간 구매, 조달 프로세스를 통합, 개선 하는 SCM은 EC, 특히 B2B시장에서 경쟁력을 높이기 위해 수행해야 할 문제와 상응한다. 최근에는 Supply Chain상의 업체간 구매, 조달 Process를 통합하는 솔루션들과 EC솔루션과의 경계가 모호해지고 있는 실정인데, B2B는 전자 정보시스템, 특히 Internet을 이용한 기업간의 거래를 의미하는 것이므로, 기업간의 Supply Chain이 당연히 존재하기 때문이다.

SCM과 EC는 어느 것이 다른 것을 보완하는 일방적인 관계가 아니라 상호 보완적이다. SCM을 통해서 EC업체는 경쟁력을 얻게 되고 EC를 가능하게 하는 Internet관련 IT와 IS는 SCM에 필요한 기술을 제공한다.

(2) 디지털 환경과 eSCM

디지털 기술의 발전으로 등장한 인터넷을 통해 기업들은 매우 저렴한 비용으로 상호 연계가 가능하게 되었고, 누구나 활용 가능한 표준 제정이 가능하게 되었다. 이를 통해 기업은 Off-line 환경하에서의 Supply Chain 관리와는 전적으로 다른 보다 효율적인 관리가 가능하게 된 것이다. 과거 기업들이 부문·기업간 정보 공유의 효율화를 위해 활용한 VAN(Value Added Network)을 기반으로 한 EDI(Electronic Data Interchange) 방법은 응용 프로그램에 대한 표준 부재 및 많은 비용이 소요되기 때문에 일부 대기업을 제외하고는 시스템 구축이 용이하지 않다는 한계가 있었다.

디지털 기술이 SCM에 미친 중대한 영향으로는 수직적 가치사슬의 해체, 직거래, 보유 자산의 최소화 등을 들 수 있다. 과거 기업들은 수직적 가치사슬 구축을 통해 공급자, 유통 채널, 고객 등과 관련된 정보를 신속하게 획득, 전달할 수 있었고, 이를 통해 업무 프로세스의 효율성 제고 및 고객 대응 능력을 높일 수 있었다. 따라서 기업이 구축한 가치사슬의 수직적 통합은 지금까지 가장 강력한 경쟁 우위 확보 수단으로 작용하였다. 그러나 인터넷의 등장으로 인해 매우 저렴한 비용으로 전세계를 네트워크로 연결시킬 수 있게 됨에 따라 관련 정보의 검색, 타 기업과의 정보 공유, 그리고 거래 업체를 변경하는 것이 과거와는 달리 매우 간단하고 저렴한 비용으로 가능하게 되었다. 이러한 결과, 기업들은 가치사슬상의 일정 부분을 직접 소유하지 않거나 또는 비즈니스 프로세스상의 특정 부문의 업무를 통합 또는 폐지하는 것이 가능해졌다. 또 고객, 공급업체, 그리고 유통업체와의 의사소통 및 협력 관계가 보다 수월해 지고 그 내용이 풍부해 졌다. 이를 통해 기존 가치사슬을 보다 유연하게 결합한 새로운 메커니즘으로 변환이 가능하게 되었다. 이러한 전통적 가치사슬의 붕괴는 새로운 사업 모델을 탄생시켰고, 정보 흐름과 실물 흐름을 분리함으로써 기존 시장에 새로운 형태의 경쟁자들이 나타나게 되었다. 대표적인 예로는 Off-line 서점을 보유하지 않고 온라인 상에서만 영업을 수행함으로써 기존 도서 시장에 도전장을 내민 아마존을 들 수 있다. 또한 수직적으로 통합된 가치사슬 중에서 비전략적 부분 또는 많은 자본이 투입되는 부분을 아웃소싱하는 형태가 많이 등장하고 있는데, 강력한 브랜드 및 마케팅력만을 보유하고 생산 등 기타 부문을 아웃소싱하는 전략을 취하고 있는 나이키 등이 대표적인 예이다.

디지털 환경으로 인해 기업의 수직적 가치사슬은 해체되지만, 다른 한편으로 e비즈니스의 연관 분야 또는 타 산업으로 기업들이 진출하는 수평적 확장 현상이 가속화 되고 있다. 기업들은 이러한 수평적 확장을 통해 향후 통합된 경쟁력을 바탕으로 지속적인 성장을 추구한다. 초기 웹을 통한 도서 판매에 치중하던 아마존은 점차 사업 영역을 음반, 전자 제품 및 소프트웨어, 장난감, 게임기기 등의 판매 외에도 경매, 고객 주문을 처리하기 위한 물류 부문까지 확장하고 있다. 1995년에 설립된 전자 시장인 PlasticsNet은 초기 Resin, Industrial Supplies 등 플라스틱 제품의 구매자와 판매자를 연결시키는 역할에 주력하였지만 현재는 이러한 거래를 지원하기 위해 Financing, Logistics 등의 분야로 그 업무 영역을 계속 확대하고 있다.

디지털 기술이 SCM에 미친 영향을 직거래(Disintermediation) 측면에서 살펴보자. 인터넷의 등장으로 고객 및 공급업체와의 직접 접촉 및 거래가 매우 용이하게 되었다. 이에 따라 과거 중요 정보, 물자 흐름을 점검해 줌으로써 가치를 창출하는 중간 유통업자의 입지는 상대적으로 약화되고 있다.

예를 들어 기존 음악 산업의 경우, 음반이 제작되면 이러한 음반은 도매업자, 그리고 소매업자의 손을 거쳐 고객에게 판매되며, 또한 라디오·TV 방송을 통해 고객들이 시청·청취할 수 있었으나 e비즈니스 환경에서는 온라인 판매 웹 사이트 및 뮤직 포털을 통해 중간 유통업체를 거치지 않고, 고객들에게 직접 음악을 전달하고 판매하는 것이 가능하게 되었다. 고객과의 직거래가 가능해 짐에 따라 기존 중간 유통업체의 입지는 약화되지만, 복잡하고 다양한 정보의 취사 선택을 도와줌으로써 고객들로 하여금 보다 효율적으로 폭넓은 선택을 할 수 있도록 도와주는 새로운 중간업체(Infomediary)가 등장하고 있다. Infomediary(Information과 Intermediary의 합성어)는 고객과 기업 사이에서 상호간 정보 교환의 효율성을 높여주는 가교 역할을 수행하는데 기업들은 Infomediary를 적절히 활용함으로써 공급업체 및 고객을 모색하는데 투입되는 비용을 절감할 수 있게 되며, 고객들은 보다 다양한 정보 획득 및 효율적인 구매가 가능하게 되었다.

보유 자산의 최소화(Dematerialization)는 기업경영 측면에서 많은 장점을 가진다. 인터넷을 기반으로 한 e비즈니스의 등장은 자본이 많이 투입되는 분야 및 비핵심적인 분야에 대한 아웃소싱 또는 전략적 제휴를 매우 용이하게 만들어준다. 이에 따라 기업은 전략적 제휴 등을 통해 최소한의 인원·자산만을 확보하고서도 고객들에게 최선의 서비스 제공 및 효율적으로 사업을 운영할 수 있는 방안 모색이 가능해졌다.

(3) eSCM의 정의

eSCM이란 디지털 기술을 활용하여 공급자, 유통 채널, 소매업체, 그리고 고객 등과 관련된 물자·정보·자금 등의 흐름을 신속하고 효율적으로 관리하는 것을 의미한다. 디지털 환경은 과거에는 불가능했던 Supply Chain 상의 조달, 물류, 고객 관리 등 SCM 프로세스 전반에 걸쳐 새로운 패러다임 도입 및 최적화를 가능하게 하였다 Supply Chain이 기업의 물자·정보·자금 등이 가치사슬을

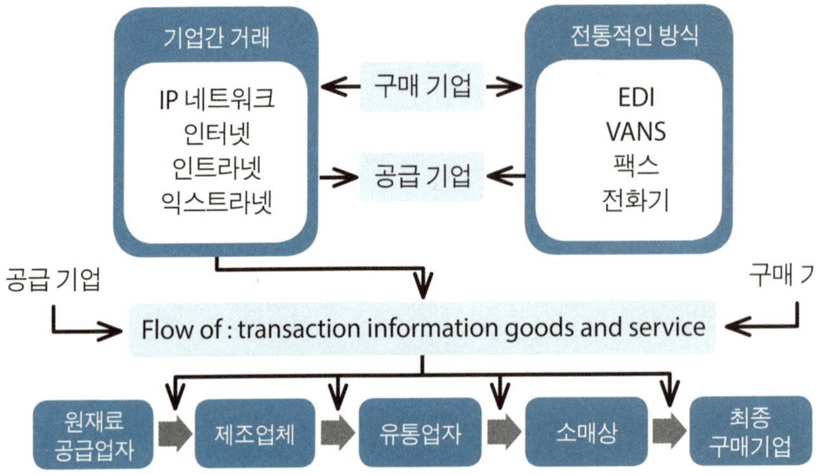

[그림 4.3] eSCM: 시스템 구성도

따라 움직이면서 일련의 부가가치를 발생시키는 프로세스를 의미한다면 SCM은 이러한 공급자에서 고객까지의 Supply Chain 상의 물자, 정보, 자금 등을 총체적인 관점에서 통합하고 관리함으로써 공급자, 고객, 그리고 기업 내부의 다양한 니즈를 만족시키고 업무의 효율성을 극대화하는 전략적 기법이다.

eSCM을 통해 기업들이 추진하는 목표는 다음과 같다. 즉, 디지털 환경으로 인해 등장한 새로운 패러다임에 부합할 수 있도록 비즈니스 흐름을 리엔지니어링 하고, 디지털 기술을 활용하여 판매, 원재료, 구매, 제조, 물류를 동기화(Synchronization)하여, 이를 바탕으로 고객에 대한 대응 능력 제고 및 새로운 서비스 제공을 통해 고객 만족도를 향상시킨다는 것이다.

(4) eSCM의 효과

기업들은 eSCM의 실행을 통해 거래 및 투자 비용의 최소화, 재고 감축, 보다 개별화된 고객 서비스 제공, 사이클 타임의 단축, 수평적 확장의 용이 등의 효과를 가져 올 수 있다.

전략적 제휴와 아웃소싱 등 Virtual Network 형성을 통한 업무 수행이 용이해지기 때문에 거래/투자 비용의 최소화로 최소한의 자산 보유만으로도 사업 수행이 가능하다. Supply Chain을 통합함으로써 공급자 및 구매자간 정보 이전에 필요한 비용과 시간을 줄일 수 있다. 공급자, 구매자간 정보 공유에 의해 공급자들은 구매자의 재고 정보를 실시간으로 파악, 구매자들이 필요로 하는 물량을 자동적으로 보충해 줄 수 있기 때문에 공급자, 구매자 모두 안전 재고 수준을 낮출 수 있는 것이다. 실제로 공급사슬의 Cycle Time은 25~50%, Response time 역시 25~50% 정도가 감소 가능한 것으로 조사되고 있다. 이로 인해 재고 금액이 감소하여 수요의 불확실성이 개선될 수 있다.

또한, 데이터를 분석하여 각 고객들의 니즈를 충족시킬 수 있는 개별화된 서비스(Customization) 제공이 가능하고 Supply Chain의 자동화, 중간 유통 업체의 제거를 통해 전체 주문 이행 사이클 타임의 단축이 가능하다. 이를 통해 고객 니즈 변화에 대한 신속한 대응이 가능해 지며 고객 만족도가 증가된다. 더구나 Virtual Network 형성을 통해 현 사업 수행의 인프라 영역 또는 수평적 확장이 용이해 타 산업으로의 진출이 가능하다는 장점이 있다.

(5) eSCM 발전 단계

eSCM의 발전 단계는 크게 채널 확장, 채널 통합, 통합 조정 역할 강화 그리고 수평적 확장의 발전 단계를 보인다.

채널 확장 단계에서는 우선 고객과의 접점 확대에 중점을 두게 되는데 고객 접점 확대·마케팅 혁신을 위해 기업들은 회사 미션, 제공하는 제품 및 서비스내용, 기타 유용한 정보를 제공하는 웹 사이트를 개설한다. 인터넷을 활용함으로써 공급업체와 고객에 대한 보다 다양하고 심층적인 정보 획득이 가능하게 된다. 그러나 정보 시스템 및 Supply Chain이 완벽하게 통합되지 않았기 때문에 전자 구매(eProcurement)의 실시 또는 배송 서비스에 대한 혁신은 아직 실시하지 못한다.

채널 통합 단계는 고객 가치 제공을 위해 Supply Chain 상에서 고객 및 공급업체와 관련된 중간 단계의 통합을 모색한다. 중간 유통 단계를 거치지 않고 고객·공급업체와 직접 거래를 수행하며, 개별 고객 니즈를 충족시킬 수 있는 서비스도 제공한다. 이 단계에서는 외부 파트너·제휴 업체와 실시간 정보 교환을 함으로써 구매업체·공급업체 간의 상호 커뮤니케이션 및 협력이 보다 활성화되고 프로세스 효율화가 가능하다.

통합·조정 역할의 강화 단계에서 기업은 아웃소싱의 강화 및 전략적 제휴 등을 통해 보다 효율적으로 Supply Chain을 관리하고, 자신은 보다 핵심 경쟁 우위를 가지고 있는 분야에 주력하게 된다. 브랜드, 마케팅 등 기업의 핵심 역량을 활용하여 제휴 업체에 대한 전략적 통제를 실시한다. 아웃소싱·전략적 제휴를 통한 투하 자본의 절감과 신속한 프로세스 진행을 통한 고객 서비스 제고를 추구하다.[5] 수요와 공급의 동기화 및 이를 통한 Supply Chain 흐름의 신속화를 통해 고객 서비스가 향상되며, 대응 체제도 사전 제조(Build-to-Stock) 방식에서 주문생산(Build-to-Order) 방식으로 쉽게 이동이 가능하다.

수평적 확장 단계에서는 전략, 조직, 프로세스 등을 변화시켜 새로운 비즈니스 모델 및 시장을 창조하게 됨. 향후 기업의 Supply Chain은 비즈니스와 관련된 여러 기능을 통합하여, 다양한 사업 모델의 실행이 가능할 수 있도록 확대될 것이다. 기업들이 고객의 복합적 니즈 충족을 위해 제품·서비스를 융합시키기 때문에 산업간 경계가 희석되고, 기업들은 전략적 제휴·파트너십 형성을 통해 다양한 산업으로 진출할 수 있으며, 가상의 전자 시장을 통한 Community가 형성된다.

그러나, 이러한 발전 단계는 반드시 순차적으로 이루어지는 것은 아니다. 기업들은 적절한 전략 수립 및 자원 투입을 통해 보다 발전된 eSCM 모형을 정립할 수 있다. 기업들이 eSCM을 구축하기 위해서는 Supply Chain 관리의 목표 명확화, 현 Supply Chain의 문제점 분석, 비즈니스 모델 정립, 담당 조직의 구성 등의 단계를 거쳐야 한다.

(6) eSCM 실행 전략

① 기업 주도형 모델

---

5) Dell의 경우 네트워킹 장비에 대한 온라인 주문의 약 45%는 직원들의 손을 거치지 않고 바로 고객 정보가 생산 파트너로 전달된다.

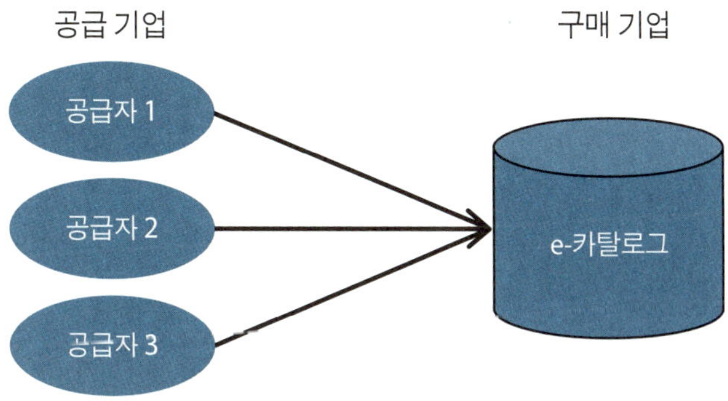

[그림 4.4] 기업 주도형 모델

기업 주도형 모델은 기업이 웹 사이트를 구축하고 주도적으로 관련 데이터를 통합·관리하는 접근법이다. 해당 기업은 공급업체로부터 데이터를 제공 받아 필요에 따라 적절한 포맷으로 전자 카탈로그를 설정하고 이를 관리한다. 관리 기업이 자신의 필요에 따라 언제나 아이템 변경이 가능하기 때문에 관리 유용성이 높고 공급업체에 대한 통제가 용이하다는 장점이 있다.

② 시장 포털형 모델

시장 포털형 모델은 업종 또는 산업 공통의 온라인 전자 시장을 활용하여 고객 및 공급자에 대한 접근성 및 효율성을 제고시키는 방법이다. 포털업체 또는 Infomediary가 공급업체들의 모든 데이터 및 정보를 수집하여 데이터를 표준화시키고 마스터 카탈로그를 설정한다. 고객은 마스터 카탈로그가 지원하는 다

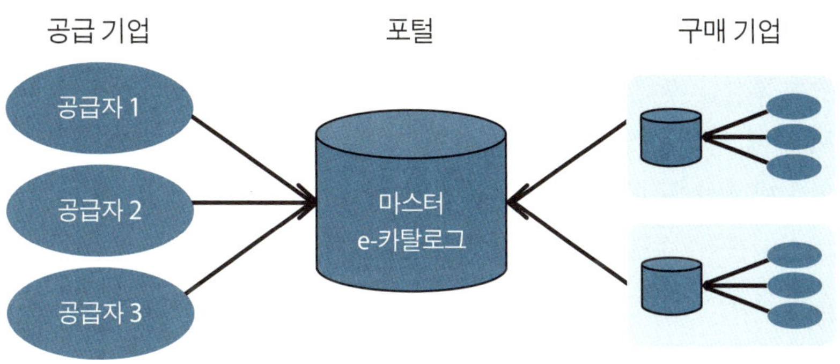

[그림 4.5] 시장 포털형 모델

양한 제품의 구매가 가능하고, 판매업체도 고객에 대한 도달성이 높아져 다수의 고객에게 자신의 제품을 판매하는 것이 가능하다.

(7) eSCM 추진의 성공요인

eSCM의 성공적 추진을 위해서는 e비즈니스 전략과의 적절한 연계, 조직 문화 변화, 적절한 IT 활용이 필요하다.

eSCM은 기술적 이슈가 아닌 사업 전략적 이슈이다. 따라서, 상이한 전략 목표에 따라 다양한 Supply Chain 구조의 선택이 가능하다. 특히 고객을 만족시켜야 한다는 막연한 생각에서 출발하여 시스템을 구축하는 것은 실패의 가능성이 높다. 고객의 원하는 것이 무엇이고 이를 위해 자사가 어떤 목적을 가지고 어느 부분까지 해결해야 할 것인가를 명확하게 결정해야 한다. 즉, 사업 수행의 명확한 전략적 목표와 범위를 설정한 후 이러한 목표를 달성하기 위해 수요, 생산 규모, 전략적 스케줄링, 성과 측정 방안 등 Supply Chain의 기본 요소를 어떻게 운영할 것인가를 결정해야 한다.

eSCM은 단지 시스템이 구축되었다고 해서 성공적으로 실행되는 것은 아니다. 따라 서 실제 시스템을 움직이는 구성원들의 협조와 역량 확보가 성공의 필수 요소이다. 구성원들은 이제 단순히 구매·배송을 담당하는 좁은 의미의 역할 수행자가 아니라, 전체적인 관점에서 업무를 수행하고 상황 변화에 적절히 대응할 수 있는 지식 근로자로 전환되어야 한다. eSCM의 성공적 운영을 위해서는 IT 등 기술적 문제보다 오히려 비기술적 문제가 더 중요할 수 있다는 사실을 인식하고, 필요 조직 구축, 조직 환경 변화에 대한 준비 및 조직 구성원에 대한 교육 등에 적절한 자원을 투입해야 한다.

eSCM 실행 시에는 업무 프로세스 변경에 따라 각 조직의 역할 및 책임에 대한 변화가 발생한다. 따라서 각 조직의 역할 및 책임을 재설정해야 한다. 각 부문 및 구성원들이 새로운 업무 수행 프로세스를 이해하고 이를 제대로 활용할 수 있도록 교육이 필요하다. 또 기존 업무 중 많은 부분이 중요성이 적어지거나 수행 필요성이 없어지게 되므로 여유 인력의 효율적 활용 방안을 모색해야 한다. 조직 변화, 업무 프로세스 변화에 따른 새로운 서비스 기능이 필요하다. 변화에 대한 구성원들의 저항을 피하기 위해서는 최고 경영층을 비롯한 모든 부문과 각 부문별 기능들이 모델 설정 초기 단계부터 참여하는 것이 필수적이라 할 수 있다.

또 다른 eSCM의 성공적 구축 요소 중 하나는 정보 기술을 효율적으로 활용하여 타기업과 차별화된 서비스를 제공할 수 있는 Supply Chain을 구축할 수 있느냐 하는 것이다. eSCM을 수행하는 IT의 핵심은 하드웨어와 소프트웨어, 기본적인 기술의 표준화, 다양한 어플리케이션 패키지 개발, 지역간 통신 네트워크 등 매우 광범위하며, 이러한 다양한 시스템의 통합을 위한 설계가 필요하다. IT 시스템 구축 시에는 데이터 처리량의 증가, 향후 정보 처리 환경 변화에 대한 적응 및 대응 가능성을 고려하여야 하며, 협력업체와 공유가 필요한 정보를 분석하고 공유 방안을 모색해야 한다. 또한 인터넷 상에서의 정보 교류 및 공유 시 발생할 수 있는 보안상 문제를 해결할 수 있는 방안도 고려해야 한다.

4.4 eCRM

기존 마케팅의 경우, 고객을 질적인 관점에서 관리하기보다 양적인 관점에서 고객을 관리하였다. 그러나 기업 수익의 대부분이 기존 고객으로부터 나온다는 사실에서 기존 고객 관리가 중요한 화두로 등장하게 되었다. 그래서 고객만족을 통한 경쟁우위 확보의 수단이 가장 중요한 마케팅 포인트로 등장하게 되었다. 즉 양적인 팽창보다는 질적인 접근이 요구되고 있고 이러한 문제를 해결하기 위해 CRM이 등장하게 되었다. CRM은 기존 고객들을 유지하는 것이 더 수익성이 높으며, 기존 고객의 재 구매나 교차판매를 통해 얻게 되는 이익 흐름의 가치인 평생가치(Life Time Value)[6]가 높은 고객들이 회사 이익의 대부분을 창출하기 때문에 라이프 사이클이 높은 고객들을 획득하고 유지하는 것이 중요하다는 사실이다.

21세기는 지식 정보화 사회로 정보를 지식화하여 잘 정제하고 활용하는 것이 주요 관건이 되고 있다. 지식 정보화의 시장 경제에서 고객의 요구 사항은 다양해지고 기업 간의 경쟁이 심화되고 있다. 고객의 정보를 얼마나 잘 관리하고 잘 정제하였는지가 핵심 요인이 된다. 고객 정보를 잘 관리하고 이를 기업 조직에 잘 반영하여 고객과의 관계를 잘 구축한 경우 기업 경영에 좋은 성과를 거두고 고객별로 차별화된 서비스를 제공하는 기업의 경우 더 많은 실적을 올리고 있다.

인터넷의 급속한 성장으로 인터넷을 기반으로 하는 정보시스템을 활용하여 온라인 상에서 바로 고객 관계 관리를 수행하고 최신의 고객 정보를 통해 최대의 기업 성과를 올리기 위해 eCRM에 대한 관심이 고조되고 있다. eCRM은 다양한 IT 기술을 활용하여 CRM을 수행하는 것으로 인터넷 사용자가 확산됨에 따라 인터넷을 통한 고객 자료의 수집, 가공, 활용을 통해 One-To-One 마케팅

6) 고객의 평생가치는 한 고객이 한 기업의 고객으로 존재하는 전체기간 동안 기업에게 제공할 것으로 추정되는 재무적인 공헌도의 합계라고 할 수 있다. (대한상공회의소 전자상거래 지원센터)

을 실현하고자 하는 것이다.

eCRM에 대해 논의하기에 앞서, e를 뗀 일반적인 CRM(Customer Relationship Management)에 대해 생각해 보기로 하자. 사실, eCRM은 인터넷 공간상에서의 CRM이며, 그에 따라 활용할 수 있는 도구들은 다르지만 기본적인 관점은 일반적인 CRM과 같기 때문이다.

CRM이란 수익을 창출해 낼 수 있는 고객을 획득하고 유지하기 위하여 기업의 현재와 잠재고객을 파악하고, 이들의 요구를 이해, 예측, 관리하기 위한 경영전략이라 정의할 수 있다. 과거의 경영활동이 주로 제품중심으로 이루어져 왔다고 볼 때, 고객관계에 기반을 둔다는 것은 경영관리 활동이 고객과 고객, 고객과 기업 사이의 관계에 대한 이해를 바탕으로 이루어진다는 의미이며, 이익 극대화(Profit Maximization)라는 목적과 함께 고객만족(Customer Satisfaction) 최대화를 위해 다양한 고객접점으로부터 얻어지는 고객에 관한 데이터를 통합, 가공, 활용하는 과정을 포함한다.

고객관계 경영이라는 용어자체에서 알 수 있듯이 고객과의 장기적 관계를 강조한다는 점에서는 모두 공통점을 갖는다. 이런 공통점을 체계적으로 정리해 보면 CRM이란 고객에 대한 다양한 지식을 바탕으로 개개인에게 적합한 차별적 제품/서비스를 제공함으로써 고객과의 관계를 지속적으로 유지하여 수익을 창출하는 경영 활동이라고 할 수 있다.

4.4.1 CRM 정의 및 분류

(1) 개념 정의

과거의 마케팅은 기업이 상품을 만들어 특별한 고객 정보 분석이 없이 상품에 대한 홍보 및 광고가 주류를 이루었다. 하지만 현대에는 이러한 마케팅 활동에 의한 기업의 수익을 향상시키는 데 한계를 느끼고 이러한 상황에서 고객에 대한 이해를 바탕으로 한 마케팅 활동이 등장하게 되었다. 이러한 고객에 대한 이해를 바탕으로 영업, 마케팅, 고객 서비스 프로세스를 재구성하는 일련의 활동을 고객 관계 관리, 즉 CRM(Customer Relationship Management)이라 한다.

CRM은 다양한 채널을 통한 고객과의 커뮤니케이션으로부터 수집된 정보를 기반으로 고객과의 관계를 유지 발전하는 과정이다. 즉 신규 고객 획득, 우수 고객 유치, 고객가치 증진, 잠재 고객 활성화 및 평생 고객 확보를 목표로 고객 분석을 통해 고객을 이해하고 이를 통해 고객과 지속적인 관계를 유지함으로써 고객 가치를 극대화하기 위한 일련의 과정이라 할 수 있다.

정보 기술의 발달로 개별 고객 단위로 고객의 가치 측정이 가능해졌으며 어떻게 충성도 높은 고객과 관계를 구축하고 이를 지속적으로 유지 할 것인가를 이해하고 가장 효율적인 방법을 찾을 수 있는 방법을 알 수 있게 되었다.

기업 내-외부의 데이터를 전체 조직의 관점에서 통합 시스템을 구축하고 이러한 기반 하에서 기업에 필수적인 고객 정보를 데이터마이닝(Data-Mining)[7]을 통하여 분석을 하여 기업의 신속한 의사결정을 할 수 있도록 정보를 제공하는 역할을 한다. CRM은 궁극적으로 고객 로열티(Loyalty) 향상을 통한 고객의 평생 가치(LTV: Life Time Value) 증대를 목적으로 한다.

(2) CRM 분류

CRM에 대한 기본적인 분류는 주로 메타그룹의 CRM 산업 보고서(The Customer Relationship Management Ecosystem 1999)에 대한 분류기준을 따른다. 메타그룹의 분류에 따르면 CRM은 프로세스 관점에 따라 운영(Operational) CRM, 분석(Analytical) CRM, 협업(Collaborative) CRM이다.

① 운영(Operational) CRM

CRM의 구체적인 실행을 지원하는 시스템이다. 기존의 ERP시스템이 조직 내부의 관리(Back-End)[8] 효율화를 담당하는 시스템임에 반하여, Operational

7) 많은 데이터 가운데 숨겨져 있는 유용한 상관관계를 발견하는 것
8) 주문처리, 생산, 구매, 재고, 물류, 회계 등

CRM은 조직과 고객간의 관계 향상, 즉 조직의 전방위 업무(Front-End)[9]를 지원하는 시스템이다. 이것은 주로 영업과 서비스를 위한 시스템이다. 최근에는 이러한 운영적 CRM을 구현하기 위한 방법으로서 전자적 자원관리(Enterprise Resource Planning: ERP)가 가지고 있는 기능(재무, 생산, 재고 및 인사관리 등) 중에서 고객 접촉과 관련된 기능을 강화하여 ERP의 기능을 확장하거나 고객관계관리를 위해 전용으로 개발된 모듈과 기존 ERP를 통합하는 차원으로 접근한다. 이렇게 함으로써, 고객 수익성을 극대화할 수 있게 된다. 예를 들어 직접 마케팅(Direct Marketing)을 수행하기에 앞서 충분한 재고를 확인하는 것이나, 캠페인 수행 시 재고 확보 및 생산일정을 점검하는 일등은 궁극적으로 고객관계를 개선하게 한다. 운영적 CRM의 단계를 개괄적으로 살펴보면 다음과 같다.

• 1단계: CRM 응용시스템 구축

마케팅 데이터베이스, 판매관리 시스템, 회계관리 시스템, 콜센터 시스템, 생산·출하 시스템 등 각 업무에 따라 기업전반에 분산되어 흩어져 있는 고객정보가 통합되어야 한다. 통합된 고객정보, 구매정보, 그리고 상품정보 등을 유기적으로 결합시켜 추후 분석적 CRM에서 활용할 유용한 정보들을 적적히 뽑아낼 수 있도록 구축되어야 한다.

• 2단계: 비즈니스 인텔리전스 구축

축적된 고객지식은 비즈니스 인텔리전스로 발전되어 실시간 다차원분석을 통하여 고객을 세분화하는데 고객정보가 쉽게 이용될 수 있고, 효율적으로 캠페인 관리와 연계 및 활용될 수 있도록 하는 지원체계를 확립하는데 기반이 된다.

• 3단계: 마케팅 목표설정

앞서 두 개의 단계를 통해 구축된 고객정보와 비즈니스 인텔리전스를 통해

---

9) 마케팅, 영업 및 고객 서비스 등

고객집단을 세분화하고 마케팅의 대상이 되는 목표 고객 집단을 설정한다. 마케팅 목표의 설정은 고객 수익성 증대가 이루어질 수 있도록 정확하게 이루어져야 한다.

• 4단계: 캠페인

3단계에서 설정한 목표 고객집단에 대해 앞서 분석한 고객 정보를 기반으로 적절한 캠페인을 개발하고 수행한다. 캠페인 결과는 다시 고객분석을 위한 기초자료로 이용된다.

• 5단계: 영업 및 고객 서비스

캠페인에서 발생된 잠재 고객들에게 영업 프로세스를 모든 채널에서 수행한다. 영업프로세스에서는 교차판매와 상향판매를 수행할 수 있게 지원이 되어야 한다. 고객 서비스란 고객관계를 원활히 하고, 이윤 증가와 고객의 충성도를 증진시키기 위해 최적의 채널을 통해 고객을 지원하고, 고객의 불만이나 질의 사항에 응함으로써 사후 유지 보수하는 것을 말한다.

② 분석(Analytical) CRM

Analytical CRM은 영업·마케팅·서비스 측면에서 고객정보를 활용하기 위해 고객 데이터를 추출, 분석하는 시스템이다. 이를 통해 사업에 필요한 고객과 시장의 세분화, 고객 프로파일링, 제품 컨셉의 발견, 캠페인 관리, 이벤트 계획, 프로모션 계획 등의 기회 및 방법에 대한아이디어가 도출될 수 있다. 고객 데이터의 과학적인 분석을 위하여 데이터마이닝 기술이 매우 중요한 이슈로 부각된다. 분석적 CRM은 CRM의 기반기술들인 데이터 웨어하우징(Data Warehousing), 데이터마이닝, OLAP 등의 기반기술을 이용하여 고객의 행동양식을 분석, 예측하고 이를 통하여 고객의 충성도를 확보하는 것을 목표로 한다. 분석적 CRM의 단계를 좀 더 자세히 살펴보면 다음과 같다.

• 1단계: 고객 분석 및 세분화(Segmentation)

CRM을 위한 전략을 구상하는 단계로, 다양한 고객 속성 및 구매 정보 또는

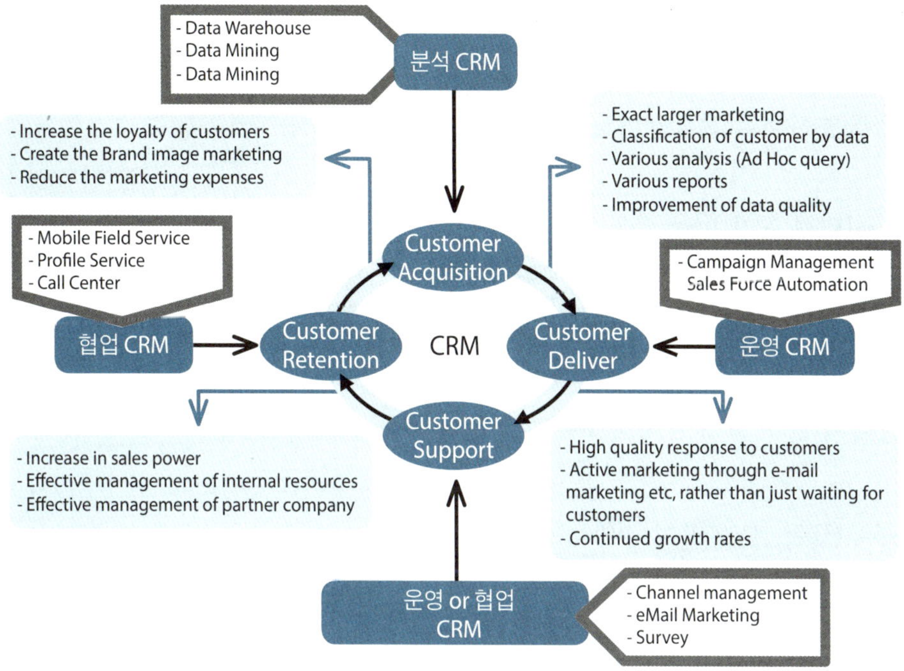

[그림 4.6] Configuration of CRM[10]

데이터마이닝 기법들을 이용하여 고객의 성향을 다차원적으로 분석하고 그 결과로 고객을 세분화하여, 각 고객집단별로 구매를 창출할 수 있는 마케팅 전략을 수립하는 단계이다. 이러한 분석과 세분화는 이후 캠페인 관리와 효율적으로 연계, 활용될 수 있도록 지원체계가 확립되어야 한다.

• 2단계: 캠페인 관리

1단계에서 수립된 전략에 근거하여 반복적으로 다양한 채널을 통해 캠페인을 실시한다. 이때 반복적으로 수행된 캠페인의 결과를 여러 각도에서 분석하여 보다 개선된 캠페인을 도출할 수 있도록 한다. 즉, 축적된 캠페인 결과 자료들을 이용하여 최적의 캠페인을 수행하도록 한다.

10) 진서훈, "Analytical eCRM 소개", DNI Consulting Group, openTide VISTA

• 3단계: 고객 판매 및 서비스 제공

2단계에서 수행된 캠페인들의 결과를 수확하는 단계로 고객을 상대로 판매 행위를 하여 실질적인 매출신장을 성취하는 단계이다.

• 4단계: 고객 반응 접수

앞에서의 단계들을 통해 수행된 일련의 마케팅 과정에 대한 고객의 만족도를 조사하여 이를 분석하고 그 결과를 다시 1단계에 반영하여 한층 개선된 고객관계를 정립한다. 이때, 캠페인 성과의 분석 내용으로는 캠페인 실적분석, 고객 반응분석, 채널 효율성 분석, ROI(Return On Investment, 투자수익률)분석 등이 있다.

③ 협업(Collaborative) CRM

1990년대 후반기부터 인터넷을 기반으로 한 비즈니스의 성장 및 오프라인 기업의 온라인화가 가속화되면서 인터넷에 대응하는 신 개념의 CRM으로서 eCRM이라고도 불린다. 협업은 분석과 운영 시스템의 통합을 의미한다. e비즈니스 환경에서 각 고객별로 차별화된 서비스를 제공하는 웹 개인화 서비스 시스템이 대표적 예이다.

그 동안 CRM을 도입했던 기업들은 대부분 분석 CRM에 해당되는 시스템을 구축하는데 많은 예산을 지출했던 것으로 파악된다. CRM의 필수 요소인 분석 CRM은 가장 많은 예산을 필요로 하지만, 실제로 고객에 대한 포괄적인 분석을 위해서는 먼저 고객 성향이나 구매 행동에 대한 실제적인 데이터를 축적하는 일이 선행되어야 한다. 이는 운영 CRM의 도입을 통해 가능하고 e비즈니스 환경에서는 협업 CRM의 도입이 일반적인 추세가 된다.

4.4.2 전통적 CRM과 eCRM

eCRM을 이해하기 위해서는 먼저 e비즈니스 전반에 대한 이해가 필수적이다. 2000년 하반기, 일반적인 닷컴 기업들의 수익 모델 부재로 e비즈니스 기업들 전반적인 위기가 닥치게 되면서 e비즈니스 기업들이 진정한 고객을 확보하고 유지하는 방법에 대해 관심이 생겨났고 그 해결책으로 eCRM이 주요 개념으로 등장하게 되었다.

인터넷 경제의 급격한 변화 속에서 고객은 더욱 높은 수준의 서비스를 기대하게 되고, 요구와 취향 역시 복잡하고 다양해지고 있다. 이런 상황에서 각 기업이 경쟁력을 확보하기 위해서는 고객에 대한 이해가 매우 중요하며, 고객관계관리에 대한 새로운 방안이 필요하게 된다. 이미 설명한 것처럼 eCRM이란 고객관리관계에서 위와 같은 방식으로 인터넷을 이용해서 고객 데이터를 구축하고 이를 바탕으로 기존의 고객관리 시스템을 재구성하는 것을 말한다. eCRM은 고객만족을 극대화하면서 동시에 관련 비용을 감소시킬 수 있는 새로운 고객관리 개념이라고 할 수 있다.

즉, eCRM은 인터넷 상에서의 CRM이며, 고객에 대한 이해와 접근방식은 일반적인 CRM과 동일하나 고객정보 획득 및 커뮤니케이션 방법에 있어서는 차이를 지닌다고 할 수 있다. eCRM은 e비즈니스 환경 속에서 전개되는 CRM을 의미하므로 기존의 오프라인 CRM과 달리 인터넷을 통해 고객데이터를 수집하고 고객과 커뮤니케이션 할 수 있다는 특징이 있다. 앞서 설명한 선통적인 CRM 과 eCRM의 차이를 도식적으로 설명하자면 다음과 같다.

[표 4.1] CRM과 eCRM

분야	CRM	eCRM
Data 수집	영업사원 방문, TM, DM, 기간계 시스템의 구매 데이터 등 복수의 분산된 채널	웹 기반의 단일 통합채널 (웹로그, 이메일 반응, 웹 콜센타, 구매데이터 등의 통합)
Data 분석	고전적 통계기법, 데이터 마이닝	실시간 고객 성향 분석, 고객 행동패턴 분석
Data 활용	마케팅 캠페인, 영업강화, CTI, 프로모션	One-to-One Marketing, 웹 사이트 개인화, 실시간 추천 시스템
비용	높은 인건비로 인해 고객 관리 비용이 상대적으로 높음	초기 IT 도입비용이 높은 반면 지속적인 관리 유지 비용이 낮음
시간, 공간적 범위	제한된 시간, 지역적 한계 존재	지역, 시간적 제약 탈피

eCRM 요소가 본격화되면, 고객의 주문의 처리속도도 빨라지고, 주문 절차도 단순, 명확해지며, 고객의 불만이나 추가적인 서비스의 요구에도 신속하게 대응할 수 있어 고객의 만족도가 높아짐과 동시에 고객 문의 처리 오류가 줄어들어 운영 비용의 감소를 얻을 수 있다.

궁극적으로는 고객 충성도(Loyalty) 향상을 통해 매출증대로 이끌 수 있는 것이다.

그러나 eCRM과 오프라인 CRM은 고객을 바라보는 관점과 고객 대응에 관한 방향성, 기본적인 활동에 있어서는 거의 동일하다. 그런데 기존의 오프라인 사업에서보다 e비즈니스에서 CRM이 더욱 중요한 이유는 e비즈니스가 기본적으로 네트워크사업이기 때문이다. e비즈니스에서 가치를 창출하는 중요 네트워크로는 고객 네트워크, 공급자 네트워크, 파트너 네트워크가 있다. 이 중 가장 중요한 것은 고객 네트워크이며, 이 고객 네트워크를 효과적으로 관리하기 위해서는 eCRM이 필요하다. 또, e비즈니스는 오프라인 비즈니스에 비해 고객과 직접적으로 접촉하므로 많은 고객데이터를 수집할 수 있다. 이런 특성 때문에 e비즈니스에서는 eCRM을 도입하기가 용이하고, 그만큼 많은 기업들이 더 정교한 eCRM을 전개하고자 할 것이며 경쟁사에 대한 방어적 입장에서도 eCRM을 도입하지 않을 수 없다.

4.4.3 eCRM 개념 및 프로세스

eCRM은 경제 활동 전반에서 과거 소규모 점포에서 있었던 고객 서비스 경험을 다시 구현하는 것을 가능하게 만들고 있다. 소비재, 금융 서비스, 의료분야, 자동차, 철강, 농업 같은 산업에서의 상품과 서비스들은 표준화된 상품들의 대량 유통 시장에서 개인화된 구매활동을 하는 일대일 마케팅(One-to-one Marketing)으로 이동하고 있다. 웹, 무선, 음성기술 등을 이용하여 고객에게 보다 가깝게 갈 수 있게 되었고, 이런 기술들로 인해 수백만 명의 고객에게 대량으로 판매하는 대량 유통의 효율성과 개인화된 접촉과 개인별로 최적화한 서비스를 결합하는 것이 가능해지게 된다. 이제 고객은 온라인으로 상품을 주문하고 상품이나 배송 계획, 다른 특별한 상품 제안이나 기타 부가적인 정보를 받을 것인지 여부를 결정할 수 있다. 이것이 바로 eCRM의 본질이라고 할 수 있다. eCRM은 보다 효율적인 고객 세분화와 다양한 분석 기술, 다수 고객과의 커뮤니케이션, 다양한 채널을 통한 커뮤니케이션, 차별화된 상품과 서비스를 제공하기 위한 일대일 마케팅 기술들을 이용하여 확장되었다. 이제 이러한 이해에 기반하여 eCRM의 개념과 프로세스에 대해 세부적으로 검토하기로 한다.

(1) eCRM의 개념

eCRM 은 기본적으로 고객 시대를 강화하는 도구 및 개념으로 파악할 수 있다. 인터넷이 만들어낸 최고의 비즈니스 영향은 바로 고객 강화라고 말할 수 있다. 특히 인터넷 경제시대에는 성공적인 e비즈니스 전략은 기본적으로 세부적인 고객지식에 기반한다. 인터넷과 정보기술이 발전함에 따라 고객 데이터의 확보 및 추적, 관리가 용이해지고 있다. 즉 이제는 개별 고객의 정보를 인터넷을 통해 손쉽게 획득할 수 있게 된 것이다. 웹 로그에 대한 클릭 스트림(Click Stream) 데이터 분석 기법을 이용하면 개별 고객이 웹사이트에서 실행하는 클릭 내용을 추적하여 데이터로 저장할 수 있다. 물론 고객 개개인이 회원에 가입하면서 입력하게 되는 모든 프로필 데이터 역시 고객 정보로 저장이 되고 고객의 구매 데이터 또한 핵심적인 고객 정보 중의 하나로 저장이 된다. 이 외에도 고객 서비스를 위한 웹 콜 센터의 고객 불만, 문의 사항 등의 내용 역시 통합 고객 DB로 구축된다. 다시 말하자면 고객의 프로필, 구매이력, 웹 사이트 클릭 스트림, 고객 서비스 등의 데이터에 대한 분석을 통해 고객에 대한 심층적이고 다층적인 파악이 가능해진다.

고객에 대한 단일한 관점에 기반하여 각 기업들은 고객을 위한 다양한 가치를 제공한다. 즉, eCRM은 e비즈니스 프로세스 기반 하에서 웹 고객 데이터를 이용한 마케팅, 영업, 고객 서비스 프로세스의 자동화 및 최적화를 통한 고객관계관리라고 말할 수 있다. eCRM은 인터넷을 통한 실시간 고객관계 관리를 통하여 고객 요구사항에 신속히 대응하고 고객 행동에 대한 예측성을 높임으로써 고객 점유율을 높이며 시장 점유율을 향상시키는 것을 목적으로 한다.

eCRM을 솔루션 관점에서 정의하자면 효율적인 e비즈니스를 전개하기 위해 고객 가치를 최대화하기 위한 차세대 소프트웨어 어플리케이션이라 할 수 있다. 이러한 어플리케이션은 다양한 채널을 통해 고객과의 커뮤니케이션을 통합하고 웹사이트 분석, 개인화 추천 엔진, 일대일 마케팅 캠페인 엔진, 컨텐츠 관리 시스템, 교차판매, 반복판매, 추가판매 분석, 고객 셀프 서비스, 이메일 자동응답 시스템 등의 기능들이 주 기능으로 구성된다.

eCRM 솔루션의 핵심 특성들은 다음과 같다.

- 데이터 웨어하우스(혹은 데이터 마트)에 기반하여야 한다. 고객의 통합 DB가 구축되어 있지 않은 상황 하에서는 고객에 대한 적절한 분석에 한계가 있을 수 밖에 없다.
- 고객행위에 대한 다양한 채널을 제공해야 한다. 고객과 실시간으로 커뮤니케이션 할 수 있는 여러 채널을 확보하고 관리할 수 있어야 한다.
- 다양한 채널을 통해 고객 커뮤니케이션을 관리할 수 있는 분석 기능을 수반해야 한다.
- 고객과 효율적인 커뮤니케이션을 위해 퍼미션 마케팅(Permission Marketing)에 기반해야 한다. 캠페인 실행 전략은 기본적으로 고객의 퍼미션에 근거해야 하기 때문이다.
- 웹 기반의 데이터 축적 및 확장 가능성이 용이해야 한다. 실시간으로 데이터를 처리하고 다양한 관점들을 제공하기 위해서는 퍼포먼스(Performance) 측면에서 확장 가능 해야 한다.

eCRM의 최종 결과는 강화되고 만족된 고객을 창출하고 고객의 다양한 경험들을 기업의 비즈니스 프로세스에 통합함으로써 고객 충성도 향상이 이루어지게 된다. eCRM의 영역을 크게 분리해보면 다음과 같이 세 가지로 분류해 볼 수 있다.

첫째, e-Marketing은 웹을 활용해 전통적인 마케팅 기능 및 새로운 마케팅 기능을 구현하는 것이다. 예를 들어, 온라인을 이용한 광고, 판매촉진, PR 및 Direct Marketing을 포함해 시장조사, 고객참여, 가격정보 획득 등이

e-Marketing에 해당한다.

둘째, e-Selling은 초기에 고객을 인식하는 것에서부터 상품·서비스 전달과정에 이르기까지 고객의 전 구매과정을 웹 상에서 처리할 수 있도록 하는 것이다. 전 구매과정의 셀프서비스화라든지 고객의 구매의사 및 지불능력을 파악하고 고객이 원하는 제품을 추천할 수 있고 인터넷에서 주문을 생성할 수도 있다.

셋째, e-Service는 고객 서비스 및 지원을 하는 용도로 전자채널을 활용하는 것이다. 즉 고객이 스스로 고객정보를 입력 및 수정하고 서비스 오더 및 고장신고 처리현황을 검색할 수 있으며 고객교육 및 사용설명서를 제공하고 EBPP[11] 등을 제공할 수 있다.

(2) eCRM 프로세스

eCRM 프로세스는 일반적으로 CRM 프로세스와 크게 다르지는 않지만 고객과 커뮤니케이션하는 여러 채널들에 대한 관리 기능과 실제로 비즈니스 룰을 적용하는 다양한 인화 기법들이 차별적인 요소라고 말할 수 있다.

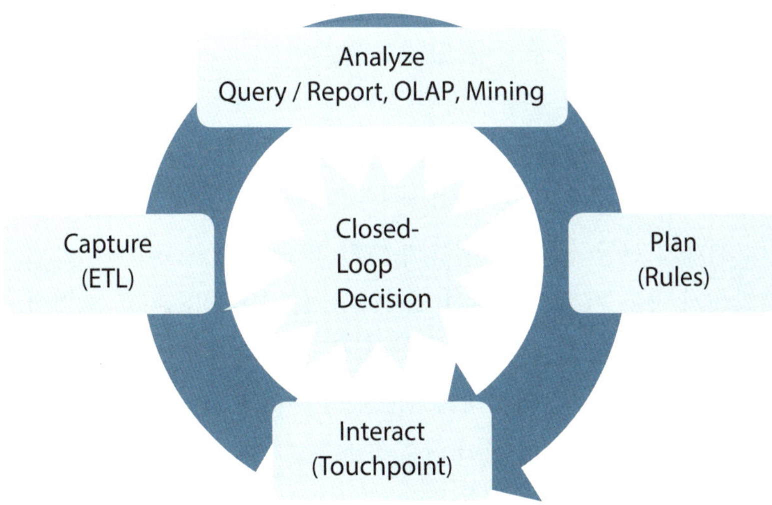

[그림 4.7] eCRM 프로세스

11) Electronic billing presentation & payment, 고객이 요금청구서 및 사용내역서를 e-Mail을 통해서 받아볼 수 있고 또한 이를 이용하여 요금을 납부할 수 있도록 하는 서비스

- Analyze: 데이터 웨어하우스로부터 Report, OLAP, Data Mining 등의 분석을 통해 고객 패턴과 성향을 파악하는 단계
- Plan: 분석된 고객 데이터 결과에 기반하여 마케팅 룰을 개발, 적용, 구체적인 캠페인 기획, 웹 콜센타 기획, 웹사이트 기획 등을 하는 단계
- Interact: 실제로 비즈니스 룰을 적용하는 단계로서 다양한 개인화(Personalization) 기법들을 이용해 고객과 커뮤니케이션 하는 단계로 전체 고객 경험을 개인화하고 고객별로 적절한 메시지를 정의하여 각 고객 개인에게 보낸다.
- Capture: 인바운드 및 아웃바운드 Interaction들의 결과를 통합하는 단계로 고객의 기호(Preference), 고객이 용인해준 정보 등을 비롯하여 고객에게 유용할 수 있는 모든 정보를 통합한다.

4.4.4 e비즈니스 모델에 따른 CRM 전략

보다 구체적으로 e비즈니스에서 각각의 비즈니스 모델에 따라 세부적으로 고객에게 어떤 가치를 제공할 수 있는지 검토해보자. eCRM을 실행한다는 관점에서 e비즈니스 모델을 분류한다면, 고객에 대한 제공 가치 기준이 가장 적합하다. 고객과 기업의 관계는 기본적으로 기업이 고객에게 상품을 통해 가치를 제공하고 고객은 기업에 돈을 지불하는 관계이며, eCRM에서 제공되는 내용도 기업이 고객에게 전달하는 가치의 일부이기 때문이다. 즉, e비즈니스 모델들은 각각 고객에게 다른 가치를 전달하므로 eCRM도 각 e비즈니스 모델이 고객에게 전달하는 가치를 중심으로 전개되어야 한다. 개략적으로 e비즈니스 영역을 상거래 모델, 컨텐츠 모델, 커뮤너티 모델로 구분하고 각각에 대해 고객 경험이 기업의 비즈니스 프로세스에 어떤 식으로 반영되어야 하는지를 살펴보자.

(1) 상거래 모델

상거래 모델을 크게 분류하자면 두 가지로 구분할 수 있다. 일반적인 구분

법에 따라 상거래 주체에 따라 B2C와 B2B로 구분하여 설명하기로 한다. 먼저 B2C는 대체적으로 판매모델을 취한다. 판매모델은 현실 시장의 점포를 그대로 인터넷 상에 올려놓은 형태로 대부분의 쇼핑몰의 전형적인 모델이라 할 수 있다. 거래 프로세스에 따라 먼저 Pre-Order Customer-Support, Point-of-Order Customer-Support, Post-Order Customer-Support로 구분할 수 있다.

- Pre-Order Customer-Support 에서는 먼저 검색엔진을 통한 손쉬운 접근이 필수적이다. 상거래 사이트 구축할 시 주제(Topic) 및 키워드, Metatag 정의를 통해 손쉽게 접근 가능해야 한다. 물론 도메인 네임의 명료성 역시 필수적이다. 두 번째로 제품 정보에 대한 실시간 접근이 가능해야 한다. 제품에 대한 카탈로그 정의가 잘 정리되어야 하고, 제품에 대한 검색이 용이해야 한다. 물론 제품 소개에 대한 시각적인 표현 및 제품 비교에 대한 정보가 상세히 구성되어야 한다. 세 번째로 레거시 시스템의 재고 시스템과의 통합이다. 제품의 운반 타임과 제품의 재고파악 및 실시간 운반 가능성, 주문 처리 등이 중요한 요소이다. 마지막으로 배송이다. 배송 상태에 대한 트래킹 정보가 제공된다는 점은 필수적이다.
- Point-of-Order Customer-Support 부분에서는 무엇보다도 원활한 주문 처리가 가능해야 한다. 제대로 디자인된 주문 처리 프로세스가 갖추어져야만 실제로 고객이 직접 상품 구매가 가능하고 네비게이션(Navigation) 및 구성이 편리해야 쇼핑카트 이탈율을 감소시킬 수 있다. 이때 중요한 것은 실제 주문 프로세스가 개인화 되어야 한다는 것이다. 이전의 구매 기록에 대한 검토를 통해 고객은 스스로의 사이트로 인식하고 구매 정보를 원활히 재사용할 수 있을 것이다. 또한 사이트 네비게이션 자체가 제품 지향적이어야 한다. 고객을 제품 구매로 유도할 수 있는 최적의 네비게이션을 갖추는 것이 필수적이다. 마지막으로 결제 정보에 대한 부분이다. 결제 부분에서는 선명한 가격정책과 고객 보안의 문제가 중요하게 부각된다.
- Post-Order Customer-Support 이슈에서는 실제적인 주문 트래킹이 가장 중요한 요소이다. 상품 구매 이후 결제에서 배송에 이르는 전 과정에 대한 정보가 고객에게 가장 큰 관심사이기 때문이다. 이메일 채널을 이용한 주문

상태 안내 정보(주문접수, 재고상태, 주문현황, 배송현황 등)는 필수적이라 할 수 있겠다. 즉 책임 있는 사후관리가 핵심이라고 말할 수 있겠다.

B2B에서는 일반적으로 B2C에서의 CRM 요소들을 포함하면서도 약간의 다른 방식의 접근을 필요로 한다. B2B에서는 구매모델, 장터모델 등과 같은 다양한 방식의 비즈니스 모델이 가능한데 보다 일반적인 형태인 장터모델(Marketplace)을 예로 들어 설명하도록 하겠다.

장터모델은 다른 모델에 비해 더 많은 판매자와 구매자가 만나서 폭 넓은 거래를 할 수 있다는 장점이 있다. 그러나 수많은 거래 주체들이 모이는 만큼 거래의 위험성이 높다는 단점이 있다. 장터 모델에서는 거래 위험성을 최소화하는 데 CRM의 초점이 맞추어져야 한다. 따라서 B2B 장터 모델에서는 개인 고객에 대한 서비스가 아닌 파트너 기업에 대한 신용정보 및 상품정보가 주된 고려사항이 된다. 물론 파트너 기업에 대한 모든 정보는 제한된 범위 내에서만 공개 가능하다. 또한 파트너 기업들 간의 협업(Collaboration)을 위한 트랜젝션 관리도 빼놓을 수 없다. 결국은 B2B 모델에서는 파트너 기업 정보에 대한 관리와 SCE(Supply Chain Exchange) 개념이 통합된 형태로 전개될 것이라 전망된다.

(2) 컨텐츠 모델

웹사이트의 컨텐츠는 정보를 의미한다. 고객에게 제공되는 정보도 하나의 상품으로 분류할 때 eCRM의 전략을 생각해 볼 수 있다. 정보에 있어 가장 중요한 요소는 적합성과 신선함이다. 어떤 특정한 시점에서 가장 필요로 하고 관심이 가는 그리고 신선함을 가지고 있는 정보는 상품으로서의 가치가 매우 높다. 고객에게 고객의 입맛에 딱 맞는 정보를 고객이 원하는 시기에 원하는 방법으로 제공하느냐는 컨텐츠 모델에 있어 아주 중요한 이슈가 될 것이다. 먼저 이 모델에서 가장 중요한 방향의 전개는 고객이 원하는 것을 파악하는 것이 가장 중요할 것이다. 즉, 고객의 과거 정보 이력, 고객의 관심 분야 등 여러 가지 고객 데이터를 바탕으로 고객이 원하는 정보의 종류와 방법 등을 파악하고 고객이 관심을 가질만하고 필요로 할만한 정보를 제시하는 것이 고객의 해당 사이트에 대한 선호도를 높이고 충성도를 향상시키는 방법이 될 것이다. 고객의 선호도에 따른 컨텐츠 제공과 고객 세분화에 따른 컨텐츠 추천 캠페인 시스템이 기본적으로 고려되어야 한다.

한 여행 정보 제공 사이트는 고객의 검색 내역과 로그 데이터를 분석 고객이 관심을 가질만한 여행지의 정보를 제공한 결과 사이트의 가입자수를 한달 만에 두 배로 늘렸다고 한다. 신규 고객의 확보뿐만 아니라 기존 고객에게도 자신이 원하는 정보를 찾아주고 제시해주는 사이트는 상당히 매력적일 것이다. 한편 정보 제공 모델이 갖고 있는 하나의 장점은 상품의 가격 책정 변동 폭이 타 상품에 비해 매우 유연하다. 이것은 어떤 특정한 조건을 갖춘 고객에게 특정한 가격을 거의 자유롭게 제시할 수 있다는 의미이다. 예를 들어, 우량 고객으로 판단되는 고객 등에는 가격을 낮춰 더 많은 정보를 이용하게 하며 고객의 충성도를 높일 수 있다. 이러한 컨텐츠 모델의 장점을 최대한 활용하는 것이 이 모델에서의 eCRM 모델의 한 방향이 될 것이다.

(3) 커뮤니티 모델

커뮤니티 모델의 특징은 핵심적 관계가 고객과 기업과의 관계뿐만 아니라 고객 회원들끼리 커뮤니티를 형성하고 관계를 형성하는 것이 중요한 요소라는 점이다. 따라서 이 모델에서는 고객 서로간의 관계를 강화하고 향상 시키는 것이 eCRM의 중요한 방향이 될 것이다. 커뮤니티 모델에서는 고객이 형성한 커뮤니티를 효과적으로 관리하기 위해 각 커뮤니티와 그에 속한 회원들을 통합적으로 관리하는 것이 중요하다. 분석 솔루션 등을 이용한 고객과 사이트, 커뮤니티 이용에 관한 데이터를 분석하여 그 결과를 다시 사이트의 운영에 반영하는 것은 커뮤니티를 중심으로 한 모델을 성공적으로 운영하는 방법이 될 것이다. 이때 운영자에게 제공되는 분석 솔루션 등은 다양한 소스의 데이터를 통합적으로 분석할 수 있어야 하며 쉬운 Customizing으로 관리자가 수행하는 업무의 성격을 만족시켜야 한다. 각 커뮤니티가 가지고 있는 커뮤니티 시삽에 대한 관리도 중요하다. 시삽에게 커뮤니티 관리에 필요한 여러 가지 기능을 제공하고 회원 개개인에게도 필요로 하는 여러 가지 기능을 제공하여 편리한 의사소통, 정보

교환 등이 가능하도록 해야 한다.

커뮤니티 운영에 대한 다양한 아이디어의 제공도 커뮤니티를 활성화 할 수 있는 방법이다. 분석된 커뮤니티와 그 회원들의 행동에 대한 결과로 사이트의 운영자는 새로운 커뮤니티 운영 아이템이나 기능 등을 제공함으로써 자칫 매너리즘에 빠지기 쉬운 커뮤니티에 활력을 줄 수 있다. 특히 커뮤니티가 정보 교환의 장소로 많이 사용되는 점에서 특정 커뮤니티에 필요한 정보를 제공해주는 것도 그 커뮤니티를 다른 사이트의 유사한 커뮤니티보다 더 활성화 시키는 방법이 될 것이다.

우수한 고객에게 더 많은 혜택을 주듯이 우수한 커뮤니티에게는 더 많은 혜택과 자원을 배분하는 것이 eCRM의 기본 개념인 '고객을 차별 대우하라' 에 부합되는 것이다. 우수한 커뮤니티를 선정하는 기준은 사이트의 운영자가 결정해야 하는 중요한 전략 중에 하나 일 것이다. 단순히 많은 회원을 가지고 있다고 훌륭한 커뮤니티는 될 수 없을 것이다. 특이성, 목적, 활동 내역 등을 정확하게 파악하여 적합한 혜택을 공급해주는 것이 적절한 방향이 될 것이다. 마지막으로 중요한 사항은 각 고객이 원하는 다른 회원을 신속하게 찾을 수 있어야 하고 그 회원과 커뮤니케이션 할 수 있는 다양한 방법들이 제공되어야 한다는 것이다. 즉 기업과 고객과의 관계가 가져야 할 가장 중요한 요소를 커뮤니티 내의 회원 간에도 가져야 한다는 것이다.

5 지불 결제 시스템

5. 지불 결제 시스템

5.1 지불 결제 시스템

5.1.1 대금결제 방식의 발전과정

정보사회가 점차 고도로 발달하고 초고속 정보통신망 기반이 구축되어 감에 따라서 금전의 이동을 포함한 금융거래에 많은 영향을 미치게 되었다. 상거래의 결제수단으로 사용되는 화폐는 옛날의 물물교환 형태에서 금, 은 등 귀금속으로 바뀌고 이것이 지폐 및 수표로 진화하였으며, 오늘날 정보기술의 발달과 더불어 다양한 신용카드 및 직불카드 형태로 발전하였다. 특히 최근에 인터넷 전자상거래가 널리 이용되면서 새로운 지급결제 수단으로써 전자화폐가 실용화되면서 여러 가지 법률적, 제도적인 과제를 낳게 되었다.

1950년대 초에 미국의 은행들이 업무에 컴퓨터를 도입한 이래 자금의 이동을 전자적으로 처리하는 새로운 지급수단으로써 전자자금이체(Electronic Fund Transfer: EFT)가 출현하게 되었고, 그 이후 각국에서는 정보통신기술의 발달과 함께 전자자금이체가 급속하게 보급되었다. 우리나라에서도 홈뱅킹 등으로 대표되는 이 제도는 비약적인 발전을 거듭하였다.

우리나라에서는 현재 현금자동지급기(Cash Dispenser: CD), 자동입출금기(Automated Teller Machine: ATM), 직불카드거래단말기(POS Terminal)등이 이용되고 있고, CD공동망과 타행환 공동망에 이어 한국은행금융망(BOK-Wire)이 구축되어 운용되고 있다. 앞으로 컴퓨터 관련기술의 진보와 더불어 서면지급제도가 점차 감소되고 전자자금이체를 중심으로 전자 지불결제 제도가 이를 대체해 나가고 있다.

한편 인터넷 상거래가 증가함에 따라서 전자상거래의 결제수단으로 현재 신용카드에 의한 결제가 주류를 이루고 있다. 그러나 이러한 신용카드에 의한 결제에는 신용카드 사기와 해킹 등에 의한 피해가 발생될 수 있고, 이를 막기 위하여 신용카드회사들은 암호기술과 보안기법을 개발하기 위하여 많은 관심과 노력을 기울이고 있다.

이러한 노력의 구체적인 형태는 인터넷 상에서 신용카드에 의한 결제데이터를 암호화하거나, 고도의 보안성을 가진 전자화폐(Electronic Money)를 개발하여 결제에 사용하는 방법이다. 앞으로는 점차 전자화폐를 이용한 결제가 급증할 것으로 전망된다.

다양한 전자자금이체 제도의 발달과 함께 전자화폐의 일반화는 새로운 모습을 띤 정보사회의 도래를 의미한다. 전자자금이체, 전자지갑 내지 전자화폐 제도는 거래당사자에게 많은 편리함과 이득을 가져다 줄 수 있다. 반면에 종래의 결제수단과는 전혀 다른 형태이기 때문에 지금까지의 법과 제도를 해석, 적용하여 해결할 수 없는 여러 가지의 법적, 제도적 문제점과 과제가 제기된다. 따라서, 전자 지불결제제도의 발전과 전자 지불결제의 신뢰성 및 안전성을 확보하여 전자 지불결제제도가 원활하게 정착되고 이용되기 위하여서는 이에 관한 법적, 제도적 기반 조성을 위한 노력이 필요하다.

5.1.2 전자 지불결제

(1) 전자 지불결제의 개요

급속한 정보통신기술의 발달로 등장한 전자상거래는 기존의 화폐나 지급결제 수단의 불편한 점을 개선한 새로운 전자적 방식에 의한 지급수단의 수요를

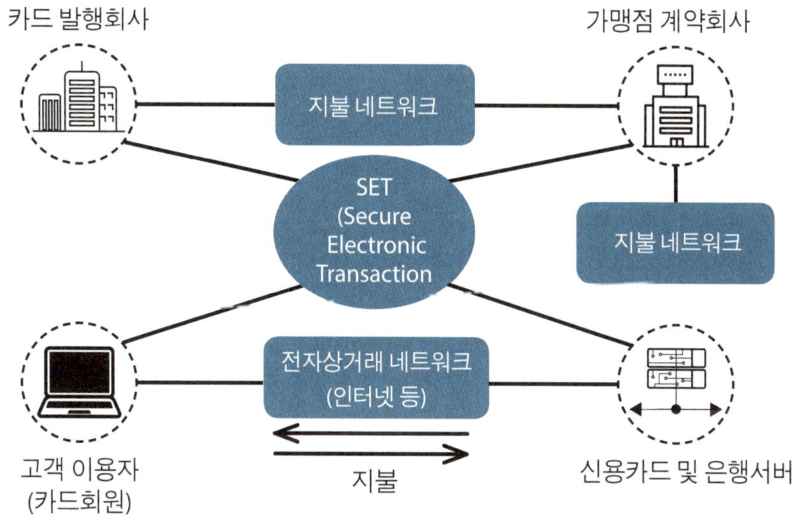

[그림 5.1] 전자지불결제시스템

발생시켰고, 이에 따라 전자화폐 및 전자 지불결제시스템 등의 개념이 등장하는 계기를 마련하였다. 전자화폐는 정보보안, 전자인증, 암호화 등과 함께 전자상거래를 위한 요소기술 중 하나이며, 실제 상거래에서 지급수단으로 이용되는 주화나 지폐와 동일한 가치를 갖는 디지털 형태의 정보로, 디스크와 IC 칩 같은 컴퓨터 기록 매체에 저장 가능하고 네트워크를 통해 전송이 가능한 화폐를 칭한다.

그리고, 화폐가치 또는 화폐가치에 대한 정보를 부호화하여 전자 장치에 기록 및 저장한 뒤 지급 결제 시 상대방에게 화폐가치를 이전하거나 화폐가치에 대한 정보를 변경할 수 있도록 고안된 전자적 수단이나 시스템을 포괄적으로 전자지불결제시스템이라고 칭한다.

전세계적인 인터넷 사용의 급증에 따라 이를 이용한 제품 홍보, 판매 등이 빈번하게 이루어 지고 있어, 이를 뒷받침할 수 있는 전자 지불결제시스템이 카드회사, 은행, 서비스 사업자들을 중심으로 활발히 개발 및 상용화되고 있는 실정이다. 전자상거래의 활성화에 따른 새로운 결제 수단의 필요성과 현금시장에서의 소액현금의 대체 필요성 대두, 마모성과 휴대의 불편사항 같은 실물화폐의 사용상 불편, 실물화폐의 발행 및 관리비용 감소 요구 등이 전자화폐의 등장을 촉진시켰으며, 보안성이 뛰어난 인터넷 기술을 포함한 정보통신 기술의 급속한 발달도 전자화폐 확대에 기여하고 있다. 현재 국가나 중앙은행이 금전가치를 표시한 전자데이터를 발행·유통시켜 현금과 완전히 동등하도록 만든 전자화폐는 없으며, 아직 연구단계에 머물러 있다. 상용화 되었거나 개발 중인 전자화폐는 이용자의 현금이나 예금 등을 담보로 발행되는 것으로, 실제 시중에 유통하고 있는 자금의 보증을 필요로 하기 때문에 새로운 가치창조를 수반하지는 않는다.

전자 지불결제시스템은 몇 가지 기준에 따라 분류된다. 돈이 지불되는 시점, 은행에 화폐의 적법성을 인증받는 시점, 인증방법, 거래액수 등에 따라 구분할 수 있다. 또한, 개인의 사생활 보장을 위하여 화폐에 익명성을 보장하는 기법들이 사용되는 경우와 약탈이나 돈세탁 등의 범죄를 추적할 수 있도록 공정기관을 두는 경우도 있다.

(2) 전자 지불결제의 개념과 의의

전자 지불결제란 물품의 구입에 따른 대금결제나 자금이체 등을 인터넷, PC 통신, EDI등과 같은 정보기술을 이용하여 컴퓨터로 처리하는 것을 말한다. 보다 협의의 개념으로는 인터넷의 가상상점에서 물품을 구입한 후 가상상점과 계약된 은행이나 신용카드회사와 온라인 결제를 통해서 대금을 지불하는 것을 말한다. 이러한 온라인 대금결제는 실시간 처리와 판매자에게 인증코드를 보냄으로써 개인뿐만 아니라 소비자 및 판매자와 거래은행 내지 신용카드 회사간의 거래 시 안정된 환경을 제공하여 상품과 서비스의 구매를 용이하게 하는 장점이 있다.

전세계적인 인터넷의 확산으로 이전에는 존재하지 않던 각종 재화나 서비스 등이 가상 공간에 출현하고 있다. 이들에 대한 수요가 증가하면서 네트워크 상에서 비용을 결제하기 위한 전자지불결제시스템에 대한 관심이 고조되고 있다. 전자 지불결제시스템은 전자상거래를 할 때 안전한 환경을 제공하여 전자상거래의 안전핀 역할을 한다. 전자 지불결제란 넓게는 전자자금이체, 신용카드결제 등에서부터 좁게는 순수 디지털화폐 등에 의한 결제를 포함하지만 현재 주로 사용되고 있는 것은 신용카드 결제방식이나 온라인 결제방식이다. (신용카드나 온라인 방식을 제외한 전자 지불결제는 1~5% 미만에 불과하다.)

인터넷 상거래에서는 판매자로부터 소비자에게 제품 또는 서비스를 인도하고 소비자로부터 판매자에게 그 대금을 전송하는 활동이 수반된다. 유형의 재화인 경우 소비자는 인터넷을 통해 상품을 주문하고 그 대금을 지불할 수 있으나, 상품자체를 인터넷으로 인도할 수는 없다. 그러나 정보, 데이터베이스, 소프트웨어 등과 같은 무형의 재화인 경우 주문에서 제품의 인도, 대금결제에 이르는 모든 거래가 인터넷에서 완성될 수 있다.

거래가 전자적으로 처리되는 경우 거래 정보의 이용가능성(Data Availability)이 증가된다. 즉 전자적으로 저장된 자료를 검색 및 분석하고, 상이한 저장소의 자료를 연결 및 결합하며, 전송 및 분배하기가 용이하다. 이는 소비자, 판매자, 은행 등의 인터넷 상거래 관련 당사자들에게 회계 및 일반관리의 효율성을 높여준다. 그러나 전자적으로 처리되는 시스템에서는 자료의 집계, 권한이 없는 자의 접근과 침입, 정보공개 등이 쉬워짐으로써 사용자의 익명성이 저해될 수 있고 프라이버시가 침해될 수 있다. 또한 불특정 다수를 대상으로 인터넷 가상공간에서 상거래가 이루어지기 때문에 현실의 물리적인 시장에서보다 거래당사자간의 신뢰를 구축하기가 어렵다.

따라서, 인터넷 상거래가 많은 소비자들과 판매자들에게 널리 수용되고 보편화 되어 그 효율성을 높이기 위해서는 네트워킹 기술, 정보 과부하 등의 문제가 해결되어야 할 뿐만 아니라 안전하고 편리한 전자지불결제시스템이 구축 및 운영되어야 한다.

5.1.3 전자 지불결제시스템

(1) 전자 지불결제시스템의 전제조건

[표 4.1] 전자 지불결제시스템의 조건

보안성	암호방식을 이용한 안전한 결제시스템 구축
익명성 보장 및 개인정보 보호	전자상거래 행위에 있어 자신의 신상기록이나 거래내역이 보호 받을 수 있어야 함을 의미
경제성	전자적 방식을 이용하는 데 따른 추가적 경제적 부담이 최소화되어 사용자들이 용인할 수 있는 수준이 되어야 함
인프라스트럭처	전자 지불결제를 가능하게 하는 인프라스트럭처가 구축되어야 함
추적가능성	거래에 따른 문제가 발생했을 때에는 원인을 발견하기 위한 추적이 가능해야 함
사용자 수용성	무엇보다도 중요한 문제로 사용자의 수용성은 위 조건들이 만족될 때 자연히 제고될 것임

소비자가 프라이버시와 익명성이 보장되지 않는 결제 시스템으로 구매하는 경우 소비자의 개인정보가 중앙의 데이터베이스에 전자적으로 기록될 수 있다. 이러한 개인정보는 특정한 기술을 이용하여 분석될 수 있고, 그 정보는 기업이 고객선호도, 생활 양식 등을 파악하기 위한 자료들로 판매되는 경우 소비자의 프라이버시를 침해하게 된다.

실제로 현재 다양한 정보분석 프로그램으로 웹 사용자들의 개인 정보가 자신도 모르는 사이에 누출될 수 있다. 또 거래와 관련된 프라이버시와 익명성이 완전히 보장되는 결제 시스템은 불법적인 돈세탁, 밀수거래, 조세회피의 수단으로 활용될 수 있다. 따라서 적절한 감사 추적을 가지면서 개인의 프라이버시와 익명성을 보장하는 결제 시스템이 가장 이상적이다.

전자 지불결제시스템에 있어서 최근 중심적인 이슈는 바로 소액전자 지불결제(Micropayment)이다. 소액전자 지불결제(Micropayment)란 인터넷 상에서 상품 혹은 용역의 대가로 부과되는 금액이 일정 기준의 소액인 경우 소액지불결제를 처리하기 위한 특수한 전자 지불결제시스템을 만드는 최근 소액전자 지불결제

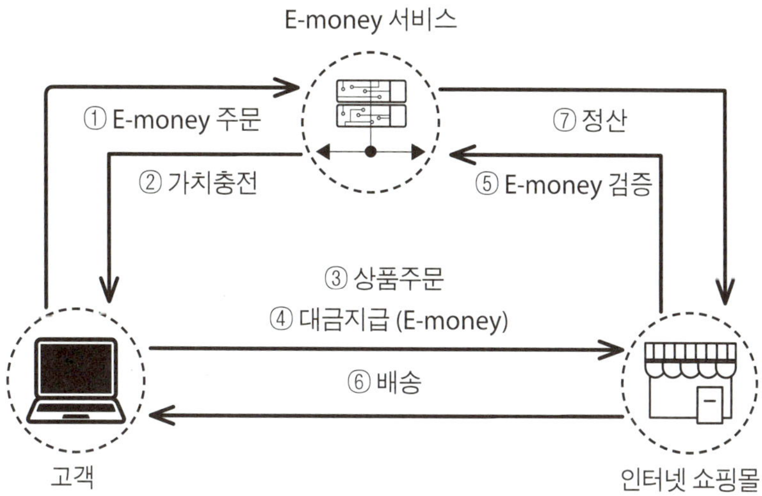

[그림 5.2] 소액지불결제 시스템의 운영체제

가 주목을 받는 이유는 인터넷 환경이라는 특수성에서 기인한다.

인터넷을 통하여 MP3 파일 다운로드가 폭발적으로 증가하고 있고 최근 음반, 영상 업체들이 자사 컨텐츠의 지적 보호를 위해 이의 유료화에 적극 나서고 있기 때문이다. 또 눈으로 직접 보고 구입할 수 있는 실물 시장의 강점이 두드러지지 않는 품목들(책, CD, 티켓 예매)이 대부분 소액인 것도 소액 전자 지불결제 시장 활성화의 한 요인이다.

신용카드에 의한 결제는 수수료가 높기 때문에 소액을 지원하는 경우 거래액수보다 수수료가 더 큰 경우가 발생한다. 따라서 소액거래를 지원하기 위해서는 결제처리 비용이 낮아야만 가능하다.

암호방식을 이용한 결제 시스템은 암호 알고리즘이 파괴되지 않을 때에만 그 안전성이 유지된다. 하지만 고액 거래를 지원하는 시스템일수록 암호의 수명이 길수록 범죄발생률은 더 높아지기 때문에 전자지불결제시스템의 안전을 위하여 키를 수시로 변경하거나 거래 당사자간에 신뢰성을 제공하는 등의 다양한 다단계 보안조치가 제공되어야 한다. 그렇다고 보안시스템이 너무 복잡하거나 엄격하면 사용자에게 불편을 초래하게 되고 이것은 비용의 발생과 소액거래의 비활성화를 가져올 수 있다는 점에 유의해야 한다.

(2) 전자 지불결제시스템의 유형

인터넷 상거래에서 가장 중요한 하부 구조 중의 하나가 대금결제 시스템으로 전자상거래에 대한 일반인들의 신뢰도는 대금결제 시스템의 안전성에 달려 있다고 해도 과언이 아니다. 현재 사용되거나 개발중인 전자상거래를 위한 전자 지불결제시스템은 다음과 같다.

① 전자화폐형 시스템

전자화폐는 발행자에게 미리 대가를 지불하고 플라스틱 카드상의 IC (Integrated Circuit)칩 또는 컴퓨터 네트워크 상에 일정한 화폐가치를 전자 기호로 저장한 후 이를 상품 구매 등에 사용하는 전자적 지급 수단이라 할 수 있다. 고객은 상품이나 서비스 구매시에 이러한 전자화폐를 단말기나 공중망을 이용하여 상품 제공업자에게 이전함으로써 비용을 지불할 수 있다. 전자화폐는 특성상 모두 공개된 인터넷 상에서 거래가 이루어지므로 '익명성'이 매우 중요한 요소이다. 익명성을 최대한 유지하기 위해서는 암호화의 수준이 높아야 하는데 이 경우에는 편의성이 떨어지는 약점을 가지게 된다. 현재 전자화폐를 시험 운

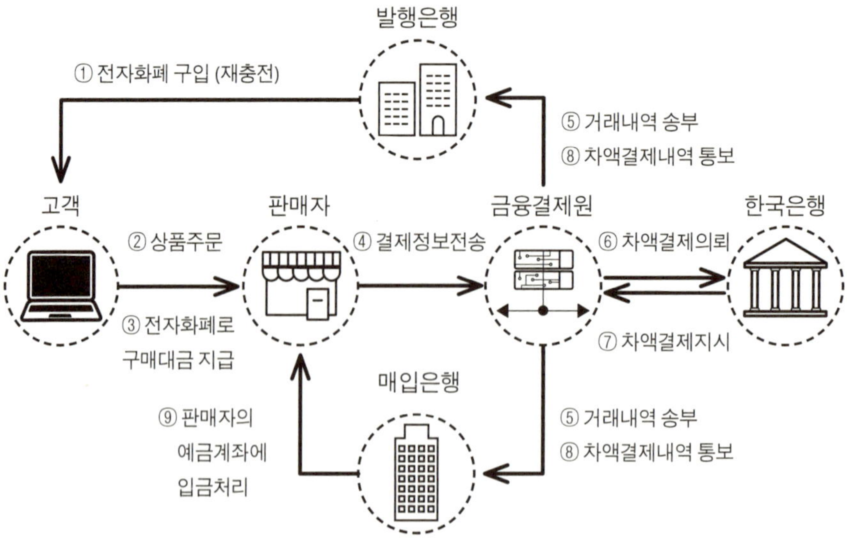

[그림 5.3] 전자화폐 운영체제

용하고 있는 국가들은 거의 대부분이 카드형 전자화폐를 개발하여 연구 중이며, 네트워크형 전자화폐는 보안성, 안전성의 문제로 그 개발이 미미한 실정이다.

전자화폐 시스템은 지불시 은행 등 전자화폐 발급자와 연결되어 전자 지불결제가 이루어지는 온라인 방식과 은행 등의 개입이 없는 오프라인 방식으로 나누어 볼 수도 있는데, 전자의 대표적인 예는 네델란드의 디지캐시사에서 발행하는 E-Cash가 있고, 후자의 대표적인 예는 IC 카드를 이용한 전자지갑형 전자현금인 영국의 Mondex Card와 벨기에의 Proton이 있으며, 애틀란타 올림픽에서 선보인 Visa Cash 가 있다.

② 전자수표형 시스템

전자수표는 전통적인 종이로 된 수표 모델에 기반을 두고 있다. 전자 수표 메시지의 디지털 서명은 종이 수표에 손으로 쓰는 서명을 대신한다. 전자수표의 사용자는 은행에 신용계좌를 갖고 있는 사용자로 제한 된다. 이 시스템은 발행자와 인수자의 신원에 대한 인증이 보안기법을 통해 이루어져야 하므로 비용이 따르는 문제를 갖고 있다. 그러나 전자수표는 상당히 큰 액수의 거래 또는 기업

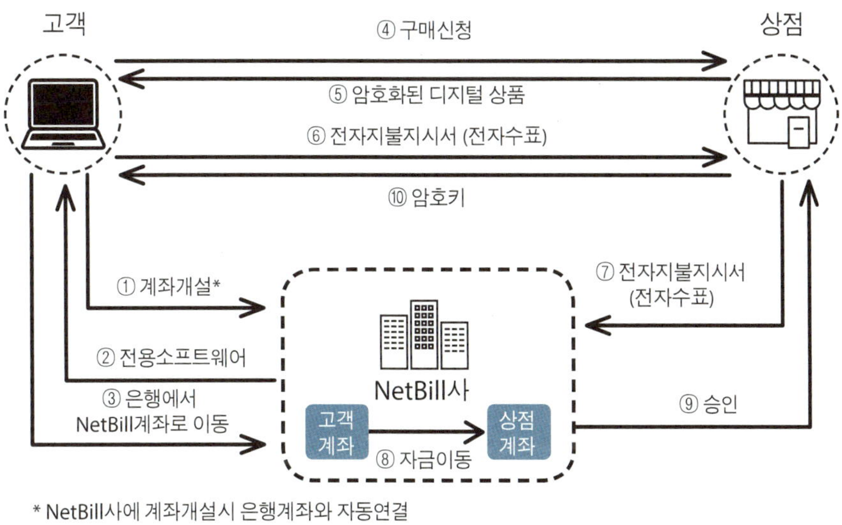

[그림 5.4] 전자수표 형태의 운영체계

간 상거래의 지불 수단으로 적합하다.

이 시스템의 특징은 개인용 컴퓨터 메모리카드 국제협회(Personal Computer Memory Card International Association: PCMCIA)의 메모리카드를 이용한 하드웨어 기반의 서명 방법을 사용한 것이다. 이러한 서명 카드를 인식하는 장치를 컴퓨터에 설치하고, 이 카드가 있어야 수표에 서명하고 배서할 수 있다.

③ 신용카드형 시스템

신용카드 지불시스템은 이미 널리 사용되고 있는 신용카드를 그대로 인터넷 상거래에 적용하려는 것으로 신용카드사가 신분을 보장하기 때문에 거래의 안정성을 보장하면서 인터넷 상에서 구매가 가능하다. 세계적으로 가장 일반적인 결제수단으로 사용되고 있어 보편성이 있으며, 법적·제도적인 문제가 거의 없다고 봐도 무방하다. 그러나 이러한 신용카드도 몇 가지 문제점을 안고 있는데 신용카드를 사용하는 경우 최소한의 시스템 유지 비용이 발행하기 때문에 일정 금액 이상의 거래로 제한할 수 밖에 없어 소액 결제에는 부적당하다는 것이다. 또, 청소년이나 무직자 같은 경우나 신용상태가 열악하여 신용카드를 발급 받지 못해 보편적 사용성이 떨어지고 개방형 네트워크인 인터넷에서 신용카드로

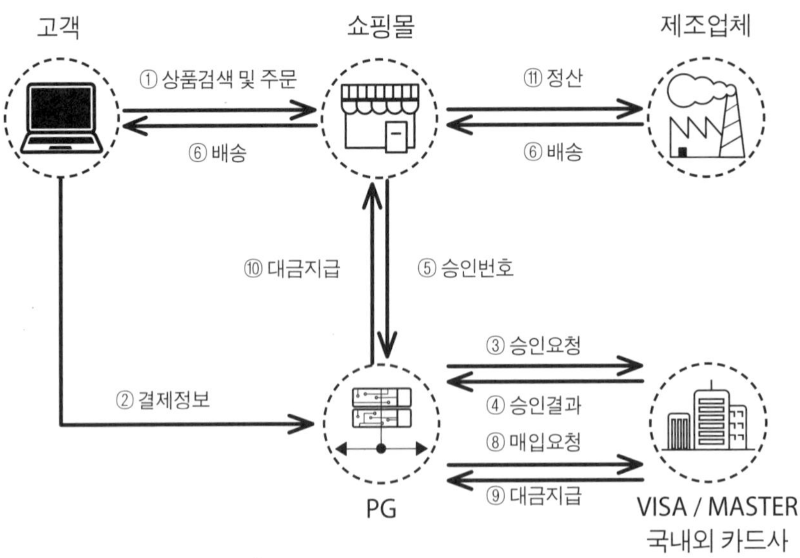

[그림 5.5] 신용카드 지급시스템 운영체제

결제할 경우에는 정보 노출의 위험을 배제할 수 없다는 단점이 있다.

④ 스마트카드 기반의 전자결제시스템

기존의 다른 전자 지불결제시스템들이 대부분 미국을 중심으로 개발되고 사용되어 온 반면 스마트카드 기반의 전자 지불결제시스템은 유럽을 중심으로 개발되고 있다. 일명 스마트카드형 카드라고도 불리는 IC카드는 개인간의 전사적인 자금 교환도 가능하며, 은행으로부터 자금을 입·출금하거나 원격지의 상대에게 송금하는 것도 가능하다. 즉, 전자적으로 자금 가치를 보유할 뿐만 아니라 네트워크를 통하여 원격지 송금이라는 현금이 가진 결점을 보완하는 기능을 실현하고 있다.

또한 서로 다른 통화가 내장된 전자지갑을 통하여 다통화 사용이 가능하며 화폐정보를 IC카드에 보관함으로써 컴퓨터 하드 디스크에 보관하는 것보다 안정성 측면에서 뛰어나다. 그 외 장점으로 온라인 상의 인터넷 상거래뿐만 아니라 오프라인 상태에서도 이용 가능하며 취급이 용이할 뿐만 아니라 유통 비용이 저렴하며, 신용보증이 필요 없기 때문에 소액의 구매에 사유롭게 사용이 가능하고, 스마트카드를 받는 상점 측에서는 현금과 잔돈을 취급하지 않기 때문에 관리가 용이하고 시간이 절약되는 장점이 있다. 특히 스마트카드형 시스템의 장점인 오프라인 처리는 호스트의 연산 부담을 줄여 중앙 호스트 컴퓨터의 투자 비용과 단말기와 호스트간의 통신비용을 크게 줄일 수 있어 전체 시스템의 투자 효율을 제고시킬 수 있다.

스마트카드 기반의 전자 지불결제시스템을 이용하기 위해서는 인프라 정비를 위한 초기투자와 그에 따른 단말기 구입, 기타 은행시스템과의 접속 등 초기투자비용이 많이 요구된다는 점을 단점으로 지적할 수 있다. 그 외 VISA Cash와 같이 개인간의 자금이체가 불가능한 폐쇄형인 경우에는 반드시 정산이 필요하다는 단점이 있다. 스마트카드는 지금까지 인터넷상에서 거의 이용되지 않았다. 오프라인(Off-line) 기능으로 인해 상업적인 확산과 높은 안전성 그리고 편리한 응용가능성은 스마트카드를 특히 소액 지불과 관련하여 인터넷에서 훌륭한 지불형태의 가능성을 제시하고 있다.

⑤ P2P 결제

P2P(Peer to Peer) 결제란 개인과 개인 간에 대금결제를 할 수 있도록 제공되는 지불서비스를 뜻한다. 결제 프로세스는 지불자 및 피지불자가 지불브로커(가령, 페이팔)에 계정을 개설하고, 지불자가 자신의 계정에 자금을 투입하면, 지불거래가 승인되며, 곧 지불금액이 지불자의 계정에서 차감되어 피지불자 계정으로 입금된다.

P2P 결제의 장점은 누구나 이메일 주소만 있으면 다른 사용자에게 지불 또는 송금이 가능하다는 것과 개인 간에도 신용카드를 통해 대금결제를 할 수 있다는 것이다. (예: C2C 거래)

대표적인 예로써 페이팔(PayPal)이 있다. 페이팔(PayPal)은 현재 이베이사에 인수된 지불중개업체로, 지불자의 돈을 받아 이메일을 통해 안전하게 피지불자에게 전달해 주는 서비스 제공하고 있다. 아래 [그림 5.1]은 페이팔의 결제프로세스를 나타낸다.

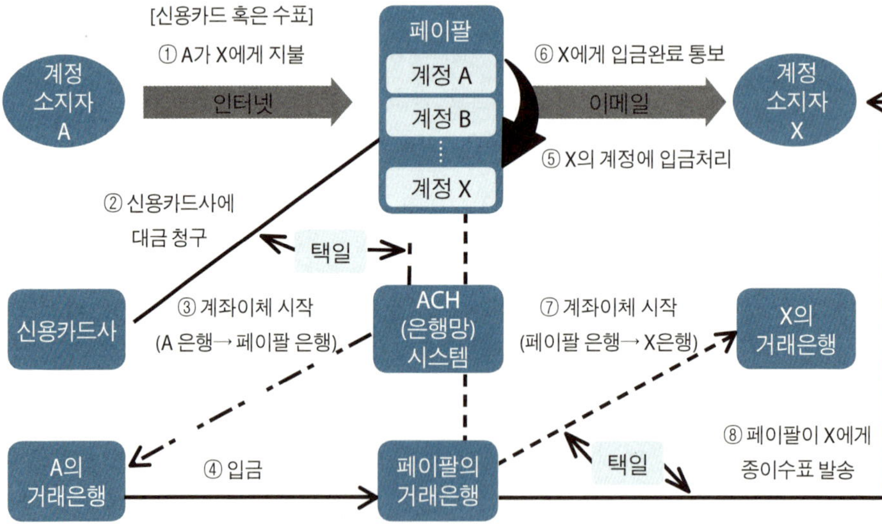

[그림 5.6] 페이팔 결제 프로세스

(3) 전자지불결제시스템의 유형별 활용 방안

앞에서 제시한 각각의 전자 지불결제시스템에 대한 설명을 토대로 하여 각 유형별 장·단점과 활용방안을 정리하면 다음과 같다.

[표 5.2] 전자 지불결제시스템의 유형별 장 · 단점 및 활용 방안

유형 비교	전자 지불 결제 시스템 유형			
	전자현금형	신용카드형	전자수표형	스마트카드형
장점	- 이체의 동시성 - 인증 불필요 - 높은 익명성 - 자유로운 자금 이체 - 복제 및 이중 사용 방지	- 신용확인이 어려운 거래지원 - 광범위한 사용 - 법적인 문제 미적용 - 상거래 보안의 보장	- 자금보관의 안정성 - 기업간 자금 결제	- 개인간 자유로운 자금이체 - 신용보증 불필요 - 관리용이 및 높은 안정성 - on- /off-line 사용 지원 - 시스템의 투자 효율 제고
단점	- 사용기한의 지정 - 거래처리 비용 과다 - 사용자 수 제한 - 전자화폐 유실시 사용자 책임	- 소액결세 부적합 - 신용불량자 사용 불가 - 익명성 저하 - 시스템의 유지비용이 과다 - 시스템 확장성 제한	- 제한된 사용자 - 사용자의 사용 전 인증 필수 - 높은 처리 비용 - 익명성 저하 - 시스템 확장성 제한	- 초기 투자비용 소요 - 정산의 필요 (폐쇄형)
활용 방안	- 소액의 전자 상거래 - 정보상품 거래	- 신용확인이 어려운 인터넷 전자상거래 - 실시간 전자 쇼핑몰	- 기업간 전자 상거래 - 거액의 자금 결제에 적합	- 통합형 전자 지불결제 - 각종 정보 내장

5.2 모바일 결제 서비스

5.2.1 모바일 결제 서비스 개요

초기의 모바일 결제 시장은 2000년대 초, 중반에 미국과 중국의 최대 전자상거래업체 사이트인 이베이와 타오바오에 기반을 둔 페이팔(PayPal)과 알리페이(Alipay)와 같은 PG[1] 전문업체가 시장에 진출해 현재까지 시장을 선도하고 있다.

2010년대 들어서는 2011년 구글의 구글월렛(Google Wallet)을 비롯하여 2014년 하반기 출시 발표한 애플의 애플페이(Apple pay)와 국내업체 카카오의 카카오페이(Kakaopay), 상용화를 앞두고 있는 페이스북 등 인터넷플랫폼 업체들이 진출하면서 새로운 강자로 떠오르고 있다. 이와 더불어 이동통신사, 유통업체 등 다양한 업종의 기업이 모바일 결제 시장에 진출했거나 진출할 예정으로 다양한 기업들이 모바일 결제 시장에서 경쟁하고 있다. 더불어 제공되는 금융서비스 영역도 모바일 결제뿐만 아니라 송금서비스 및 토털 금융서비스로 확대되고 있다.

과거에는 주로 오프라인에서 신용카드를 이용하였기 때문에 VAN업체가 발달하였으나, 인터넷 발전에 따른 온라인 쇼핑, 거래가 급증하면서 온라인 결제 시장인 PG 관련 업체들이 등장하였다. 온라인 PG결제 시장은 인터넷 쇼핑시장의 고성장을 바탕으로 높은 성장세를 보이고 있으며, 2013년 약 41조원 규모로 성장하였다.

2010년부터 스마트폰 기기의 보급이 확대되면서 소셜커머스, 디지털 컨텐츠 등 모바일을 통한 구매활동이 증가하였으며, 모바일 결제 시장규모는 3년 만에 10배가 넘는 고도 성장을 보이고 있다. 현재 전체 결제 시장에서 모바일 결제 비중이 점차 늘어나고 있으며 이 같은 추이는 당분간 지속될 것으로 전망된다.

---

1) PG(Payment Gateway): 신용카드 가맹점의 일종으로서 인터넷사업자를 위해 결제업무를 대행하여 주는 전자지급 결제대행 업체

[표 5.3] 국내외 기업의 모바일 결제 서비스 진출 현황

업종	업체(서비스명)			주요 내용
플랫폼	해외	구글	구글월렛	전자 지갑 서비스, e메일기반 송금서비스
		애플	애플페이	전자 지갑 결제서비스
		텐센트	텐페이	온/오프라인 결제서비스
	국내	네이버	라인페이	온라인 결제서비스, 충전기능(일본)
		다음카카오	카카오페이	온라인 결제서비스, 송금서비스
통신사	해외	verizon	ISIS	온/오프라인 결제서비스
		Safaricom	M-페샤	온/오프라인 결제서비스 및 전자화폐 서비스
	국내	SKT	스마트월렛	전자 지갑 서비스
		KT	모카월렛	전자 지갑 서비스
		LG U+	페이나우 플러스	온/오프라인 결제서비스
전자 상거래	해외	이베이	페이팔	자사 사이트 내 지급결제 서비스
		알리바바	알리페이	자사 사이트 내 지급결제 서비스 및 공과금 결제 서비스, 금융서비스
		아마존	아마존 페이먼트	자사 사이트 내 지급결제 서비스
카드사	해외	비자	페이웨이브	온/오프라인 결제 서비스
		마스터카드	페이패스	온/오프라인 결제 서비스
	국내	하나 SK 카드	모비박스	전자 지갑 서비스
		신한카드	스마트월렛	전자 지갑 서비스
		삼성카드	엠(M)포켓	전자 지갑 서비스
		KB국민카드	와이즈월렛	전자 지갑 서비스

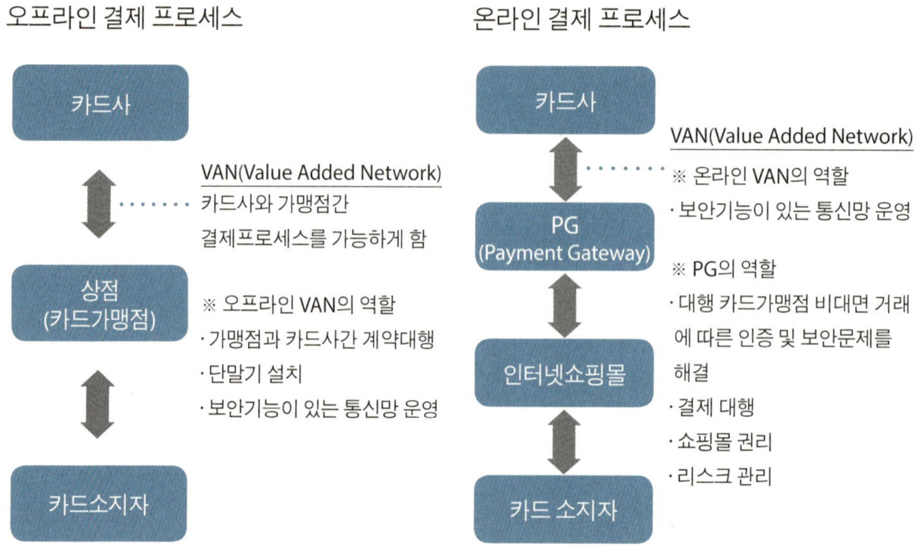

[그림 5.7] 오프라인 · 온라인 결제 프로세스

초기 모바일 지급결제 서비스는 모바일 뱅킹부터 시작되어, 휴대폰으로 소액결제를 할 수 있는 휴대폰 소액결제 서비스, 모바일 카드 등 통신업체의 통신망에 따라 발전한 것을 알 수 있다. 물론, 이와 같은 추이는 통신망 확대에 따른 것이라기 보다 스마트폰 보급의 확산으로 스마트폰 이용자수가 증가하였기 때문인 것으로 볼 수 있다.

모바일을 통해 결제를 하기 위해선 은행과 카드사에서 제공되는 서비스를 주로 이용하였다면, 최근 모바일 결제 서비스는 은행과 카드사를 거치지 않고 이용할 수 있어 금융업과 비금융업 간의 경계가 허물어진 '금융업의 탈중개화(Disintermediation)' 가 시작된 것을 알 수 있다.

하버드비즈니스리뷰(HBR) 의 조사 결과에 따르면 이런 탈중개화 현상을 빠르게 나타나고 있는 곳은 스마트폰 제조업체, 네트워크를 갖추고 있는 이동통신사 그리고 다양한 아이디어로 무장한 스타트업과 같은 IT기업들이라고 밝혔다.

5.2.2 모바일 결제 서비스 유형

모바일 지급수단은 현금, 신용카드 등의 전통적인 지급수단을 보완하는 형태로 출발하였으나 스마트폰의 보급, 광대역 이동통신 네트워크의 확산 등에 힘입어 차별화된 지급수단으로 진화하고 있다.

현재 국내 모바일 지급결제 서비스는 자금이체 분야를 중심으로 활성화된 모바일 뱅킹, 모바일 신용카드, 휴대폰 소액결제, 전자지갑(모바일 지갑)으로 크게 나눌 수 있다.

[표 5.4] 모바일 결제 유형별 서비스 한계 및 전망

구분	모바일 뱅킹	모바일 신용카드	휴대폰 소액결제	전자지갑
서비스 현황 및 전망	모바일 뱅킹과 더불어 대중화된 서비스, 이용경험자의 만족도와 이용증대의향이 매우 높고, 비 이용층의 수요도 상당히 존재하고 있어 시장성장 속도가 빠를 것으로 전망됨.	인지도는 높은 편이나, 이용률 낮음. 발급/설치, 휴대폰 분실, 보안/해킹 우려가 이용의 장애요인으로 작용. 비 이용자 수요 많지 않은 편으로 점진적 시장확대 전망.	모바일 뱅킹과 더불어 가장 대중화된 서비스로 모바일 결제 시장의 리딩 서비스임. 모바일 소비자 4명 중 1명 정도가 휴대폰 요금부담, 충동구매 우려 때문에 이용하지 않고 있으나 점진적으로 이용할 것으로 예상.	많은 카드를 가지고 다니지 않아서 편리하며, 부가 서비스를 함께 제공하여 편리함. 향후 결제 및 포인트 적립 등이 가능하여 옴니채널 서비스로 진화될 것으로 예상.
서비스 단점	- 보안/해킹 우려 - 공인인증서 이용 번거로움 - 휴대폰 분실 우려 - 프로그램/앱 설치 번거로움	- 발급/설치 번거로움 - 휴대폰 분실 우려 - 새 카드 발급 부담 - 보안/해킹 우려	- 휴대폰 요금 부담 - 소액결제로 충동구매 우려 - 기존 결제수단으로 충분 - 보안/해킹 우려	- 발급/설치 번거로움 - 휴대폰 분실 우려 - 발급카드 관리 번거로움

(1) 모바일 뱅킹

모바일 뱅킹은 인터넷 접속이 가능한 휴대폰 등의 모바일 기기를 이용해 계좌조회, 자금이체, 거래내역 조회 등을 할 수 있는 은행 서비스를 말한다. 인터넷을 기반으로 하지만 이동 중에도 사용할 수 있다는 점에서 기존의 인터넷 뱅

킹과 구분된다.

초기 모바일 뱅킹은 자금이체, 계좌조회 등 단순업무 위주로 활용되었으나, 최근 대출, 보험, 주식 등 모든 금융상품을 편리하게 이용할 수 있는 수준으로 발전하고 있다.

2014년 8월 한국은행이 발표한 '2분기 국내 인터넷뱅킹 서비스 이용현황'에 따르면, 모바일 뱅킹 등록 고객 수는 전 분기 대비 6.5% 증가한 5,499만 명으로 인터넷 뱅킹 고객의 55.3%를 차지한다고 밝혔다.

스마트폰 전용 금융상품의 전성시대라고 불릴 만큼 은행간 경쟁이 치열해 지고 있다. 이에 따라 은행들은 다른 은행보다 상대적으로 높은 이자를 제공하는 스마트폰 전용 상품들이 속속 등장하고 있다. 은행에서는 스마트폰 애플리케이션을 통해 기존 고객의 편의성을 높이고, 새로운 고객을 확보하여 수익을 창출할 수 있을 것으로 기대한다.

[표 5.5] 모바일 뱅킹의 발전

구분	금융IC칩 방식	VM(Virtual Machine) 방식	스마트폰 방식
설명	휴대폰에 내장된 IC카드에 자신의 금융정보 등을 저장해 이용하는 방식	휴대폰에 모바일 뱅킹용 프로그램을 다운로드 받아 이를 실행하여 이용하는 방식	전용 어플리케이션을 다운로드 받아 이를 실행하여 이용하는 방식
제공 시기	2003년	2007년	2009년
처음 제공한 서비스	LGT의 뱅크온(Bank On)	우리은행의 모바일 뱅킹	하나은행의 하나n뱅크
비고	통신사 중심 방식의 모바일 뱅킹	통신사와 독립적으로 운영되는 최초의 모바일 뱅킹	모바일 애플리케이션 형식의 모바일 뱅킹

(2) 모바일 신용카드

모바일 신용카드는 모바일 기기에 저장된 결제카드 정보를 이용하거나 카드사 네트워크에 접속하여 결제하는 서비스를 말한다. 국내 모바일 카드 시장은 BC와 하나SK 주축의 USIM형 모바일(신용)카드와 신한, 삼성, 현대, 국민, NH

농협, 롯데 등 6개 카드사가 연합 출시한 APP형 모바일(신용)카드로 나눌 수 있다.

- USIM형 방식: 휴대전화에 사용하는 유심 칩을 개인 카드정보 저장매체로 활용하고, 근거리이동통신(NFC)을 통해 전용 단말기에 칩을 접촉하여 결제하는 방식
- APP형 방식: 스마트폰에 전용 프로그램을 설치한 후, 신용카드 앱을 실행하여 출력된 바코드를 리더기로 읽으면 카드 결제가 이뤄지는 방식

국내 신용카드 업계는 빠른 속도로 성장하고 있는 모바일 지급결제 시장을 선점하기 위해 모바일 신용카드를 직접 출시할 뿐만 아니라, 모바일 신용카드를 내장한 모바일 지갑 등 다양한 방법으로 결제 시스템을 제공하고자 노력하고 있다.

USIM형 방식의 모바일 신용카드는 가맹점에 NFC 단말기인 동글(Dongle)이 설치되어 있어야 하지만, 앱 방식 모바일 신용카드는 NFC 이외에 바코드나 QR코드로도 거래할 수 있다.

[표 4.6] 모바일 신용카드 기술표준 비교

구분	유심(USIM)방식	애플리케이션(APP) 방식
소속사	하나SK, BC	신한, 삼성, 현대, 국민, 롯데, NH농협
발급 방식	신규발급(USIM 탑재)	기존 신용카드를 앱에 등록
결제 방식	NFC 단말기 접촉 방식으로 결제	앱 실행 후 바코드 스캔 방식으로 결제
보안성	휴대폰 분실 시 신용카드 유출	사용 시마다 앱 실행 후, 비밀번호 입력
결제 인프라	전용 단말기(동글) 추가 구매 설치	기존 가맹점 단말기 S/W 업그레이드

(3) 휴대폰 소액결제

소비자가 상품 구매대금을 이동통신 요금에 덧붙여 지급하는 것으로 모바일 통합과금 서비스로도 불린다. 모바일 신용카드의 경우 카드사가 최종 승인 하지만, 휴대폰 소액결제는 이동통신사가 지급을 승인하는 것이 차이이다.

상대적으로 결제가 간편한 휴대폰 소액결제 서비스의 수요는 지속적으로 증가하고 있으며, 이는 휴대폰 통신 과금 시장에서 절대적인 점유율 (46.7%)을 차지하고 있다. 휴대폰 소액 결제는 SMS 인증을 통해 결제하여 통신 요금과 합산하여 청구된다. 구매자가 통신요금과 함께 통신사에게 구매 금액을 지급하면 통신사가 결제대행사에게 지급하고 결제 대행사는 제품을 구매자에게 지급하는 형태로 이루어 진다.

휴대폰 결제 시장은 KG모빌리언스와 다날, 인포허브가 특허를 바탕으로 시장의 97% 이상을 차지하고 있다. 휴대폰 결제 시장은 통신사를 통해서 결제하기 때문에 통신사와의 관계가 중요하고, 특허로 어느 정도 진입 장벽을 확보하고 있어 시장내의 신규 사업자의 진입은 쉽지 않은 편이다.

휴대폰 결제 서비스의 경우 2011년까지만 해도 온라인게임 등 디지털 컨텐츠 상품의 거래액이 전체 매출의 70% 이상을 차지하였으나, 2012년부터 소셜커머스 및 온라인쇼핑몰의 쇼핑 거래액 증가로 실물 상품 거래액 비중이 빠르게 상승하였다. 2013년에는 실물 상품의 거래액 비중이 전체 거래액의 70% 정도

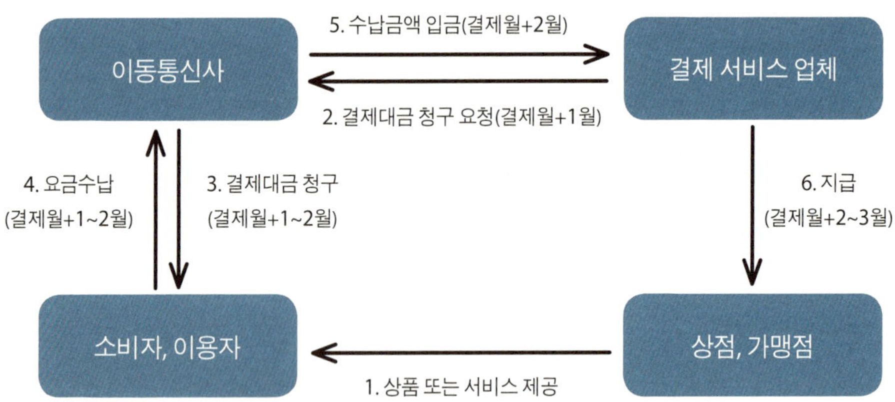

[그림 5.8] 휴대폰 소액 결제의 정산 흐름

[표 5.7] 모바일 지갑 제공업체 현황

구분	차별점	사업자	서비스 명	주요 결제수단	내용
단말기OS 공급업체	–	구글	구글월렛	NFC	2011년 5월 NFC기반 '구글월렛' 공개하여 9월 서비스 개시함
단말기 제조업체	앱 배포 채널 확보	애플	아이월렛	NFC	아이폰 6에 탑재
		삼성	삼성월렛	QR코드, 바코드	2013년 5월 출시하여 신제품으로 출시되는 핸드폰에 기본으로 탑재
통신사 업체	스마트폰 가입고객 기반 확보	SK텔레콤	시럽	NFC, 바코드	2010년 6월 시작으로 가장 많은 이용자수 보유
		KT	모카월렛, 주머니	NFC, QR코드, 바코드	2011년 11월 출시하여 결제수단 및 쿠폰 추천 기능 제공
		LG 유플러스	QR코드, 바코드	시럽	2011년 8월 출시하여 카드 혜택 및 이용 가능 매장 표시
카드사	기존 카드사 서비와 연계	신한카드	신한스마트 월렛	QR코드, 바코드	2012년 6월 출시하여 신한카드 결제기능 제공
		삼성카드	M포켓	QR코드, 바코드	2012년 5월 출시 결제, 쿠폰, 포인트카드까지 이용 가능
은행	송금 서비스와 연계	하나은행	하나N월렛	바코드	휴대폰 번호로 송금이 가능하며 결제 및 소액 이체 가능
		신한은행	주머니	바코드, QR코드	휴대폰 번호만으로 송금이 가능하며, KT와 제휴하여 선불형 전자화폐를 제공
백화점	온라인 쇼핑몰 및 포인트 연계	신세계 백화점	S월렛	바코드	2012년 6월 출시하여 결제 및 포인트 적립, 영수증관리 제공

로 실물 상품 결제가 크게 증가한 것을 알 수 있다.

(4) 모바일 지갑

현금이나 신용카드 등의 결제 수단뿐만 아니라 지갑에 소지하고 다니는 신분증, 멤버십포인트, 보안카드 등의 소지 수단을 하나의 모바일 기기에서 사용 가능하도록 구현하는 서비스를 말한다. 모바일 지갑은 여러 개의 실물 카드를 모바일 하나로 이용할 수 있기 때문에 소지하기가 편리하며, 결제뿐만 아니라 적립, 할인 등을 한번에 이용 가능하다는 장점을 가지고 있다.

모바일 지갑은 하나의 독립적인 지급결제서비스라기보다 기존의 결제서비스와 그 외 비결제적 기능(멤버십카드, 티켓 등)을 필요에 따라 조합하여 제공하는 형태에 가까우며, 초기 모바일 지갑은 통신사가 주도하였으나 최근 금융업체에서도 관련 서비스를 제공하면서 시장을 선점하기 위해 치열하게 경쟁하고 있는 상황이다.

제공업체들은 적극적인 제휴를 통해 등록 가능한 지급 수단, 멤버십카드, 쿠폰 종류를 다양화하고 있으며, NFC와 바코드를 복합적으로 사용하여 거래 단말 제약을 최소화함으로써 이용자들을 확대하고자 노력하고 있다.

6 모바일 비즈니스와 소셜 네트워크

6. 모바일 비즈니스와 소셜 네트워크

6.1 모바일 비즈니스

6.1.1 모바일 비즈니스 개요

모바일 비즈니스는 이동형(Mobile) 정보통신 기기를 이용한 무선 인터넷을 통해 기존 사업을 효율화 하거나 신규 사업을 창출하는 것 또는 모바일 기기상에서 거래 활동 중심의 모바일 상거래를 포함한 모바일 상거래가 발생할 수 있도록 지원하는 모든 영역을 모바일 비즈니스라고 정의한다.

무선 인터넷의 발전과 함께 이동통신시장의 발전이 가속화 되면서 휴대용 단말기의 사용이 확대되고 이에 따른 다양한 서비스가 제공되기 시작하였다. 특히 2000년대 초반부터 시작된 스마트폰의 확대는 모바일 상거래의 활성화와 함께 모바일 비즈니스 시장을 급격히 확장시키는 계기가 되었다.

모바일 비즈니스는 기존의 유선 e비즈니스에 비해 이동성과 휴대성 등이 추가되었으며 [표 6.1]과 같다.

[표 6.1] 유선 e비즈니스와 모바일 비즈니스 비교

구분	유선 e비즈니스	모바일 비즈니스
네트워크	- 이동성 없음 - 고속의 가입자 회선 - 풍부한 어플리케이션 - 안정적인 통신 품질	- 이동성 제공 - 고속의 가입자 회선 - 다양한 어플리케이션 - 비교적 안정적인 통신 품질
단말기	- 넓은 화면 - 많은 메모리 - 높은 처리속도 - 다양하고 편리한 입력장치	- 다소 좁은 화면 - 적정한 메모리 - 적정한 처리속도 - 다소 불편한 입력
기타사항	- 가정이나 사무실에 위치 - 고정위치(공동소유)	- 휴대용, 위치파악 가능 - 가변위치(개인소유) - 필수품으로 정착
부가된 특성	- 새로운 정보의 흐름 - 새로운 유통경로(전자화된 제품/ 서비스)	- 고객은 이동통신기기를 통하여 항상 무선망과 연결되어 있음 - 이동통신기기는 고객과 1:1로 대응
제약 요인	- 전자적인 거래를 위하여 고객은 유선망과 연결된 고정된 PC 앞에 위치해야 함	- 이동통신기기 및 무선망의 기술적인 제약

모바일 비즈니스의 활용 대상에 따라 B2C, B2B, M2M 등으로 구분하며 모바일 비즈니스는 편리성, 휴대성은 뛰어나나 네트워크와 단말기의 기능 차이로 아직은 한계가 있지만 이동통신 단말기의 급성장으로 이를 극복해 나가고 있다. 이러한 모바일 비즈니스는 서비스분야에서의 다양한 아이디어의 개발·보급이 서비스 활성화의 관건이다.

(1) 전자상거래 관점에서 본 모바일 비즈니스

현재 관련 분야에서 모바일 비즈니스와 병행하여 사용되는 용어로는 이 표현보다 먼저 등장한 '무선 인터넷 비즈니스'와 m커머스(Mobile Commerce)가 있다. 전자인 무선 인터넷 비즈니스는 광의로 해석하면 휴대폰 고객에게 무선 인터넷 서비스를 제공하는데 필요한 인프라와 이동통신사를 포함하여 관련 사업자들의 가치사슬(Value Chain) 안에 다양한 하드웨어 및 소프트웨어시장과 휴대단말

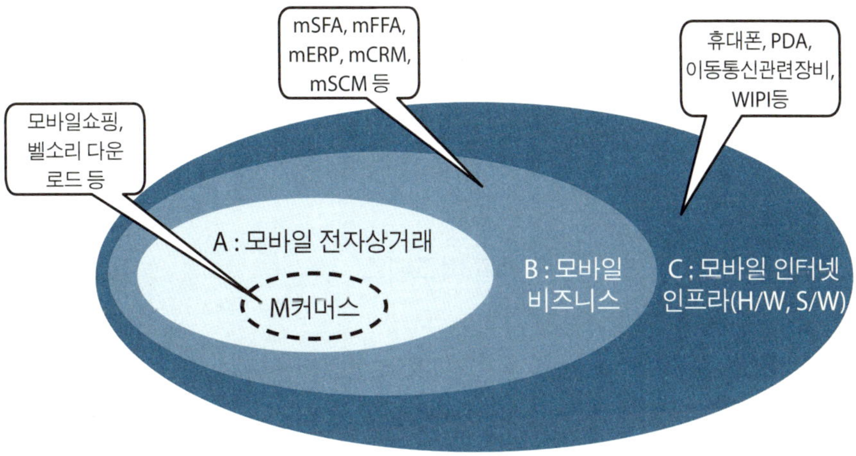

A : 협의의 모바일 비즈니스 (협의의 m커머스는 이에 포함된다)
A + B : 광의의 모바일 비즈니스
A + B + C : 기술 인프라 산업을 포함한 모바일 비즈니스

[그림 6.1] 모바일 비즈니스의 영역 분류

기 관련 시장을 구성한다. 이는 [그림 6.1]의 A+B+C 영역에 해당한다. 그러나 협의로 사용할 때에는 이동통신사의 무선 인터넷 포털을 접속하는 휴대폰 이용 고객들을 위한 서비스와 관련한 비즈니스를 일반적으로 다룬다. 이 부분은 [그림 6.1]의 영역 내에 m커머스를 의미하기도 한다.

m커머스는 비교적 무선 인터넷 비즈니스에 비하여 그 사용이 활발 하므로 부연 설명하기로 한다. m커머스는 무선 인터넷상의 온라인상거래(Online Trading)인데 전자상거래와 비교하여 말한다면 모바일 전자상거래(Mobile eCommerce) 라 말할 수 있다. 이는 휴대폰을 이용하여 디지털 상품이나 물리적 상품의 쇼핑을 수행하는 모바일 기업과 소비자간 전자상거래(Mobile B2C)의 비즈니스모델이다. 이러한 모델은 구매를 위한 대금 결제의 수단이 동반되어야 하는데 이를 위하여 신용카드 결제, 이동통신사가 제공하는 은행계좌와 연결된 가상 구좌 결제, 그리고 전화요금에 과금되는 소액 결제 등의 결제 서비스 기능을 이용한다. 그러나 모바일광고(SMS 와 같은 단문 메시지 광고 포함), 모바일 뱅킹(모바일 계좌이체, 조회 등) 등의 부분은 구매에 따른 결제를 요구하는 경우는 아니지만 거시적인 관점으로 m커머스범주에 포함 할 수도 있다. 즉 [그림 6.1]의 모바일 전자상거래를 의미하는 A 영역 전체를 m커머스로 볼 수도 있다. 이 A 영역이 m커머스를 포

함하든 그 자체이든 모바일 비즈니스 모델로는 모바일 B2C, 모바일 B2B, 모바일 G2B, 모바일 G2C 등이 가능하다. 현재의 모바일 B2C는 이동통신사가 B2C의 'B'의 주체이지만 일반 기업이 자신의 고객을 상대로 모바일 B2C 의 주체가 되려면 모바일 비즈니스 마인드가 더 확산 되어야 할 것이다.

(2) e비즈니스 관점에서 본 모바일 비즈니스

모바일 비즈니스라는 용어를 들으면 e비즈니스의 연장선상에 있는 느낌을 먼저 갖게 된다. e비즈니스는 기업의 인터넷 기반의 IT 화를 지향하는 것으로 기업의 내·외부 업무(Business)를 ERP, eSCM, eCRM 관련 시스템을 도입 구축하고, 업무 프로세스를 개선하기도 하면서 업무 생산성을 꾀 한다. 또한 전자상거래 부분을 e비즈니스 추진 업무의 하나로 포함시키는 경향이 있다. [그림 6.2]는 e비즈니스의 영역을 전자상거래와 관련하여 3가지 비즈니스 영역으로 분할하여 [그림 6.1]의 모바일 비즈니스의 3가지 영역이 e비즈니스와 어떻게 연관이 되는 지를 직관적으로 보여준다. 이러한 e비즈니스 관점에서 모바일 비즈니스를 관찰하는 타당성은 기본적으로 모바일 인터넷 기술을 이용하면 인터넷상의

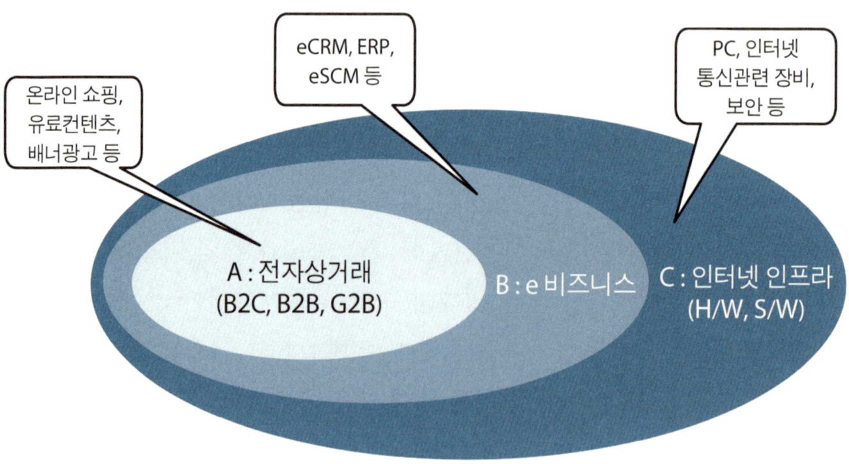

A : 협의의 e비즈니스
A + B : 광의의 e비즈니스
A + B + C : 기술 인프라 산업을 포함한 e비즈니스

[그림 6.2] e비즈니스의 영역 분류

e비즈니스 각 영역의 비즈니스가, 일부 모바일 기술상의 문제로 제한적인 경우가 아직은 있지만, 모바일 상으로 확장 할 수 있기 때문이다.

[그림 6.1]의 B 영역은 [그림 6.2]의 e비즈니스에 관련된 업무를 모바일 상으로 확장한 것으로 볼 수 있다. 이 영역은 e비즈니스 시스템을 보유하고 있는 기업이 일반적으로 관심을 갖고 모바일 솔루션을 도입을 하지만, 현재 일부 제한적인 범위에서 이동통신사가 제공하는 무선 인터넷 포털의 기업용 서비스를 이용할 수도 있나. 예로서 모바일 오피스, 무선결제 서비스, 기업형 SMS 서비스 그리고 위치추적 서비스 기능 등이 그 예이다. 이들을 이용하면 일부 업종이나 중소규모의 기업들이 인터넷 기반의 e비즈니스 시스템에 큰 재원을 투자하지 않고도 부분적으로 모바일 e비즈니스 역량을 갖출 수 있다는 뜻이 된다. 그러나 산업별, 기업별로 갖고 있는 다양한 특성과 비즈니스 프로세스가 상이하므로 각 기업에서 모바일 비즈니스를 그 기업에 최적으로 도입하려면, 각 기업은 자신의 필요에 맞춘 형태로 모바일 솔루션의 도입이 이루어져야 한다.

6.1.2 무선 인터넷 환경

무선 인터넷은 무선으로 음성·데이터·영상정보를 송·수신할 수 있는 서비스이다. 무선 인터넷 환경은 네트워크의 진화와 이동통신망의 발달로 그 활용범위가 급속히 확산되었으며, 이러한 무선 인터넷이 가지고 있는 특징은 [표 6.2]와 같다.

[표 6.2] 무선 인터넷의 특징

특징	내용
Ubiquity(편재성)	어디에서나 실시간 정보 검색 가능
Reachability(접근성)	언제, 어디서나 인터넷 접속 가능
Security(보안성)	개인 전용 단말기 이용에 따른 보안 기능
Convenience(편리성)	간단한 통신 도구 이용

[표 6.2] 계속

특징	내용
Localization(위치성)	특정 시점에 사용자의 현 위치가 어디인지 분명하게 보여 주는 방법
Instant Connectivity(즉시 연결성)	빠른 시간 내에 필요한 정보를 탐색할 수 있도록 보여 주는 방법
Personalization(개인화)	이동통신 사용자의 개인화와 차별화된 고객 서비스

6.1.3 모바일 미디어와 애플리케이션

(1) 모바일 미디어

모바일 미디어는 개인이 휴대하거나 이동하면서 인터넷을 비롯한 다양한 데이터나 영상, 음성, 정보 등을 송수신 할 수 있는 미디어를 말하며, 모바일폰, 태블릿PC가 대표적인 예가 될 수 있으며, 랩탑(Laptop) 컴퓨터, 아마존의 킨들(Kindle)과 같은 e-book(전자책) 리더기, PMP(Portable Media Player) 등도 모바일 미디어에 포함된다고 할 수 있다.

모바일 기술이 4세대(4G)로 넘어오면서 모바일 인터넷 네트워크를 이용한 콘텐츠 활용이 더욱 확산되었으며, 언제 어디에서나 인터넷 네트워크에 접속할 수 있는 환경이 본격적으로 구현되고 있다.

모바일 미디어 확산은 TV, 라디오, 신문 등의 전통미디어 이용과 데스크톱(Desktop) 컴퓨터를 통한 인터넷 이용에 익숙했던 이용자들의 라이프스타일 변화를 가져오고 있으며, 마케팅 측면에서는 개인 맞춤형 서비스(Personalized Service)가 활성화되고 있으며, 이는 미디어 이용자의 채널 및 콘텐츠 선택권이 이전보다 확대된 것을 의미한다.

(2) 애플리케이션

흔히 줄여서 앱(App)이라고 부르는 애플리케이션(Application)은 모바일기기 운영체제(Mobile Operating System, 이하 모바일OS)에 적합하게 디자인되어 모바일기기 자체의 기능을 확장 및 향상시키는 소프트웨어를 일컫는 말이다. Apple에 의해 2007년 처음 소개되었고, 이후 스마트폰과 태블릿PC의 등장에 따라 급속히 확산되고 있다.

모바일 애플리케이션은 모바일OS 기반의 표준 플랫폼을 기준으로 개발되었다. Apple의 경우 iOS 기반에서, Google의 경우 안드로이드(Android) 운영체제 기반에서 작동하는 애플리케이션을 각 사업자의 앱스토어(App Store)를 통해 제공하고 있으며, 각 사업자 간 특정 OS를 탑재한 모바일 기기와 애플리케이션 이용자 확보 경쟁이 치열하다.

앱스토어는 Application Store의 준말로, 개발자들이 만든 애플리케이션을 자유롭게 업로드 및 다운로드하며 사고 팔 수 있는 장터(Market)를 뜻한다. Apple에서 처음 사용, 현재 보편화되어 애플리케이션을 거래하는 곳으로 이해하고 있으며, Apple의 앱스토어는 영문표기가 'App Store'이며, Apple은 시 앱스토어를 인터넷과 컴퓨터 그리고 전자 커뮤니케이션 네트워크를 통해 제공되는 컴퓨터 소프트웨어가 주요 판매 품목인 리테일 스토어(Retail Store) 서비스라고 정의하고 있다. 애플리케이션의 확산은 데스크톱 컴퓨터 시대에서 모바일 컴퓨팅(Mobile Computing) 시대로 전환하는 계기를 제공하였다.

6.1.4 모바일 비즈니스의 특징

앞에서 모바일 비즈니스는 이동성 및 휴대성, 개인화 속성, 위치기반 서비스 등의 특징과 실시간 정보를 어디서나 받아볼 수 있는 편재성(Ubiquity), 언제 어디서나 접속이 가능한 도달성(Reachability), 작고 단순화 된 커뮤니케이션 도구를 이용하는 편리성(Convenience), 그리고 빠른 시간 내 필요한 정보 탐색이 가능한 접속성(Instant Connectivity)의 속성을 가지고 있다.

또한 모바일 비즈니스는 e비즈니스와는 다른 새로운 특성을 갖는데, 이를 비즈니스 거래의 효율성과 효과성 측면으로 나누어 생각할 수 있으며, 또한 이들 특성이 가진 속성에 따라 시간, 공간, 관계로 나누어 생각할 수 있다. 모바일 비즈니스의 특성을 효율성과 효과성 측면으로 나누어 제시하면 다음과 같다.

(1) 효율성

- 신속 결제 : 소액 거래의 경우 이동전화 통신요금에 부가 청구함으로써 별도의 신용카드 결제 없이 간편히 처리 가능하게 됨으로써 시간 측면에서 거래의 효율성이 증진되었다. 또한 Moneta와 같은 전자 화폐의 등장으로 인하여 더욱 이동통신기기를 통한 결제가 활성화될 전망이다.
- 이동성 부여 : 제품 혹은 서비스의 사용을 이동 중에 항시 가능케 함으로써, 거래 공간의 측면에서 효율성이 높아졌다.
- 즉각적 반응성 : 제품/서비스의 공급자 측면에서 한정판매와 같은 특정 시점에만 의미가 있는 오퍼(Offer)에 대하여 고객의 즉각적인 반응의 가능성이 높아짐으로써 고객과의 관계 측면에서 거래의 효율성이 제고 되었다.

(2) 효과성

- 수요의 즉각적 충족 : 고객 측면에서 꽃배달 서비스와 같이 긴급한 수요가 즉시 충족될 수 있도록 함에 따라, 거래의 효과성이 증진되었다.
- 위치정보활용 : 고객의 위치 정보를 활용할 수 있게 되었으며, 기업의 물류 측면에서도 운송자의 위치 정보를 간편히 활용할 수 있게 됨에 따라 거래의 효과성이 높아졌다.
- 개인화된 서비스 : e비즈니스의 경우를 생각할 때, 하나의 컴퓨터가 한 명의 고객과 대응되지는 않으며 또한 한 개의 사용자 ID는 해당되는 고객이 없을 수도 있고 다수일 수도 있다. 그러나 이와는 달리 하나의 이동통신기기는 한 명의 고객을 의미하며, 따라서 고객과 기업간의 일대일 연결이 가능케 되었다는 측면에서 거래의 효과성이 증대되었고, 고객관계관리(CRM) 등과 같은 기업활동이 강화될 수 있다.

6.1.5 모바일 상거래

(1) 모바일 상거래 개요

모바일 상거래란 이동이 가능한 PC, PDA, 이동전화 등을 단말기로 하고 네트워크나 이동통신망을 활용하는 제반 활동 및 애플리케이션의 활용 또는 전자상거래의 이동전화로의 확장으로 볼 수 있다. 다시 말하면, 모바일 상거래란 이동통신 단말기, PDA, 노트북 등의 무선 단말기와 무선 네트워크 기술을 이용해 이루어지는 재화, 용역, 정보 등의 모든 전자상거래를 말한다.

기존의 B2C, B2B 등의 전자상거래가 무선 네트워크나 이동통신망을 통해 이루어지는 형태이며, 주요 범주로는 음악, 게임 등 엔터테인먼트 Entertainment), 메시지, 이메일, 채팅 등 커뮤니케이션(Communication), 정보(Information), 은행거래 등 거래(Transaction)이 포함된다.

모바일 전자상거래가 최근 매우 급격하고 성장하고 있다. 급격한 성장의 기반은 모바일 기기의 확산과 그 맥을 같이 한다. 모바일 전자상거래가 스마트폰의 대중화를 기반으로 폭발적 성장을 하고 있다. 스마트폰이 가지고 있는 여러 가지 장점이 이를 뒷받침하고 있는데 말 그대로 언제 어디서나 편리하게 검색하고 구매가 가능한 것이 가장 큰 이유라고 할 수 있다. 이는 기존 2000년대 초에 전자상거래가 발전하게 된 계기를 언제 어디서나 검색하고 구매가 가능하다는 점을 강조했던 것과 상당히 유사하지만 모바일의 전자상거래는 이러한 인식을 뛰어넘는 전자상거래로 진행하고 있다. 즉 기존의 전자상거래보다도 더욱 편리하게 거래가 가능하다는 점이 그것이다

최근 스마트폰 등의 모바일 기기의 이용자 수가 꾸준히 증가하고, 이용 목적도 검색, SNS 등에서 전자 상거래로 확대되면서 모바일 쇼핑 시장 또한 확대되고 있다. 특히 소셜커머스 업체, 오픈마켓, 종합쇼핑몰, 인터넷 포털 등의 적극적인 마케팅으로 모바일 전자상거래 시장은 점차 확대되고 있다.

모바일 전자상거래는 PC를 기반으로 하고 있는 상거래와 마찬가지로 전자적 수단에 의해서 이루어지는 상거래이다. 즉, 모바일 전자상거래란 이동전화와 인터넷이 결합되어 이루어지는 상거래를 의미한다고 할 수 있다.

그러나 모바일 전자상거래는 기존 PC기반의 전자상거래와 달리 단순히 쇼핑몰을 통한 상거래가 아닌 SNS를 기반으로 하는 상거래가 보다 활성화되어 있는 것으로 보인다. 특히 국내 스마트폰의 보급률이 80%이상으로 증가하면서 카카오톡이나 밴드같은 개인간 네트워크를 통한 전자상거래가 급속도로 성장하고 있다. 이와 같은 SNS기반 전자상거래는 이미 대표적인 SNS업체인 페이스북이 서비스화면에 상품광고를 시행하고 있을 뿐만 아니라 타임라인 포스트에 '구매하기' 버튼까지 넣으려고 하고 있어 향후 우리의 SNS기반 모바일 전자상거래의 변화를 가늠할 수 있게 한다.

최근 모바일 전자상거래에 관한 트랜드를 정리해 보면, 메신저의 경우 스마트폰의 급격한 보급과 함께 공짜 문자 서비스를 제공하고 있는 카카오톡, 와츠앱, 마이피플 등이 이제는 쇼핑, 게임, 금융, 커뮤너티 등 모든 인터넷 서비스를 제공하면서 기존 서비스제공자들과의 경쟁에서 주도권을 잡아가고 있다.

이에 비해 소셜커머스는 실시간 구매 및 정보 교환의 환경 속에서 PC를 기반으로 하고 있던 기존의 서비스에서 모바일 SNS와 결합하면서 실시간성과 확산성을 토대로 상당한 성장을 하고 있어 주요 키워드로 인식되고 있다. 이는 일반적으로 상거래가 이루어지는 마켓플레이스에 국한되지 않고 소셜 웹/앱으로 확장되고 있기 때문이다. 심지어 모바일 단말기와 위치기반 서비스를 결합시켜 오프라인까지도 서비스의 영역이 미치고 있어 향후 소셜커머스의 트렌드는 실시간 구매 및 정보 교환의 환경 속에서 더욱 성장할 것이라는 전망이다. 대표적인 SNS로써 페이스북의 경우 SNS를 커머스 플랫폼으로 활용하여 전자상거래의 툴로 활용되고 있으며 모바일과 SNS를 결합한 위치기반 커머스 플랫폼으로 나아가고 있다. 이러한 모바일 전자상거래에서는 SNS를 기반으로 하지만 상품등록, 장바구니 기능, 결제 모듈, 공동구매, 팬 할인 기능까지도 구현하여 서비스를 제공하고 있는 실정이다.

또한 큐레이션 서비스는 고객 맞춤형 상품을 제공해 모바일 기기의 한계인 많은 정보를 한번에 보여주거나 계속 검색하는 것이 어려운 것을 극복하려는 노력을 기울이고 있다. 이 서비스는 거의 모든 서비스영역에서 관심을 갖고 제공하는 서비스이지만 특히 모바일에서 두각을 나타내고 있다.

(2) 모바일 상거래의 주요 특징

모바일 전자상거래는 무선 인터넷과 이동단말기를 이용하여 이루어지는 전자상거래의 기기상 특성을 가지고 있다. 이에 따라서 몇 가지의 모바일 전자상거래에 관한 특징이 제시되고 있다. 즉, 이동성(Mobility), 즉시성(Instantaneity), 개인화(Personalization), 이용 환경의 차이와 같은 것으로 특징짓고 있는데 이러한 특징은 모바일의 서비스형태에 따라 달라질 수 있다. 이전에는 모바일 전자상거래에 관한 주요 특징을 [표 6.3]과 같이 설명하기도 하였지만 이 중 네트워크의 접속성이나 단말기 제약과 같은 내용은 이미 극복되었다고 할 수 있다.

[표 6.3] 모바일 상거래의 주요 특징

특징	주요내용
이동성 (Mobility)	- 이동 중에도 어디서나 이용자의 접근이 가능 - 이용자의 지리적 위치정보 제공뿐 아니라 현재 이용자의 위치에서 필요로 하는 정보 접근 가능
적시성 (Real Time)	- 언제든지 이용자의 접근이 가능 - 필요한 시간대에만 접근이 가능하도록 조절 가능 - 실시간 거래와 정보처리, 검색이 가능
개인화 (Personalization)	- 사용자의 개인적 특성에 맞도록 설계한 맞춤 서비스 - 무선단말기를 통하여 개인정보관리 가능
네트워크 접속성 (Network Connection)	- 안정성이 향상된 접속 - 다양한 애플리케이션 및 적용 프로그램
단말기 제약 (Device Limitation)	- 다양한 크기의 화면과 해상도 - 제한된 입력장치

모바일 상거래는 기술의 발전과 사용 형태의 변화가 급격하게 일어나고 있기 때문에 특징이라고 구분 지었던 것이 오히려 보편화되기도 하거나 이미 그 의미가 퇴색되는 경우도 있다. 최근의 모바일 전자상거래에서의 변화를 고려한다면 더욱 그러하다. 이런 점에서 모바일 전자상거래의 특징을 고정화된 개념으로 보기는 어렵다. 단지, 현 시점에서 모바일 전자상거래의 특징이라는 의미를 부여한다면 이동성(Mobility), 즉시성(Real Time), 개인화(Personalization), 시장(Market

Place)의 다양화(Application, SNS 등) 등으로 정리할 수 있을 것이다.

이러한 모바일 상거래를 통해서 기업이 얻을 수 있는 가치는 다음과 같다.

- 모바일 플랫폼이라는 새로운 채널을 통한 매출의 증대다. 기존 오프라인 기반의 유통업체 및 온라인 쇼핑 사업자들의 입장에서 모바일은 너무나도 중요한 플랫폼이 아닐 수 없다. 오프라인 상거래의 상당 부분이 온라인으로 이전 했듯이 온라인의 상당부분이 모바일로 이전될 것이 분명하기 때문이다.
- 고객의 취향 데이터를 더 많이 확보할 수 있다는 점이다. 모바일 상거래의 중요한 부분이 바로, 위치정보를 활용한다는 점과 소셜 미디어와 연동된다는 점이라는 사실을 상기해보자. 현재 이용자가 어느 장소에서 접속하고 있는지를 알 수 있고, 또한 소셜 미디어와 연동이 되어 있을 경우 이용자의 프로필과 활동 내역을 상세하게 확보하여 분석할 수 있다.
- 모바일 상거래를 통해 고객 로열티를 크게 증대시킬 수 있다는 점이다. 새로운 플랫폼이 선보이고 대중화의 물살을 타기 시작할 때 이용자들은 아주 높은 수용성을 보인다. 예컨대, 유선 인터넷 웹사이트의 경우 너무나 많고 일반화되어 이용자들이 별다른 관심을 갖지 않은 반면에 스마트폰 앱, 모바일 웹 사이트의 경우 이용자들의 관심이 높은 반면에 아직은 그 숫자가 적어서 이용자들의 관심이 매우 높다.

6.2 소셜 네트워크

2004년 6월 The BlogOn Conference에서 처음으로 등장한 용어인 소셜미디어(Social Media)는 소셜 네트워크서비스(SNS), 블로그, 위키스, 팟캐스트, 콘텐츠 커뮤니티, 마이크로블로깅 등 다양한 형태로 진화하고 있다. 사실상 소셜미디어의 정의와 범주는 전문가별로 다양하게 나타나고 있다. 왜냐하면 소셜미디어가 포함하고 있는 서비스의 형태와 소셜미디어를 통해 유통되고 있는 콘텐츠들이 다양한데다, 유기적인 특성을 갖고 있어 보편적으로 규정하는 데에는 한계가 있기 때문이다. 이러한 모호한 개념과 범주에도 불구하고 소셜미디어는 스마트폰과 태블릿PC 등 모바일기기의 확대와 함께 맞물려 그 영역을 확대해 가고 있다.

소셜미디어의 확산은 방송 영역에서는 일방향적인 소통구조에서 쌍방향적인 소통구조로, 광고 및 커머스 영역에서는 프로슈머(Producer + Consumer)를 탄생시켰고, 게임 영역에서는 중독을 야기하며 승자나 레벨업을 목표로 하는 성격에서 사이버상의 이웃과의 교류를 중시하는 친목도모의 목적으로 게임의 성격까지 탈바꿈시키고 있다. 이 외에도 소셜미디어는 정치, 문화, 사회 전반의 지각변동을 일으키며 일상생활의 변화를 초래하고 있다.

6.2.1 소셜 네트워크(Social Network) 개요

소셜 네트워크는 웹상에서 개인 또는 집단이 하나의 노드(Node)가 되어 각 노드들 간의 상호의존적인 관계에 의해 만들어지는 사회적 관계구조를 말한다.

일반적으로 통용되는 소셜 네트워크(Social Networks)는 소셜 네트워크서비스(Social Networks Service)로서, 온라인 인맥구축서비스를 말한다. SNS는 블로그와 같은 1인 미디어, 1인 커뮤니티, 정보공유 등을 포괄하는 개념이며, 참가자가 서로에게 친구를 소개하여, 친구관계를 넓힐 것을 목적으로 개설된 커뮤니티형 웹사이트이다. 전 세계적으로는 페이스북(Facebook), 트위터(Twitter), 마이스페이스(Myspace), 링크드인(Linkedin) 등이 있으며, 국내에는 싸이월드(Cyworld), 미투데이(Me2day), 요즘(Yozum), 링크나우(Linknow) 등이 많은 가입자를 보유하고 있다.

대부분의 SNS는 웹기반의 서비스로서 전자우편 또는 인스턴트 메신저(Instant Messenger)서비스를 통해 사용자들끼리 서로 연락할 수 있는 수단을 제공함으로써 사람들 간의 의사소통이나 정보를 공유하는 데 있어 새로운 수단으로 자리잡고 있다.

SNS의 종류를 서비스유형으로 구분하면 가장 많은 유형은 사람들을 일정기준으로 분류하여 제공하는 서비스로서 국내에서는 아이러브스쿨 등을 예로 들 수 있으며, 친구들과 연락을 주고받을 수 있는 수단을 제공해 주는 서비스, 사용자들 간의 신뢰관계를 기반으로 무언가를 추천하는 시스템을 갖추고 있는 서비스 등이 대부분이며, 위에서 언급된 모든 서비스가 혼재되어 있는 경우도 상당수이다. 이러한 SNS의 강점은 수천만 명의 고유한 서비스 사용자를 모을 수 있다는 점에 있다. 초기 SNS의 단점은 등록된 사용자를 통한 수익 모델을 창출하기가 어렵다는 점이었으나, 급증하는 모바일 SNS 사용자들을 대상으로 노출되는 광고수익, 특정 사업자들에 대한 직간접적인 광고방송을 통해 사업을 홍보하는 방식 등 주로 광고를 중심으로 비즈니스 모델(Business Model)이 창출되고 있으며, 최근에 주목받기 시작한 소셜게임(Social Game)의 콘텐츠시장도 또 다른 비즈니스 모델로 주목받고 있다.

SNS는 마이크로블로그(Microblog)라는 블로그서비스와 혼용되는 경우가 많은데 이는 마이크로블로그가 가진 블로거가 올린 한두 문장의 단편적 정보를 블로그에 관심 있는 개인들에게 실시간으로 전달하는 통신방식과 사용자들 사이에 서로 메시지를 주고받는 형태를 가진 인스턴트 메신저서비스의 제공이 SNS와 유사하거나 동일한 것이 원인이라고 할 수 있다.

6.2.2 소셜 네트워크서비스

(1) 소셜 네트워크서비스의 개요

소셜 네트워크서비스(Social Network Service)는 온라인상에서 불특정타인과 관계를 맺을 수 있는 서비스를 말하며, SNS(Social Network Service)라고도 한다. 이용자들은 소셜 네트워크서비스를 통해 인맥을 새롭게 쌓거나, 기존인맥과의 관계를 강화시킨다. 국내의 대표적인 소셜 네트워크서비스로는 싸이월드를 들 수 있다. 페이스북의 등장 등 다양한 형태의 소셜 네트워크서비스의 등장으로 세계적으로 소셜 네트워크서비스의 인기는 높아졌다. 소셜 네트워크서비스가 큰 인기를 끌면서 서비스와 형태도 다양해졌다. 휴대전화와 결합되면서 모바일 접속이 가능해졌고, 통화·회의·쇼핑 등 다양한 기능이 소셜 네트워크서비스에 부가되었다.

(2) 소셜 네트워크서비스의 종류 및 특징

소셜 네트워크서비스란 온라인상에서 서비스 이용자들이 서로 새로운 인맥을 쌓거나 각종 정보들을 공유하며 기존의 인맥과의 관계를 더 밀접하게 할 수 있게 해주는 서비스를 의미한다. 국내에서 사람들에게 익숙한 서비스라면 아이러브스쿨이나, 싸이월드 등이 있다.

1999년에 소개된 아이러브스쿨의 경우 우리나라 최초의 소셜 네트워크서비스라고 할 수 있는데 당시 아이러브스쿨은 연락이 두절된 친구를 다시 만날 수 있다는 소문이 퍼지면서 2000년 9월 한 달 동안 98만 명이 넘는 신규가입자가 생겨날 정도로 엄청난 파급효과를 가져왔지만 새로운 비즈니스 모델을 제시할 수 없어 사업확장에 실패하여 잠시 동안 홍행했다가 곧 사라졌다. 그 뒤 3년 만에 새로운 서비스가 등장했는데 바로 SK커뮤니케이션즈의 싸이월드다.

싸이월드는 친구 찾기는 물론 e-머니(도토리)를 활용한 비즈니스 모델을 적용함으로써 사용자들에게 다양한 컨텐츠들을 제공하고 홍미를 유발시킴으로써 지금은 국내 인터넷 사용자라면 누구나 하나씩 미니홈피 주소를 가지고 있을 정도로 대중화되었다. 소셜 네트워크서비스는 국내뿐만 아니라 전 세계적으로 각광받고 있는 서비스다. 세계 최대규모로 알려진 마이스페이스(Myspace)와 가장 많은 사용자를 보유한 페이스북(Facebook) 그리고 최근 스마트폰의 확산과 함께 다수의 국내 사용자를 유입한 트위터(Twitter) 등이 있다.

소셜 네트워크서비스는 넓은 범위에서 보면 인간관계를 중심으로 한 모든 서비스들을 의미한다. 그러나 서비스마다 그 성격이 조금씩 다르기 때문에 최근에는 이들을 좀 더 세부적으로 나누어서 해석하는 경우가 많아졌다. 이를테면 블로그, 미니홈피 등은 소셜 네트워크서비스 유사서비스, 커뮤너티 서비스나 인스턴트 메신저 등은 광의의 소셜 네트워크서비스, 페이스북, 트위터 및 미투데이의 경우 협의의 소셜 네트워크서비스로 분류하여 볼 수 있다

현재 다양한 SNS 서비스들이 존재하지만 여기서 주의 깊게 살펴봐야 할 부분은 컨버전스 디바이스가 대중화되면서 급격히 확산된 인맥관리서비스이다. 이러한 SNS가 급격히 확산될 수 있었던 이유에는 SNS가 가진 정보교환의 즉시성과 실시간성, 무계층성, 공개성, 개인화라는 특징이 있었기 때문이다.

첫째, 즉시성은 어떠한 사건에 대해 정보가 생성되는 시간을 말하는데 SNS의 경우 모바일 단말기가 인터넷과 접목되면서 사건발생 즉시 정보를 생산하고 실시간으로 다른 사람들과 정보교환 및 피드백을 할 수 있고 단문으로 정보를 생성하기 때문에 블로그나, 이메일보다 즉시성과 실시간성이 높다고 할 수 있다. 이러한 실시간 정보확산과 피드백은 사회적 부존재감이나 사회와 격리되어 있다는 불안감을 해소할 수 있다.

둘째, 무계층성은 누구와도 의사소통이 가능하다. 예를 들어 대통령이나 정치인 또는 연예인 등은 쉽게 대화를 할 수 없으며 공식카페나 블로그 등에서 일방적인 메시지를 듣는 것이 일반적이었다. 그러나 SNS는 이러한 의사소통 장벽이 없으며 누구와도 소통할 수 있기 때문에 참여의 효능감과 자신감이 증대된다.

셋째, 공개성은 정보의 투명성과 진실성이 높음을 말한다. SNS는 사회적 네트워크로 공개된 공간이므로 투명성이 높다. 때문에 정보의 전달속도가 빠르며 혼자만의 공간이 아니기 때문에 정보의 내용 또한 진실성이 높다.

넷째, 개인화 특징은 웹 2.0기반 SNS의 특징으로 네트워크화된 개인주의(Networked Individualism)라고 정의할 수 있다. 사회학자 카스텔은 네트워크화된 개인주의는 일면 네트워크 연계성의 효과도 가지고 있지만 그것이 고립적으로 나타나고 관심사에 따라 언제든지 개인화 될 수 있는 것으로 설명한다. 이러한 네트워크화된 개인주의의 특징을 또한 가지고 있다.

SNS 사용자가 급증하면서 정치적, 경제적, 사회적 이용이 확산되고 있다. SNS를 이용한 마케팅은 이미 국내외 주요 기업에서 적용되고 있다. 특히 미니블로그로 불리는 트위터는 바이럴마케팅(Viral Marketing)의 주요한 도구로 사용되고 있다. 최근에는 정치적 목적으로도 활용되고 있다. SNS기반 웹 캠페인은 다수의 젊은 세대를 정치에 관심을 가지게 했다. 트위터나 페이스북 등을 개설 운영하는 정치인들이 계속 증가하고 있음은 SNS가 정치적 활용도가 높음을 나타낸다. 이러한 현상은 SNS를 활용한 새로운 기업문화와 정치현상으로 나타나고 있다.

6.2.3 소셜커머스

(1) 소셜커머스의 개요

소셜커머스(Social Commerce)는 소셜 미디어와 온라인 미디어를 활용하는 전자상거래의 일종이다. 소셜커머스라는 용어는 야후에 의해 2005년에 처음 소개되었다. 이는 제품정보 등에 대한 사용자의 평가나 공유 목록 같은 온라인 협업 쇼핑 도구의 집합을 설명하기 위해서였다. 소셜커머스는 크게 소셜 링크형, 소셜 웹형, 공동구매형, 오프라인 연동형의 네가지로 분류할 수 있다. 2008년에 그루폰이 설립된 이후 전세계적인 공동구매형 소셜커머스 붐이 일어났다.

소셜커머스는 공동구매 사이트들에 국한되지 않는다. 소셜 네트워크와 커머스 중 결합 주체가 무엇인지, 어떤 품목을 어느 공간에서 구매하는지, 소셜 네트워크가 커머스의 본질이든, 부분적으로만 적용 되었는지도 상관없다.

노점상이 트위터로 자신의 이동 경로를 알리는 것이나, 소셜 네트워크로 제품을 홍보하는 것이나, 페이스북에 상점을 여는 것 모두 소셜커머스라 할 수 있다.

위키티피아는 소셜커머스란 온라인상에서 재화나 서비스를 사고 파는 행위에 있어서 소셜미디어 및 온라인 미디어를 연계하여 소비자 인맥을 마케팅에 활용하는 전자상거래라 정의할 수 있다. 다시 말해, 소셜커머스는 기존의 온라인 쇼핑과 구전마케팅(Word of Mouth Marketing) 효과가 결합해 탄생한 새로운 개념으로, SNS를 이용해 이루어지는 상거래를 모두 소셜커머스라고 할 수 있다.

소셜커머스 비즈니스 모델은 소셜커머스 사업자와 서비스업의 계약과 소셜커머스 사업자와 소비자간의 계약으로 구성되며, 소셜커머스 업체는 특정 매장과의 계약을 바탕으로 소비자에게 쿠폰을 발행하여 직접 판매하는 통신판매업에 해당된다. 소셜커머스는 여러 형태로 발전해감에 따라 그 용어도 다양하게 사용되고 있으나, 소비자 중심의 참여 커뮤니케이션이라는 공통적 특성을 포함하고 있다. 소셜커머스는 그동안 홍보/마케팅 수단에 제약이 많았던 소비자 인근 지역의 작은 레스토랑, 헤어 등 서비스 업체들에게 소셜커머스를 통한 대량판매가 가능하도록 기회를 제공해 주었으며, 해당지역 주민의 내수시장 및 중소기업의 판매를 활성화시키는 역할도 하고 있다. 또한 내수활성화 및 중소기업 육성에 도움을 주어 일자리 창출에도 영향을 미쳤으며, 비수기 또는 판매가 저조한 제품 등을 파격적으로 할인된 가격에 판매함으로써 적극적인 마케팅 활동을 가능하게 하고 있다.

소셜커머스는 신뢰를 바탕으로 한 친구나 믿을 만한 지인의 추천이 중요하다는 특징을 갖는다. 따라서 소셜커머스에서는 스마트폰을 기반으로 하는 모바일과 입소문을 가장 빠르게 전달할 수 있는 소셜미디어가 결합해 시너지를 발휘할 수 있다. 스마트폰의 대중화가 생활화 되어 미디어 환경이 변화하였다. 소비자들은 스마트 폰을 통해 시간과 장소에 구애 받지 않고 다양한 정보를 제공받을 수 있게 되었다. 특히 스마트폰을 통한 소셜 네트워크 서비스 사용은 실시간으로 정보를 공유하는 것을 가능하게 하였다. 따라서 소셜 미디어와 온라인 미디어를 이용하는 소셜커머스 시장은 스마트폰의 발전과 함께 앞으로 지속적으로 확대될 것으로 예상한다.

(2) 소셜커머스가 주목받는 이유

소셜커머스는 단순히 엄청난 회원을 거느린 소셜 네트워크와 직간접적으로 제휴를 맺는 그 이상의 의미를 가지고 있다.

① 사이트의 트래픽을 증가

커머스가 소셜 네트워크와 결합하면, 최대 수억 명에 이르는 소셜 네트워크의 회원들을 잠재고객으로 확보를 할 수 있게 되는데, 소비자가 친구를 초대하고 그 친구가 또 다른 친구를 초대하는 과정을 통해 방문자가 늘어나게 된다. 뿐만 아니라, 소비자들이 소셜 네트워크에 남긴 커머스 사이트의 링크는 반영구적으로 보존이 되는데, 검색이나 새로 추가된 친구가 이 링크를 통해 지속적으로 방문하게 된다.

② 저비용 마케팅

커머스는 온라인 광고 시장에서 가장 많은 돈을 쓰는 업종으로 광고 의존도가 매우 높습니다. 하지만, 소셜 네트워크를 활용하면, 시간이나 인력을 제외하고는 사실상 거의 비용을 들이지 않고 판매촉진이 가능하다. 사람이 본성으로 가지고 있는 사회성은 특별한 인센티브 없이도, 자신의 구매 경험에 대해 소셜 네트워크를 통해 친구들이나 다른 사람들과 공유하게 하는데, 그로 인해 구매자나 방문객이 입소문 마케터의 역할을 해 주게 된다.

③ 구매 가능성 향상

구매 결정에 있어, 친구들의 추천은 전문가들보다도 큰 영향력을 발휘한다. 소셜 네트워크는 친구들의 추천 방식으로 제품을 홍보해 주기 때문에 제품을 판매할 가능성을 높여준다. 또한 친구들은 대개 같은 관심사를 갖는데, 친구들의 추천과 구매 정보가 제공된다면, 그만큼 본인이 원하는 제품을 빠르게 찾아낼 수 있어, 구매 결정이 쉬워질 수 있다.

(3) 소셜커머스의 유형

소셜커머스는 소비자의 경험을 소셜 네트워크와 실시간으로 공유하는 포괄적이고 광범위한 개념인데 크게 아래의 네가지 유형으로 구분해 볼 수 있으며, 경우에 따라 각각의 유형이 결합되기도 한다.

• 소셜 링크형

커머스 사이트에 소셜 네트워크로 이동할 수 있는 버튼 형식의 링크를 게재하는 방식이다. 버튼을 클릭하면, 웹문서의 웹링크가 생성되어 해당 소셜 네트워크 글쓰기에 자동으로 삽입되거나, 자신의 소셜 네트워크에 웹문서가 그대로 복사되어 게시물로 생성되게 된다. 소셜커머스의 가장 기본적인 유형으로 셰어디스(Share This) 등을 통하면 아주 손쉽게 적용할 수 있다.

• 소셜 웹형

커머스를 소셜 네트워크와 적극적으로 결합하는 것으로, 커머스 사이트 안에서도 소셜 네트워크의 기능을 구현해주는 방식이다. 커머스 사이트에서 이뤄지는 소비자의 구매, 평가, 리뷰 등의 활동이 소비자의 소셜 네트워크에 자동으로 반영되어, 친구들과 공유됩니다. 또한, 같은 소셜 네트워크의 친구들이 커머스 사이트에서 어떤 활동을 하는지 보여줄 수 도 있다. 리바이스처럼 페이스북의 플러그인을 적용한 사이트나, 게시물을 작성하면 자동으로 트위터로 배포되는 기능을 적용한 사이트들이 대표적인 사례이다.

• 공동구매형

공동구매 사이트가 소셜 네트워크와 결합한 형태이다. 제품별로 정한 최소 구매 수량이 달성되면 엄청난 할인 혜택을 받을 수 있도록 하여, 소비자들로 하여금 적극적으로 소셜 네트워크를 통해 친구들을 공동구매에 참여시키게 한다. 초대한 친구가 회원 가입을 하거나 제품을 구매하면, 현금 또는 포인트를 적립해 주는 인센티브 프로그램을 운영하기도 한다. 구루폰, 위폰 등이 대표적인 사례이다.

• 오프라인 연동형

오프라인 공간을 네트워킹이 가능한 단말기로 소셜 네트워크와 연결시키는 유형이다. 포스퀘어, 고왈라, 런파이프 등 위치기반 서비스를 활용하여 소비자의 오프라인 상점에서의 경험을 모바일로 소셜 네트워크에 확산시키는 방식과 매장에 비치한 컴퓨터로 바로 소비자의 소셜 네트워크에 접속할 수 있도록 한 디젤의 프로모션 등이 이 유형에 해당한다.

소셜커머스는 판매방식 특성에 따라 분류할 수 있으며, 우리나라에서 가장 보편적인 소셜커머스 형태는 그룹바이(Group-Buy) 형태로 쿠팡, 위메프, 티켓몬스터 등 국내 다수의 업체가 있다.

[표 6.4] 소셜커머스의 유형 및 특성에 따른 분류

유형	대표업체	소셜 특성
그룹바이 (Group-Buy)	쿠팡, 위메프, 티몬 등	소셜미디어를 통한 구전효과
플래쉬 세일 (Flash Sale)	Vente-Privee	사이트 회원 간 입소문을 통해 회원 혜택 극대화

유형	대표업체	소셜 특성
소셜 쇼핑 (Social Shopping)	Polyvore, Kaboodle, Lockerz	쇼핑 정보 포털
소셜 쇼핑 앱스 (Social Shopping Apps)	ShopKick, Stickybits	스마트폰 앱을 통해 쇼핑을 온라인에서 오프라인까지 확장
퍼처스 쉐어링 (Purchase Sharing)	Blipply, Swipely	신용카드 결제를 바탕으로 타켓 마케팅
퍼스널 쇼퍼 (Personal Shopper)	GoTrylton	쇼핑 관련 커뮤니티

또한 소셜커머스를 활용하는 방법에 따라 분류할 수 있는데, 소비자가 소셜커머스를 활용하는 방법에 따라 분류했을 때 가장 대표적인 유형으로는 공동구매형으로, 소셜커머스 업체가 하루에 한 가지 제품(서비스)을 많은 수의 인원이 계약하는 것을 조건으로 파격적인 할인을 제공하는 방식이다.

[표 6.5] 소셜커머스의 유형에 따른 분류

유형	내 용
공동구매형	공동구매 사이트가 소셜미디어와 결합한 형태로서 제품별로 정한 최소 구매 수량이 달성되면 높은 할인 혜택을 줌
소셜링크형	커머스 사이트에 소셜미디어로 이동할 수 있는 버튼 형식의 링크를 게재하여, 버튼을 클릭하면 해당 소셜미디어 글쓰기에 자동으로 삽입되는 형식
소셜웹형	소셜커머스를 소셜미디어와 적극적으로 결합하여 커머스 사이트 안에서도 소셜미디어의 기능을 구현, 소비자의 구매, 평가, 리뷰 등의 활동이 자동으로 반영되어 공유되는 방식
오프라인 연동형	오프라인 공간을 네트워킹이 가능한 단말기로 소셜미디어와 연결시키는 유형으로, 위치기반 서비스를 활용하여 소비자의 오프라인 상점에서 경험을 모바일로 확산

이처럼 소셜커머스는 특성에 따라 그리고 소비자의 활용방법에 따라 두 가지로 분류되지만, 그 외에 기존의 소셜커머스 사이트들과 사업자가 제휴를 맺고 이들이 제공하는 상품을 사이트에서 노출시키는 '메타사이트 형태'나, 포털 사이트 내에서 소셜커머스의 기능을 구현하는 등의 다양한 유형이 있다.

(4) 소셜커머스의 비즈니스 모델

소셜커머스는 '사용자의 경험을 소셜 네트워크와 실시간으로 공유하는' 소셜 네트워크 서비스를 활용하는 상거래를 총칭하며 소셜커머스를 단어 그대로 풀이하면 전자상거래(eCommerce)에 페이스북과 트위터와 같은 소셜미디어(Social media)가 더해진 것으로 소셜 네트워크 서비스를 활용하는 전자상거래의 하나로 정의된다. 앞에서 언급했듯이 위키피디아에 따르면 소셜커머스의 유형은 소셜링크형, 소셜웹형, 공동구매형, 오프라인 연동형으로 분류된다.

첫째, 소셜링크형은 소셜커머스 사이트나 인터넷쇼핑몰 사이트에 페이스북(Facebook), 트위터(Twitter), 핀터레스트(Pinterest) 등의 소셜 네트워크 서비스와 연동될 수 있도록 하여 자신의 소셜 네트워크에 등록되어있는 지인들에게 자신이 관심 있는 상품을 공유(Share)할 수 있도록 하이퍼링크를 삽입하는 방식으로서 소셜커머스의 형태 중 가장 기본적인 형태의 비즈니스 모델이다.

둘째, 소셜웹형은 인터넷 쇼핑몰을 소셜 네트워크와 더욱 긴밀하게 결합하는 방식으로 인터넷 쇼핑몰사이트 안에 페이스북의 플러그인과 같은 기능을 통하여 인터넷쇼핑몰 내 소셜네트 워크의 기능을 구현하는 방식이다. 인터넷쇼핑몰 사용자들은 해당 인터넷 쇼핑몰 내에서 사용자들끼리 토론의 장을 형성할 수 있고 평가할 수 있다. 사용자들은 특정 상품에 대한 다른 사람들의 상품평, 리뷰 등을 바로 참고 할 수 있기 때문에 사용자들의 의사결정에 많은 도움을 줄 수 있다. 하지만 관련 상품에 대한 고객 혹은 사용자의 참여가 저조할 시에는 사용자들에게 제품이나 서비스에 대하여 인기가 낮고 유행(Trend)에 뒤 떨어지는 상품으로 오해를 받을 수 있다는 단점이 있다.

셋째, 공동구매형은 인터넷 공동구매 방식과 소셜 네트워크가 결합된 방식으로서 제품별로 최소한의 구매 수량이 달성되면 파격적인 할인혜택을 준다. 이를 달성하기 위하여 사용자들은 소셜 네트워크 서비스를 활용한 입소문(구전)을 통해 주변인들의 참가를 유도하게 한다. 공동구매형 플랫폼으로 소셜커머스를 운영하는 업체로는 리빙소셜(LivingSocial)과 구루폰(Groupon) 등이 있으며 이들 업체는 사용자들이 친구나 지인을 초대하고 그들이 초대에 응하거나 회원 가입을 했을 시 해당 사이트 내에서 현금처럼 쓸 수 있는 포인트를 부여하기도 한다. 또한, 상품의 판매와 목표고객 달성에 대한 제한시간을(Time Left To Buy)을 설정하여 사용자들의 참여를 촉진시킨다. 공동구매형 소셜커머스 플랫폼의 장점은 파격적 할인가격이라는 유인책을 통해 사용자에게 스스로 친구나 지인을 대상으로 해당 소셜커머스를 광고하는 마케터의 역할을 부여할 수 있다는 점이다. 이를 통해 사용자의 자발적 비즈니스 참여를 유도함으로써 소셜커머스가 성공하기 위한 요소인 고객, 규모, 인지도 등에 대한 임계점(Critical Point)을 조기에 도달하도록 만들 수 있다.

넷째, 오프라인 연동형은 스마트기기 기능 중 하나인 위치기반서비스(LBS: Location Base Service)를 활용하여 소셜 네트워크 서비스와 연결하는 방식이다. 스마트기기와 위치기반서비스와의 결합은 소셜 네트워크 서비스를 매개로 하여 온라인영역은 물론 오프라인영역까지 확장 할 수 있다는 점에서 기존의 인터넷 쇼핑몰보다 더욱 파급효과가 크다고 할 수 있다.

(5) 소셜커머스의 특성

소셜커머스는 소비자의 경험을 SNS와 실시간으로 공유하는 즉, SNS를 활용하는 상거래를 말한다. 소셜커머스(Social Commerce)를 원래 단어대로 풀이해보면 Social Media와 eCommerce가 결합된 형태로 소셜 네트워크(SNS)를 활용하는 전자상거래의 하나라고 볼 수 있을 것이다. 특히, 소셜커머스는 SNS를 기반으로 온라인뿐 만 아니라 오프라인 영역까지 확장되어 커머스에 영향을 미칠 수 있다는 게 기존의 인터넷 쇼핑과는 다름 점이라 할 수 있다.

또한 다양한 SNS의 활용으로 상품과 서비스에 대한 평가, 즉 경험을 나눌 수 있어 소비자는 보다 적극적이고 능동적인 정보 생산자와 제공자로서의 역할을 동시에 수행하게 된다. SNS는 상품과 서비스를 사용해 본 후에나 알 수 있는 경험적 속성(Experiential Attribute)에 대한 정보와 소비자의 입장에서만 알 수 있는 암묵지(Tacit Knowledge)에 대한 정보를 통해 새로운 정보의 창출과 획득, 확산을 매개하는 역할을 한다. 이를 통해 SNS는 기존 소비자에게 제시되었던 정보가 갖는 질적인 한계를 극복하는데 기여할 수 있다.

색인

ㅂ

ㅅ

ㅇ

ㅈ

ㅊ

ㅋ

ㅌ

ㅍ

ㅎ

e비즈니스의 이해

초판 인쇄	2016년 9월 6일
초판 발행	2016년 9월 13일

지은이	조준서
발행인	김인철
총괄 · 기획	가정준 Director, University Press
편집장	신선호 Executive Knowledge Contents Creator
도서편집	김민정 Contents Creator
	진수연 Contents Creator
전자책편집	최인우 Chief e-Contents Creator
마케팅	곽용창 Chief Marketing Creator
재무관리	김은혜 Managing Creator
발행처	한국외국어대학교 지식출판원
	02450 서울특별시 동대문구 이문로 107
	전화 02)2173-2493~7
	팩스 02)2173-3363
	홈페이지 http://press.hufs.ac.kr
	전자우편 press@hufs.ac.kr
	출판등록 제6-6호(1969. 4. 30)
디자인 · 편집	(주)이환디앤비 02)2254-4301
인쇄 · 제본	(주)에스제이씨성전 031)955-8800

ISBN 979-11-5901-119-1 93320 정가 18,000원

*잘못된 책은 교환하여 드립니다.

HUINE은 한국외국어대학교 지식출판원의 어학도서, 사회과학도서, 지역학 도서 Sub Brand이다. 한국외대의 영문명인 HUFS, 현명한 국제전문가 양성(International +Intelligent)의 의미를 담고 있으며, 휴인(携引)의 뜻인 '이끌다, 끌고 나가다'라는 의미처럼 출판계를 이끄는 리더로서, 혁신의 이미지를 담고 있다.